本书是国家社会科学基金教育学青年课题"高校特色办学战略绩效评价研究"（课题批准号：CIA110152）的研究成果

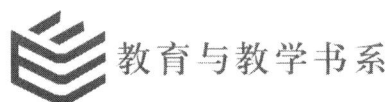

教育与教学书系

高校特色办学战略绩效评价

BANXUE ZHANLÜE JIXIAO PINGJIA
GAOXIAO TESE

王占军 ◎ 著

知识产权出版社
全国百佳图书出版单位

图书在版编目（CIP）数据

高校特色办学战略绩效评价/王占军著．—北京：知识产权出版社，2015.9
ISBN 978-7-5130-3729-7

Ⅰ.①高… Ⅱ.①王… Ⅲ.①高等学校—学校管理—研究—中国 Ⅳ.①G647

中国版本图书馆 CIP 数据核字（2015）第 200476 号

内容提要

本书对特色办学、战略规划的相关研究进行了系统分析，提出了一个综合性的特色战略绩效评价模型：大学领导及其领导团队发挥战略领导作用，对组织的外部环境和内部条件进行扫描，并确定特色化的使命和具体的特色战略选择，然后依据特色办学战略对组织结构进行设计，并建立适应特色战略的组织文化和人力资源政策。

在此基础上，本书构建了权变评价和平衡评价两种指标体系，并考察了战略规划、组织灵活度与组织绩效之间的关系。本书认为高校应在三维战略地位模型中进行定位，由此提出了涵盖制度、组织和文化传递三个维度的提升大学组织特色战略绩效的对策体系。

责任编辑：江宜玲　　　　　　　　　责任校对：董志英
封面设计：邵建文　　　　　　　　　责任出版：孙婷婷

高校特色办学战略绩效评价

王占军◎著

出版发行：	知识产权出版社有限责任公司	网　　址：	http://www.ipph.cn
社　　址：	北京市海淀区马甸南村1号（邮编：100088）	天猫旗舰店：	http://zscqcbs.tmall.com
责编电话：	010-82000860转8339	责编邮箱：	jiangyiling@cnipr.com
发行电话：	010-82000860转8101/8102	发行传真：	010-82000893/82005070/82000270
印　　刷：	北京中献拓方科技发展有限公司	经　　销：	各大网上书店、新华书店及相关专业书店
开　　本：	720mm×1000mm　1/16	印　　张：	15
版　　次：	2015年9月第1版	印　　次：	2015年9月第1次印刷
字　　数：	245千字	定　　价：	58.00元

ISBN 978-7-5130-3729-7

出版权专有　侵权必究
如有印装质量问题，本社负责调换。

目 录

导　论 ··· 1
　第一节　特色办学战略问题的形成 ································ 1
　　一、从特色办学到特色办学战略 ································ 1
　　二、趋同背景下高校对特色办学的吁求 ························ 3
　　三、政府政策对特色办学的推动 ································ 5
　　四、院校自主权加大后对特色战略提出诉求 ···················· 6
　　五、战略规划的核心是创办特色 ································ 7
　第二节　特色办学战略绩效评价研究框架 ························ 8
　　一、相关概念 ·· 9
　　二、战略管理研究基础 ··· 14
　　三、理论基础 ··· 20
　　四、研究设计 ··· 26

第一章　特色战略的环境分析 ····································· 32
　第一节　特色战略的影响变量分析 ······························ 32
　　一、确定影响战略的变量 ······································ 32
　　二、确定关键变量 ·· 36
　第二节　特色战略重要外部影响因素分析 ······················ 38
　　一、院校市场竞争分析 ··· 38
　　二、政府作用力量 ·· 44
　　三、资源可获得性分析 ··· 50
　　四、环境不确定性分析 ··· 52

第二章　特色战略内部环境分析 ………………………………… 55

第一节　组织优势和劣势分析 …………………………………… 55
　　一、组织优势和劣势分析 ……………………………………… 55
　　二、院校独特能力 ……………………………………………… 57

第二节　组织过去的历史 ………………………………………… 58
　　一、办学特色根植于组织历史 ………………………………… 58
　　二、特色办学根植于过去的绩效 ……………………………… 60

第三章　大学校长及其领导团队的战略领导 …………………… 63

第一节　大学校长对特色办学的影响 …………………………… 63
　　一、校长的战略思想指引大学特色办学方向 ………………… 63
　　二、校长的战略领导描绘了特色办学实现路径 ……………… 65

第二节　特色办学战略对领导的角色要求 ……………………… 67
　　一、战略管理不同阶段领导者的作用 ………………………… 67
　　二、领导者在特色战略管理中的角色类型 …………………… 69

第三节　高层领导团队 …………………………………………… 75
　　一、高层管理团队的作用 ……………………………………… 75
　　二、高层管理团队的运作原则 ………………………………… 79

第四章　确定大学组织特色使命 ………………………………… 82

第一节　确定特色办学使命 ……………………………………… 82
　　一、何谓特色办学使命 ………………………………………… 82
　　二、确定组织特色使命的意义 ………………………………… 85
　　三、如何确定组织特色使命 …………………………………… 87

第二节　确定特色办学战略目标 ………………………………… 90
　　一、操作性战略目标要义 ……………………………………… 91
　　二、操作性战略目标的作用 …………………………………… 95

第五章　高校特色办学战略选择 ………………………………… 100

第一节　院校战略位置与战略选择 ……………………………… 100
　　一、院校所处战略位置 ………………………………………… 100

二、院校战略地位模型 …………………………………………… 101
　　三、高校战略地位描述 …………………………………………… 102
　　四、特色战略选择类型 …………………………………………… 104
　第二节　差异化特色战略选择的依据与实践 ………………………… 107
　　一、大学差异化战略定位的依据 ………………………………… 107
　　二、大学差异化战略定位的实践 ………………………………… 108
　第三节　集中化特色战略选择的依据与实践 ………………………… 115
　　一、大学集中化战略定位的依据 ………………………………… 115
　　二、大学集中化战略定位的实践 ………………………………… 117
　第四节　市场化特色战略选择的依据与实践 ………………………… 119
　　一、大学市场化战略定位的依据 ………………………………… 119
　　二、大学市场化战略定位的实践 ………………………………… 121

第六章　组织设计与特色办学战略 ………………………………………… 123
　第一节　组织战略与组织设计 ………………………………………… 123
　　一、战略影响组织设计 …………………………………………… 123
　　二、组织设计原则 ………………………………………………… 125
　　三、以跨学科为导向的组织设计 ………………………………… 127
　第二节　差异化特色战略的组织变革案例 …………………………… 132
　　一、学科组织变革的背景 ………………………………………… 132
　　二、从学系到交叉学科中心的变革 ……………………………… 134
　　三、交叉学科发展的必要性 ……………………………………… 137
　第三节　集中化特色战略的组织变革案例 …………………………… 141
　　一、组织变革背景 ………………………………………………… 141
　　二、组织变革过程 ………………………………………………… 144

第七章　组织文化与特色办学战略 ………………………………………… 149
　第一节　组织文化的分析维度 ………………………………………… 149
　　一、组织文化 ……………………………………………………… 149
　　二、大学文化的作用 ……………………………………………… 151

第二节　大学文化与特色战略执行·········155
一、大学文化概念操作化·········156
二、研究设计·········158
三、研究结果·········161

第八章　人力资源政策与特色办学战略·········164

第一节　高校人力资源政策现状·········164
一、教师聘任制度·········164
二、教师定岗定编·········165
三、教师评价政策·········169

第二节　特色办学战略与人力资源政策·········172
一、人力资源政策对特色战略实施的影响·········172
二、人力资源政策对组织绩效的影响·········175
三、不同特色办学战略的人力资源政策·········177

第三节　特色战略人力资源管理创新案例·········178
一、威斯康星大学分校集群聘请计划·········179
二、分校集群聘请计划的管理体制·········181

第九章　特色办学战略评价模型的建立·········185

第一节　特色战略效果权变评价法·········185
一、效果权变评价法·········185
二、关键绩效指标·········186
三、关键绩效指标案例·········187
四、定性过程评价指标·········193

第二节　特色战略效果的平衡评价法·········195
一、利益相关者评价法·········195
二、特色办学战略利益相关者评价·········197
三、平衡计分卡·········203

第三节　特色办学战略与组织绩效关系模型·········212
一、战略规划的实施灵活性·········213

二、理论模型 ·· 214
三、研究设计与方法 ·· 216
四、研究结果 ·· 217

总 结 ·· 220
一、在三维模型中进行战略定位 ····························· 220
二、构建三维特色战略体系 ·································· 221

参考文献 ·· 224

附 录 ·· 228
一、大学组织文化测量问卷 ·································· 228
二、特色办学战略执行评价量表 ····························· 230

后 记 ·· 231

导　论

本书的研究对象是进入高等教育大众化阶段后，为了谋求在高等教育市场中的独特竞争优势而制定特色发展战略的普通高校。对这一研究对象的限定理由如下：①本书认为大学制定特色办学战略的前提是院校有办学自主权，能够面向高等教育市场自主谋划特色战略，因此 20 世纪 50 年代的单科院校虽具有较强特色，但鉴于其身处计划时代，无法面向市场自主办学，因此并不是本书的研究对象；②从严格意义上说，每一所大学都有其自身的特色，包括校园建筑、历史、大学文化以及专业特色、人才培养特色等，但是本书关注的是整体性的特色办学战略。

第一节　特色办学战略问题的形成

学界对高校特色办学问题的关注始于 20 世纪 80 年代初期，关注重心逐渐从行业类学院扩展到综合型大学。20 世纪 90 年代以来，政府不断扩大高校办学自主权，这为学校特色发展提供了制度保障。部分高校为了在分化与趋同并存的院校市场中谋求有利位置，开始把特色办学作为核心战略提出来。

一、从特色办学到特色办学战略

特色办学问题早在 20 世纪 80 年代初就受到关注。这一时期讨论特色办学多聚焦于行业单科院校。例如，原桂林冶金地质学院孙云鹏提出，高等学校要办出自己的特色，必须从实际出发确定学校的发展方向，并经过长期努力，使某些学科的教学质量、学术水平在国内居于领先地位。[1] 邓恢光讨论了工程院

---

[1] 孙云鹏. 关于办学特色的探讨 [J]. 高教战线, 1984 (9): 9.

校的办学特色，石毓诚分析了公安院校的特色，徐伟探讨了财经院校的办学特色，杜瑞冰探讨了医学院校的办学特色。姜保年、黄循洛等分别研究了20世纪80年代初新恢复和建设的地方院校的办学特色问题。刚如、闻友信等人则介绍美国、日本等国家大学的特色办学情况。

20世纪90年代后，一些学者开始关注综合大学办学特色问题，人们开始认识到不仅行业单科类院校有特色，综合大学也有自身特色。何解山、舒眉在《江西大学学报（社会科学版）》（现为《南昌大学学报（社会科学版）》）1993年第3期发表文章，探讨了综合大学的特色：包容性特色、繁衍功能特色、摄取性特色和育人多层面特色。此外，这段时期人们对特色问题的探讨从行业类单科性质院校扩展到继续教育、广播电视大学等领域。一些学者将对特色问题的思考与办学定位关联起来，如潘海天、郭桂英、程国益等。潘懋元、吴玫在2003年《复旦教育论坛》发表的"高等学校分类与定位问题"一文引领了这个领域的研究，该文被转载555次，下载4 000余次。这些研究所涉及的主题包括办学定位、分类、发展战略等，意味着学术界开始从战略角度分析特色办学问题。美国在20世纪80年代初期也经历了相似的过程，当时人们开始把大学和学院作为战略型组织，它们试图在市场上找到自己的特定位置，从而使其内部结构、过程、重点和决策与复杂多变的环境相平衡。凯勒的《学术战略：美国高等教育的管理革命》出版后成为广为流传的经典之作，丰富了战略学术组织的新特性。

此外，人们把办学特色逐渐作为学校生存和竞争战略来看待，特别是针对发展型大学而言。伯顿·克拉克在《高等教育系统》一书中也认为："当普遍的不景气发生时，没有特色的院校在经费预算中的固定位置外，对资源没有特殊的分配权利。作为一个可与其他院校相互代替的院校，可能被负责削减预算的官员选作多余的单位行大手术或破产拍卖。各种各样的公共当局更可能试图褒奖那些想办出特色的院校，而不是安于故常的院校。有许多理由促使胆怯的公共院校回避在象征方面平淡无奇，而是力争表明在特定的品质和服务方面和与外部支持群体的关系方面的独特性。"我国学者也有人认为，特色是学校继续生存的前提，没有特色的学校常常处于破产的危险之中。所有这些显然是把大学办学特色的形成作为工具理性和生存战略来对待的。大学形成办学特色虽可作为学校求生存和规避生存危机的手段，但首先应将它作为价值理性和发展战略来对待。

二、趋同背景下高校对特色办学的吁求

我国高等教育大众化的进程始于 1999 年的大规模扩招。大规模扩招前,我国高等教育的毛入学率约为 8%,至 2002 年,经过连续 4 年的大规模扩招,高等教育的毛入学率提高到 15.3%,进入了高等教育大众化的门槛。❶ 2003年,中国高等学校的在校生规模已达 1 900 万,比前一年增加 300 万,高等教育毛入学率达到 17%,比上一年提高两个百分点。2004 年,全国高校毕业生总数已达 280 万人,较前一年增加 32%,高等教育毛入学率已接近 20%。6 年来,高等教育毛入学率每年以大约 2% 的速度增长,2006 年的毛入学率为22%,2012 年达到 30%。

而在大众化阶段发展路径上,相当一部分学校将精力用在追求量的扩张上,包括学生规模、专业数量、学科门类、硕博学位点的数量以及科研经费、科研成果的数量等。此外就是追求层次升格。1991—2004 年,专科升格为本科的院校有 82 所,中专升格为大专的学校有 138 所,成人高校改制为普通高校的学校有 51 所。仅 2003 年,升格、更名的高校就多达 64 所。在教育部网站上,从 1990 年至 2004 年 8 月,合并调整后的各类高校数目达到 416 所,原有 612 所高校合并组建为 250 所。❷ 这一状况导致整个高等教育系统结构性扭曲,不同类型高等院校之间在功能上相互重叠,进而造成高等教育系统结构性过剩,表现为单一功能的恶性膨胀和大学之间的高度趋同化。国家教育行政学院对高校领导培训班的调研显示,尽管占总数 34.25% 的学员认为不同类型高校发展战略规划的首要区别应体现在个性化特色方面,但同时有 42.61% 的学员认为目前高校发展战略规划存在的最主要问题仍是缺乏个性化特色,只有

---

❶ 特罗教授在接受厦门大学邬大光教授采访时认为:"这个划分标准没有任何数学工具的支撑,或者说没有统计学上的意义。它是我的一种想象和推断,是一种根据事实而进行的逻辑判断,是我根据自己从事高等教育的经验对当时世界高等教育发展形势的一种判断。数字并不是一个非常重要的因素,并不一定具有实际的意义,5%、15% 和 50% 并不是一个固定的区别标准,它们并不代表一个点,而是一个区间。你同样可以认为 6%、7% 属于精英教育阶段,也可以对大众化 15% 的标准进行新的划分。"邬大光. 高等教育大众化理论的内涵与价值——与马丁·特罗教授的对话 [J]. 高等教育研究,2003(6):7.

❷ 中国高校合并大盘点 [EB/OL]. http://news.sina.com.cn/weekend/2000-05-25/230.html.

18.25%的学员认为自己所在高校的发展战略规划具有个性化特色。当然,特色并不仅是指不同类型高校之间的不同特点,它也指同一类型高校在不同发展条件下形成的特点。广大学员认为,造成这种现象的主要原因在于评价机制和拨款机制,以"211工程""985工程"等研究型、综合性大学为蓝本确定评价机制及相应的拨款机制,必然会导致广大高校的发展方向趋同,甚至导致部分高校为争取经费和资源、为迎合上级统一的评价模式而牺牲自身的优势和特色。❶

无独有偶,美国、英国、澳大利亚等高等教育发达国家,在高等教育大众化进程中都曾面临过这种情况。克拉克·克尔在谈到以高等学校职能分化为主题的《1960年加利福尼亚高等教育总体规划》时指出,美国高等教育机构的趋同现象在20世纪60年代十分严重,"有些州立学院想要成为羽毛丰满的研究型大学,有些社区学院想要成为四年制学院"❷,并且像密歇根州立大学这种学校已经从一所赠地学院和一所师范学院成功转型为研究型大学,更增强了许多学校升格的决心。纽曼报告认为,高等教育的趋同已经越来越严重,至少在教学和使命上院校之间越发相似。"我们的大学和学院已经变得极其相似了,几乎有2 500所院校已经采取了相同的教学和学习模式,几乎所有的院校都努力实现相同的使命。"❸该报告认为多元化的社会要求使命多样化以及教学过程的差异,但"多数学生可以自己选择不同类型的高等教育机构已经不再是现实了"。❹英国也是如此。20世纪60—90年代,英国的高等教育一直是"双轨制",由多科技术学院等组成的"公共部门"和由"大学"组成的"自治部门"两部分组成,以区别不同类型、职能、水平的高等教育。但是,到了20世纪90年代,两种类型的高等教育机构之间越来越像。1992年,英国议会不得不宣布废除"双轨制",只要符合一定的标准,所有的高等教育机构都可以称为大学。❺

---

❶ 明确定位 突出特色 科学制定高校发展战略规划——第26期高校中青年干部培训班专题学习简报[EB/OL]. http://www.naea.edu.cn/news/detail.asp?newsid=328.

❷ 克拉克·科尔. 高等教育不能回避历史——21世纪的问题[M]. 杭州:浙江教育出版社,2001:134.

❸❹ NEWMAN. Report on higher education[M]. Washington:U.S. Government Printing Office, 1971:12.

❺ 王占军. 高等院校组织趋同机制研究[M]. 北京:北京师范大学出版社,2012:3.

在同质化的背景下，高等教育系统本身的多样化以及院校的特色化就显得尤为重要。克拉克强调高等教育系统结构特征对变革的作用，认为"单一结构倾向阻止自发的变革，而多元结构则促进变革"❶。换句话说，多元化基础上的整合结构特征为高等教育系统的自发变革提供了内生动力。与单一机制的系统相比，多元化结构为创新和变革营造了良好的挪移空间。一旦变革出现决策失误，对单一机制的系统将是一种灾难。而在多元化结构系统里，任何部分出现失误，其他部分都会给予补偿，从而保持整体的稳定性和适应性。各种办学模式共生共存给系统内部各个成员提供了较大的自主性，开辟了更开阔的自主空间，内生了系统内成员的创造活力和发展动力。

三、政府政策对特色办学的推动

1993年《中国教育改革与发展纲要》及其实施意见提出："高等教育的发展，要坚持走内涵为主的道路，努力提高办学效益。要区别不同的地区、科类和学校，确定发展目标和重点。制定高等学校分类标准和相应的政策措施，使各种类型的学校合理分工，在各自的层次上办出特色。"此外，由教育部发起的本科教学评估，其指标体系中含"办学特色"一项，认为办学特色是"学校在长期办学过程中积淀形成的、本校特有的，优于其他学校的独特优质风貌。特色应当对优化人才培养过程，提高教学质量作用大、效果显著。特色应有一定的稳定性，有一定的社会影响，有公认度。特色可体现在不同方面，如治学方略、办学观念、办学思路，科学先进的管理制度、运行机制，教育模式、人才特点，课程体系、教学方法以及解决教改中的重点问题等方面"。《国家中长期教育改革和发展规划纲要（2010—2020年）》要求克服高校实际存在的同质化倾向，提出要促进高校办出特色。这将高校实施特色发展战略，走特色办学之路提上了日程。近年来，教育部及国家有关部门在诸如学科建设、科研立项、重点实验室建设和博士点审批等方面注重特色立项，都是推动高校特色办学之举。

---

❶ 伯顿·R. 克拉克. 高等教育系统——学术组织跨国研究 [M]. 杭州：杭州大学出版社，1994：219.

四、院校自主权加大后对特色战略提出诉求

（1）高校办学自主权逐步扩大，为大学实施特色办学战略创造了必要的前提条件。当前，政府对高等教育的管理模式也在发生变化，政府从直接管理变为以间接调控为主，形成了以市场机制为导向、政府宏观调控为主导、学校自主办学为主体的高校运行机制，以及中央和省、市、自治区两级管理，以省级人民政府管理为主的管理体制。2010年颁布的《国家中长期教育改革和发展规划纲要（2010—2020年）》，对落实和扩大高校办学自主权做了进一步明确。世界上所有著名一流大学办学特色的形成，无一不是以学校拥有较充分的办学自主权的制度环境为前提的。计划经济体制下中国大学出现的千校一面现象，是国家高度控制高校办学模式和发展方向的产物。《高等教育法》规定："高等学校应当面向社会，依法自主办学，实行民主管理"；"高等学校根据教学需要，自主制订教学计划、选编教材、组织实施教学活动"；"高等学校根据自身条件，自主开展科学研究、技术开发和社会服务"。上述条规从法理上使高校办学自主权得到加强，为办学特色的形成提供了制度保证。

（2）市场化、大众化和国际化对高校发展带来巨大挑战。随着改革开放的不断深化和市场经济体制的不断完善，高等院校也进入了市场竞争的行列之中，并呈现出从社会边缘走向社会中心的趋势，高等教育市场化趋势显现。而计划与高度集中体制下形成的"千校一面"的状况将随着市场体制的逐步完善而得以改变，面对社会对高等教育的需求与期待，形成各自的办学特色是大学在竞争中扩展生存和发展空间的必然选择。办学特色的多样化是高等教育大众化发展的重要特征和途径，没有高校办学特色多样化，就不可能真正出现高等教育大众化的多样化，而高等教育的多样化必然要求通过高校办学特色的多样化来体现。因此，特色办学既是高校的战略选择，也是由我国高等教育面临的形势任务及高等教育发展规律决定的。随着经济社会及科技的发展，高等教育与社会的关系日益密切，经济社会发展对高等教育提出更高的、多样化的需求。高等教育只有克服千校一面、缺乏个性的趋同化倾向，只有真正办出特色、办出水平才能适应多元化的社会需要。人民群众对高等教育的需求也在日益多样化。一方面，高等教育要促进人的全面发展，要为受教育者的终身发展奠定基础，而人的自然禀赋、成长特质和发展取向是多样化、差异化和特色化

的，只有多样化、差异化、特色化的教育才能真正满足人的全面发展的需求；另一方面，高等教育要满足受教育者获得职业生存和发展能力的需求，多层次、多类型、富有特色的高等教育才能使受教育者适应多样化的职场需求。

随着经济全球化以及信息时代的到来，高等教育国际化已经成为人们的共识。美国学者克拉克·科尔指出："我们需要一种超越赠地学院传统的新的高等教育观念，这种观念实际上是高等教育面向世界，或者说高等教育国际化。"加拿大教育署于1990年在《没有国界和边界的教育》报告中，要求国内各大学把国际化作为自己的组织目标之一，并制定相关政策来推进和保证国际化进程。日本政府早在20世纪50年代中期就意识到"以国际化观点进行改革是关系到我国生存与发展的重要问题"。在高等教育国际化背景下，大力推进大学文化建设，不断提高大学文化的创新力、软实力和竞争力，实施特色兴校战略、走特色兴校之路是当今中国高等学校发展的理性选择。

五、战略规划的核心是创办特色

我国高校从20世纪70年代以来便开始制定发展规划，既有几年的短期规划，也有10年以上的中长期规划。21世纪后，在华中科技大学刘献君教授、赵炬明教授发起的院校研究推动下，战略管理研究得到重视。高校战略管理过程包括6个环节：使命、目标、环境分析（或战略态势分析）、战略制定、战略实施、战略评估与控制。院校研究已经涉入战略管理的各个环节之中。

制定发展战略规划的核心，在于把学校办出自己的特色。纵观世界促使一流大学"起飞"的战略规划，可以发现它们都注重在高等教育丛林中谋求特色。美国《外交政策》2000年夏季号曾发表一篇名为《给新时代定名》的文章，指出新时代应该定名为"与众不同"的时代，"与众不同——公司和其他产品的不同之处——比以往任何时候都更重要""一个产品对公司特点的体现与它的质量同等重要"。所谓"与众不同"，就是要有自己的特色，这种"特色"就是质量，就是水平。我们还必须看到，与生产过剩同时出现的是社会需求的多样化和个性化。这种社会需求的特征，使得竞争的焦点集中于谁能满足社会的个性化需求，谁能以最快的速度满足个性化需求。这是竞争取胜的法则，是现代社会的成功之道。

我们的高等教育已由精英阶段走向大众化阶段，高等教育市场环境趋于成熟。学生的需求变得多样化，高校如果还像在计划时代按照政府指令办学，很可能遭遇生存危机。当1998年以来的院校规模扩张达到峰值之后，简单靠规模扩张维持生存和竞争力的策略将很难奏效，学校之间的竞争将转到品牌和特色之争。这对学校面向市场自主办学提出了新的要求，制定特色办学战略成为高校面临的紧迫课题。特别是在我国高等教育适龄人口增长趋势从剧增到大幅下降之后，这种新要求将会更加明显。《从人口大国迈向人力资源强国》的报告提供下列很有说服力的数据："到2008年，我国高等教育适龄人口将剧增至1.24亿人；而在2008—2020年，又将大幅下降；2020年的学龄人口为8 200万人。"因此，制定一个促进学校办出特色的发展战略和规划，已经成为学校求生存、求发展的关键。而随着市场化体现的逐渐完善，特色办学战略不仅是生存工具，还将成为高校的价值理性，成为高校自主自发的选择。

学校要办出自己的特色，重要的是坚持有所为有所不为原则，应借鉴企业经营的"焦点法则"：将80%的精力放在20%的事情上，这20%的事情会给你带来80%的效益。美国教育家波伊尔教授说得好："绝没有什么简单的好大学模式，一所大学与另一所大学所面临的任务和所处的环境方面肯定是大相径庭的。但是，我们相信，好大学仍有足够的、广泛的共同特征。"其中，最根本的是"一所高质量的大学必定有一个明确的而且是生机勃勃的办学目标，所以，它不可能是满足所有人所有要求的大杂烩，它需要在众多的要求下做出选择，并确定哪些是应当考虑的重点。"❶

第二节　特色办学战略绩效评价研究框架

对高校特色办学战略绩效评价的研究需要把研究问题放在战略管理的框架之下。首先，要明晰特色战略及战略绩效的有关概念，并通过对已有战略管理的文献进行综合分析，为特色战略绩效评价研究确定概念框架。此外，本书从哲学、生态学、教育学和管理学的视角对特色办学战略进行方法论层面的审视，以便为研究选择适切的方法和技术。

---

❶ 蔡克勇．战略规划：高等学校发展的关键［J］．交通高教研究，2003（4）．

一、相关概念

(一) 战略

"战略"一词起源于古希腊语中的"strategos"一词,由"stratos"(军队)和"ago"(领导)复合而成,意为军事将领,主要用于军事领域。《韦氏新世界词典》(*Webster's New World Dictionary*)把战略定义为"规划和指挥大规模的军事行动,在与敌人正式开战前把军队调遣至最有利位置的一门科学"。[1] 战略这一概念后来被引入工商业领域。钱德勒(Alfred D. Chandler, 1962)是最早把"战略"和"规划"这两个词联系起来的学者之一,他在其著作《战略与结构》(*Strategic and Structure*)中把战略定义为"确定企业最基本的长期宗旨和目标,制订行动方案以及为实现这些宗旨和目标配置所需资源"。学术界公认这个定义对后来组织战略思想的发展有着深远的意义。安索夫(Igor Ansoff)也对战略这个概念的发展做出了重要贡献,他在《公司战略》(*Corporate Strategy*)中最早尝试设计一套全面综合的分析方法,以解决组织所面临的战略问题。

(二) 规划

明茨伯格(Henry Mintzberg)认为"规划是指一个通过整合的决策系统来实现明确目标的形式化过程,考虑并试图控制未来发展是规划的重要组成部分"。[2] 他在1994年所著的《策略规划的兴起与衰退》(*The Rise and Fall of Strategic Planning*)一书中指出:"策略是无法规划的,而是在综合公司内外所发生的各种改变之后,才能够因应而生。"他又说:"一些业界巨擘如国际商业机械公司(IBM)、席尔斯(Sears)、迪吉多(Digital)、柯达(Koda)和通用汽车(General Motors)的伟大计划都被竞争对手猛烈攻击得体无完肤。从他们一度无懈可击的策略地位往前看,许多大组织发现他们眼前竟是一处无底深渊;自20世纪80—90年代初期,曾经不可一世的大组织都被迫走下策略高山,转而从事组织缩减这种卑微的工作。"

---

[1] GURALNIK D. Webster's new world dictionary [M]. 2nd edition. Cleveland: Prentice Hall Press, 1986.

[2] MINTZBERG H. The rise and fall of strategic planning [M]. New York: The Free Press, 1994: 12.

皮特森（Marvin W. Peterson）认为，在组织层面上，规划既可以被看作一种独立的、分析导向的组织功能，也可以被看作一种对决策和控制进行整合的功能，或者是一种偏向于政策导向的决策功能。他认为从院校视角来分析和改进高校规划工作是十分有效的，因此把高校规划定义为"一个有意识的过程。在这个过程中，院校会评估自己的现状以及自身所处环境的未来发展趋势，预测自己的未来发展状况，然后制定组织战略、政策和工作过程，并从中选择一个或多个实施"。❶

（三）大学战略规划

斯坦纳（George A. Steiner，1979）对战略规划的界定较为权威，他认为："战略规划是一种分析方法，其内容包括对未来（通常是5~10年）的预测，确定预期发展目标，为实现这些目标开发行动方案，从备选行动方案中做出选择。这是一个包括对目标实现程度的反馈和评估在内的连续过程。"❷ 最早将战略规划运用于高等教育领域的学者是申达尔和哈顿（Dan E. Schendel, Kenneth J. Hatten，1972）。他们在1972年发表了一篇题为《战略规划与高等教育：概念、问题和机会》（Strategic planning and higher education: Some concepts, problems and opportunities）的文章，其核心思想是："战略规划是适应性的计划，它将适应不断变化的外部环境；它与长期规划（Long-range Planning）不同，长期规划是惯性计划，只是对过去计划的重复或扩大。"❸ 大学战略规划的内涵是不断发展的。柯普（1981）曾把战略规划和长期规划做了比较，把大学战略规划定义为"一个全校范围内的、对未来进行预测的、参与式过程。通过这个过程，高校可以明确发展方向，从而使自身实力与发展机遇相匹配"。❹ 柯普（1987）后来通过11个案例对大学战略规划做了深入的阐释，改进了他之前给战略规划做出的定义。他把高校战略规划重新定义为："一种

---

❶ PETERSON, MARVIN W. Analyzing alternative approaches to planning [G] //ASHE Reader on Planning and Institutional Research. Boston: Pearson Custom Publishing, 1999: 11-12.

❷ STEINER, GEORGE A. Strategic planning [M]. New York: Free Press, 1979. 转引自 UHL, NORMAN P. Using research for strategic planning [J]. New Directions for Institutional Research, 1983 (37): 1-2.

❸ 赵曙明. 美国高等教育管理研究 [M]. 武汉：湖北教育出版社, 1992: 20.

❹ COPE, ROBERT G. Strategic planning, management and decision making [R]. AAHE - ERIC/ Higher Education Research Report No. 9, 1981: 8.

开放的系统论,指引高校在不确定的环境中发展。它既是一种对未来外部环境状况可能引起的问题预先提出解决方案的行为,也是一种在持续的资源竞争中用来争取有利地位的手段。它的主要目的是把院校的前途和可预见的环境变化联系起来,使资源的获得快于资源的消耗,从而能够成功地完成院校的使命。"❶

雪利(Robert Shirley)把大学战略分为4个层次,他认为大学战略不仅可以用来处理学校层面的问题,也可以解决院系等部门的问题。他对大学战略的分层如下:①学校总体战略(Institutional Strategy),用来处理学校自身与外部环境的关系问题,从而确定学校的使命、目标和比较优势等;②学校职能战略(Campus–wid Functional Strategies),用来制订学校的财务、招生与录取、人力资源、校园建设等各项工作的计划,为实现学校总体战略目标服务;③部门战略(Program Strategies)是各个院系和职能部门对前两个层次的战略做出的回应,确定各自的工作重点和资源需求等;④部门业务战略(Program–level Function Strategies),是各个院系和职能部门制订招生、课程、人事和预算等各项工作计划,为实现部门战略的目标服务。通过对战略进行这种分类,能够明确如何把学校的总体战略分解、转化为各个基层部门自身的战略。❷ 许多战略规划领域的学者认为通过战略规划,可以使组织有效地回应不可预料的外部环境变化。

根据不同的分类标准,大学规划有多种分类方式。

1. 以复杂程度和动机来源为标准❸

理查德森(Richard C. Richardson, Jr.)和加德纳(Don E. Gardner)根据规划的复杂程度和动机的来源这两个维度,把大学规划分为不连贯规划(Disjointed Planning)、适应性规划(Adaptive Planning)、战略规划(Strategic Planning)和综合规划(Comprehensive Planning)4种。

---

❶ COPE, ROBERT G. Opportunity from strength: Strategic planning clarified with case examples [R]. ASHE–ERIC Higher Education Report No. 8, 1987: 3.
❷ NORRIS, DONALD M, POULTON, NICK L. A guide for new planners [M]. An Arbor: Society for College and University Planning, 1991: 10.
❸ Avoiding extremes on the planning continuum [J]. Journal of Higher Education, 1983, 54 (2): 182–184.

2. 以时间周期为标准❶

诺瑞斯（Donald M. Norris）和波尔顿（Nick L. Poulton）以规划的时间周期为标准，把规划分为战略规划、长期规划（Long-range Planning）、战术规划（Tactical Planning）和实施规划（Operational Planning）4 种。高校通过战略规划来处理重大战略决策和战略问题，战略规划随着外界战略挑战的出现，以不规则的时间周期执行。雪利认为战略决策和战略问题具有以下特点：解释高校与它所处环境之间的关系；把整个高校组织作为研究对象；需要依靠许多职能部门的投入；给高校的所有管理和业务活动以方向和限制。随着大学领导者采取了更加积极和外向性的工作导向，战略规划在高校工作中得到了广泛的应用。

（四）特色办学战略

1. 办学特色

按照逻辑学上"属加种差"的方法来给"办学特色"下定义，办学特色的属概念显然是"特色"，种差则要强调"办学特色"与其他诸如"服务特色""经营特色""饮食特色"等的区别。关于属概念"特色"，研究者们一般引用《现代汉语词典（第五版）》第 1 124 页的解释，即"事物所表现的独特的色彩、风格"。在具体的表述方面，通常采用"特征""风貌""品质""特性""发展方式""风格""特点与亮点""方式与思路"等词语。而在种差的描述上，虽然表达各不相同，但是都强调了"在办学过程"或"办学实践"中形成这一关键点。所有文献中所下定义最为言简意赅的有两个：① "办学特色是学校在长期教育实践中形成的独特的、优质的、稳定的教育风貌"❷；②大学的办学特色是指一所大学在发展历程中形成的比较持久稳定的发展方式❸。引用率最高的是 2002 年中外大学校长论坛课题组提交的报告《大学办学特色的形成发展战略》中所下的定义："大学的办学特色是指一所大学在发展历程中形成的比较持久稳定的发展方式和被社会公认的、独特的、

---

❶ NORRIS, DONALD M, POULTON, NICK L. A guide for new planners [M]. An Arbor: Society for College and University Planning, 1991: 8-9.

❷ 王宗敏. 对办学特色几个基本问题的思考 [J]. 中国教育学刊, 1995 (1): 1-4.

❸ 李泽彧. 关于大学办学特色的一点探讨 [J]. 辽宁教育研究, 2002 (1): 22-23.

优良的办学特征。"2003年,《普通高等学校本科教学工作水平评估方案(试行)》也给了一个界定:"特色是指在长期办学过程中积淀形成的、本校特有的、优于其他学校的独特优质风貌。"

对于办学特色的理解,比较容易出现的偏差就是将其等同于办学成绩、学校定位或者某些特点。办学特色首先是优质的,因而可以从办学成绩中提炼,或者体现在办学成绩中,但二者不能等同。因为成绩可以是短期内取得的,或者仅仅是某个局部的,而办学特色必须是长期历史积淀且具有全局性影响的独特品质。学校定位同样不能成为办学特色,每所高校都会有自身的定位,但这种定位与办学实践还有一定的差距。特色产生于办学历史实践之中。特点与特色之间是点和面的关系,当特点成为具有全局性影响的特征的时候,才能称其为特色。现实中还存在一种认识误区,认为建设办学特色就是建设一流大学,一流大学必然是特色比较鲜明的学校。但是,办学特色不应该在办学规模扩大、学科门类齐全等方面大做文章。实际上,办学特色应该是一种基于学校自身实际的发展方式,与规模大小、学科专业并无多大的关系。

办学特色的外延主要是指办学特色具体体现的方面。刘智运(2003)将其总结为4个方面:学科特色、科研特色、人才培养特色、校园文化特色。❶这是当前比较有代表性的一种认识。《普通高等学校本科教学工作水平评估方案(试行)》(2003)中指出:"特色可体现在不同方面:如治学方略、办学观念、办学思路;科学先进的教学管理制度、运行机制;教育模式、人才特点;课程体系、教学方法以及解决教改中的重点问题等方面。"这是目前官方最为明确的说法,也是比较全面的归纳。李泽彧(2002)将大学的办学特色分为理念型和项目型。理念型特色是大学的办学思想、办学理念以及学校在办学理念的指引下长期形成以校风、学风为主要形式表现出来的大学精神;项目型特色既有学校与外部环境相结合而形成的宏观的办学体制、办学模式,也有高校在发展过程中形成的中观的学科、专业布局特色,还可指大学在人才培养过程中形成的微观的人才培养目标、规格、模式、培养方式以及大学在科学研究中形成的科学研究范式。❷

---

❶ 刘智运. 高等学校办学特色研究 [J]. 大学教育科学, 2003 (1): 9-11.
❷ 李泽彧. 关于大学办学特色的一点探讨 [J]. 辽宁教育研究, 2002 (1): 22-24.

2. 特色办学战略

特色办学战略是高校旨在深入反思自身发展的客观环境和主观条件的基础上，为实现自身特色发展使命和目标，而在组织结构、文化、人力资源等方面进行规划与变革，采取多种政策和措施以形成特色化和优势化发展的战略。

3. 特色办学战略绩效

特色办学战略绩效是高校所确定的特色办学战略的目标实现状况，是为实现其战略目标而展现在不同层面上的有效输出。

4. 战略绩效评价

战略绩效评价是指对战略的制定、执行中所耗费资源的经济性、效率性和有效性进行的评价，以保证战略目标的实现，是组织战略管理的重要组成部分。

二、战略管理研究基础

（一）高等教育战略规划与绩效评估历史

高等教育领域使用战略规划概念的历史并不长。1972年，申达尔和哈顿首次把战略规划概念运用于高等教育。奥顿（Orton）和多尔（Dorr）于1975年也建议把战略规划概念运用于高等教育领域。此后，高等教育领域战略规划研究成果与日增长。除了这些研究成果外，还有专门的机构也在推动高等教育领域战略规划工作。全国高等教育管理系统中心（The National Center for Higher Education Management Systems，NCHEMS）有许多战略规划方面的研究项目和工作坊。第二个关键的组织是美国州立大学联合会的战略变化资源中心，他们也开发了一些战略管理技术，强调环境扫描。但是该中心并没有使用战略规划这一概念，而是强调了一些基本的概念（包括环境扫描等）。其他像美国高等教育联合会（American Association for Higher Education）这样的组织也对将战略规划运用到高等教育领域感兴趣。

第二次世界大战以前，由于大学的规模一般比较小，经验型管理占主导地位，是否制定战略规划对于大学的发展影响并不是特别明显。第二次世界大战以后，随着大学规模的不断膨胀，大学的使命越来越艰巨、越来越复杂，战略规划对于大学使命的完成也显得越来越重要。20世纪70年代末，"高等学校战略规划"这一概念从商业领域引入高等教育领域。1983 年，美国学者凯勒的《学术战略：美国高等教育的管理革命》和科普的《机遇来自实力：战略规划案例研究》的出版，引起了大学管理者和高等教育研究人员对于大学规划研究的重视。这两本书籍以及后来一些相关著作的出版在理论上对高等学校的规划工作产生了积极的影响。凯勒提出，战略规划不同于系统分析、渐进论、管理科学、长期规划及凭经验办事，其不同之处主要表现在六大特征上：①学术战略决策意味着大学、学校或学院及其领导者是积极而不是消极地对待他们的历史地位；②战略规划是外向的，其着眼点在于使学校与不断变化的外部环境协调一致；③在高等教育受制于经济市场条件和日益激烈的竞争的情况下，制定学术战略是富有竞争性的；④战略规划重在决策，并非文本上的规划、分析、预测和目标之类；⑤战略决策是理性的、经济的分析，政治手段和心理影响交互作用的过程，因此它是参与式的，对矛盾冲突具有很强的包容性；⑥战略规划所奉行的是组织命运高于一切。❶

1995 年 12 月，澳大利亚高等教育管理评议会发布了一个报告，对大学编制战略规划提出了一些指导性意见（Anderson，Johnson，Milligan，1999）。根据这份报告，一份完整的战略规划应该包括以下内容：①中长期的展望，包括 3 年的财务预算；②对于运行环境的分析；③明确说明目标以及实现这些目标的策略，包括可以利用的资源；④定量和定性的绩效指标；⑤对以往规划及目标的总结；⑥对相关责任的概述。❷ 为了规范英国高校的战略规划工作，英格兰高等教育拨款委员会于 2000 年也编辑出版了《高等学校战略规划指南》❸。该指南指出高校战略规划应包含四方面内容：扫描、分析、形成思路和保障条件。其中，前三个方面是在方案中应包含的内容：扫描包括环境扫描、内部资源评价和办学目标确认；分析包括学校位置分析、学科专业状况分析和财政情况分析；形成思路包括新的活动、对现有活动进行改进和停止某些活动。

罗莉等人（Rowlye，Lujan，Dolence）认为，今日大学不能独善其身，战

---

❶ 乔治·凯勒. 大学战略与规划：美国高等教育管理革命 [M]. 别敦荣，译. 青岛：中国海洋大学出版社，2005：192 - 201.
❷ 刘念才，周玲. 中外大学规划：比较与借鉴 [M]. 上海：上海交通大学出版社，2007：20 - 21.
❸ 刘念才. 英国高校战略规划指南 [M]. 上海：上海交通大学出版社，2007.

略规划是一种可以使大学恰当面向未来进行定位的较为合理有效的方法。但他们怀疑商业战略管理的方法不能适用于高等教育，认为应该关注高等教育的特定需求，关注高等教育的使命和公共责任。高等教育的性质由精英教育转向大众教育或普及教育后，量的扩充造成政府在经费负担上压力很大。要让有限的经费公平、合理地分配，就必须建构一套客观的指标，才不致让大学间有所争议。其次，是政府与大学间管理机制有所改变。过去，基于尊重大学自主的传统，采取"学院模式"（Collegial Model）。由于教师群体控制了决策过程，在政府教育经费充裕的时代中，这种管理模式尚不致出现问题；但在管理上出现"效能""效率""绩效"的理念时，大学内部公共教育经费是否运用得当就会受到质疑。

布克和麦娜（Burke，Minassians）认为当政府预算紧缩、纳税人抱怨大学学费不断增加但教育质量却不见提升时，大学管理是否要讲求绩效管理引起关注。❶ 不仅美国大学在市场导向的策略下特别强调"绩效责任"与"绩效管理"，奥尔（Orr）亦发现欧洲各国政府对高等教育体系经费补助已经由过去的"匮乏原则"（Deficiency Principle）逐渐转移为透过"表现本位"（Performance-based）的经费分配方式引导大学发展。❷ 这个阶段的高等教育绩效评价的一个显著特征是超越了过去单纯的教学和科研绩效的评价，把绩效评价上升到组织系统和战略发展的高度进行。例如，2007年米勒（Barbara A. Miller）出版了《评估高等教育中的组织绩效》，对组织绩效评估的界定是测量者依据他们的需要、期望和要求对组织的绩效进行测量的过程，组织绩效能在许多层面上表现出来。总之，对绩效指标在国际上的使用情况进行检视可以揭示出不同的理念和方法。尽管有差异性，但实际上绩效指标都是在逐渐增加的政府问责和财政紧缩框架下使用的，都是在政府在高等教育上的角色概念从"公共物品"转向了"战略投资"的框架下使用的。❸ 与美国一样，绩效指标已经成

---

❶ BURKE, J C, M H. Linking state resources to campus results: From fad to trend—the fifth annual survey [R]. New York: The Nelson A. Rockefeller Institute of Government, 2001: 10.

❷ ORR D. Can performance-based funding, quality assurance solve the state vs. market conundrum [J]. Higher Education policy, 2005 (18): 31–50.

❸ EWELL, P T, J FINNEY, C LENTH. Filling in the Mosaic: The emerging pattern of state-based assessment [J]. AAHE Bulletin, 1990, 42 (8): 3–5.

为各国所讨论的卓越和质量的构成部分。结果,在评估和评价时所使用的国际性方法具有共同的特征,都是服务于国家高等教育系统和单个院校的预算过程。

(二) 战略规划内容和方法

自1978年之后,一些学者探讨了战略规划所需要的管理技能和技术,具体整理为表1。

表1 战略规划所需要的管理技能和技术

范 围	技能和技术	关键文献
外部环境	环境扫描; 市场	Alm, Buhler Miko, Smith (1978); Cope (1978, 1981); Kotler (1977, 1979); Keim (1981); Groff (1981)
内部组织	使命和项目评估; 认知技能	Cope (1975); Miller (1979); Kells (1980); De Bono (1975); Radford (1980); Cleveland (1981)
环境与组织的融合	效能测量; 战略规划	Cameron (1978, 1981); Alm, Buhler - Miko, Smith (1978); Hollowood (1979); Cope (1978, 1981b)

此外,查菲(Chaffee)提出了3个模型,即线性、适应性和解释性模型。每个模型都考虑战略决策与不断变化的环境之间的关系。每个模型反映不同的关注重点:①线性模型关注的是可以实现组织目标的整体性的决定、行动和计划方面的战略,领导在战略制定中处于首要地位,他们有能力使意图转变为行动;②适应模型把规划作为资源和外部环境密切支持的组织系统,这个模型强调手段而非结果;③解释性模型建立在社会契约基础上,展现了组织作为具有

自由意志的个人合作形成的社群的特征。❶ 组织的存在依赖于个人之间的协作，它要求组织解决环境问题而不是改变组织自身。

贝利和约翰逊（Baily，Johnson）提出了 5 个战略发展审视视角：①逻辑渐进视角，把组织看作循序系统，是一个持续的反馈圈；②政治视角，战略是通过内外群体谈判形成的；③文化视角，组织文化融入战略形成过程之中；④远景视角，组织的远景引导组织的战略；⑤自然选择视角，考虑的是环境评估。使用这些视角审视战略规划，就要考虑组织的本质、个人和群体的作用以及支持组织运作的资源和外部环境因素等。

有些关于战略规划方法和模型的文献关注的是战略与使命、数据、媒介和领导力相关的规划过程的本质。有些方法是关于如何参与规划，谁参与规划，在规划之前如何交流，在规划之后形成良性结果的影响因素是什么等方面的。例如，若雷等人（Rowley，Lujan，Dolence，1997）提出的战略规划引擎理论是把决策和关键绩效指标衔接起来的十步骤方法，包括内外环境评估，优势、不足和机会、威胁分析以及执行评估。❷ 许多战略规划案例和定性研究主要集中于评估、信息和政治图景的变动。例如，奥利奥（Aloi）研究了 3 个高校评估和战略规划的关系。她的建议不像鲍德雷德（Baldridge）那样强调使命，而是主张建立一种持续改进的文化，创造一个透明的决策过程，使用不同的沟通渠道，为执行决策建立目标。她提出规划要经过一年时间，而执行要 2~5 年。杰森斯克等人（Jasinski，2004❸；Aloi，2005❹）和葛马吉等人（Gamage，Ueyama）❺ 的研究强调了几个战略规划应该考虑的主题，包括规划过程需要考虑

---

❶ CHAFFEE E E. Three models of strategy [J]. Academy of Management Review，1985，10 (1)：93.

❷ ROWLEY D，LUJAN H，DOLENCE M. Strategic change in colleges and universities：Planning to survive and prosper [M]. San Francisco：Jossey – Bass，1997.

❸ JASINSKI J. Strategic planning via Baldrige：Lessons learned [J]. New Directions for Institutional Research，2004 (123)：27 – 31.

❹ ALOI S L. Best practices in linking assessment and planning [J]. Assessment Update，2005，77 (3)：4.

❺ GAMAGE D T，UEYAMA T，ASINSKI J. Strategic planning via Baldrige：Lessons learned [J]. New Directions for Institutional Research，2004 (123)：27 – 31；ALOI S L. Best practices in linking assessment and planning [J]. Assessment Update，2005，77 (3)：4；GAMAGE D T，UEYAMA T. Strategic leadership and planning for universities in the global 2006：Strategic leadership and planning for universities in the global economy [J]. Education，Society，2006，24 (2)：49.

院校的使命、院校的文化、院校的历史、数据的使用和决策过程评估等。

（三）战略规划功能与绩效

周巧玲和赵文华把战略规划的功能分为3个方面。①政府的信息收集与政策导向功能：大学的战略规划在政府高等教育宏观管理中的工具性作用。大学向基金委员会提交战略规划至少有如下功能：一是政府通过大学提交的战略规划收集大学的信息，以确定高等教育在规模、结构和发展速度等方面的战略规划；二是根据高等教育政策来评估大学的工作，宏观调控大学的行为。②确立大学发展目标、选择优先发展领域：大学战略规划对于大学发展的显见作用。苏伊认为："战略规划使得学校所有的人都了解学校的使命和目标，了解大学正在努力做的和想要做的事情。战略规划实际上是引导整个学校的管理，它指导决策的制定。当领导者必须做出选择时，它帮助决定哪些是正确的事情。为了确保战略规划能够确定正确的目标，大学充分考虑了国家和地方政策、经济和社会因素对大学的影响，又充分了解大学内部的文化是否有利于战略目标的实现，然后根据规划确定预算，才可能最终达到战略规划的目标。"❶ ③大学校长领导作用的凸显：战略规划对高校内部管理方式的影响。战略规划要求大学从整体出发确定优先权，选择大学发展的重点领域，因而需要更强有力的大学领导以及管理权力的集中。只有政府将决策权力下放到大学，大学将权力从学术基层集中到大学管理的上层来，才能真正进行整体的战略规划。

有些学者则注意到缺少有说服力的经验证据支持战略规划的效能。伯恩鲍姆认为，正式的和定期的规划是高等教育管理时尚，他相信正式规划所耗费的时日和无法完成的承诺注定使其无法给出可信的结果。伯恩鲍姆认为，战略规划是"盛名之下其实难副"。1988年，他在《大学运行模式》一书中指出："院校急切地拥抱战略规划，但可惜少有资料可以表明其能发挥实质作用。"❷他还提到，战略规划缺乏广泛认可的定义、足够可信的实现规划的方法，这决定不可能实现规划的效能。2003年，多瑞斯（Dooris）考察了宾州州立大学的

---

❶ 周巧玲，赵文华. 大学战略规划在英国高等教育管理中的作用［J］. 高等教育研究，2007（6）：102－106.

❷ BIRNBAUM R. Management fads in higher education：Where they come from，what they do，why they fail［M］. San Francisco：Jossey－Bass，2001：221.

20年战略规划过程，发现并不能对规划是否有实质性的影响下结论：宾州州立大学20年取得了较大成绩，这些成绩与战略规划一致，但无法说明这就是规划的结果。❶ 该规划始于1983年，涉及所有23个校区的每个学院（学系），规划过程结合了自上而下和自下而上的决策过程，使用绩效指标衡量目标实现状况。战略规划能发挥作用的地方是：它与预算联系，帮助分流管理成本，推动大学发现可以使自己变得更有效率的新途径。

1994年，明茨伯格在《战略规划的产出和谢幕》中谈到，战略规划并不能起到应有的效果，它不是最好的方法，甚至可能使组织浪费不必要的宝贵时间。所以，看起来很难有经验证据支持战略规划起作用，同样也没证据表明其不起作用。陈廷柱认为，简单地否定战略规划对高校发展的作用是不可取的，但要准确地判断战略规划在高校发展中发挥了什么样的作用以及发挥了多大的作用，确实是个较为棘手的问题。除部分基于案例的研究论著之外，现有的研究还缺少有足够说服力的方法和证据来充分论述高校战略规划的作用。❷

三、理论基础

（一）哲学视角：普遍性与特殊性的关系

所谓普遍性指的是事物的共性，而特殊性指的是事物的个性。普遍性与特殊性的关系可以说是学校特色办学战略的哲学理论依据。特色是建立在事物的普遍性基础之上的特殊性，是同类事物在共性基础上所表现出来的自身独特而优质的个性。

大学校长在思考特色办学战略时，首先应该考虑协调好大学的普遍性与特殊性的关系，要关注大学组织的普遍性特征，要遵循学术组织发展规律设置机构以及建立相应制度，这是大学普遍本质属性的应有之意。无论哪种层次和类型的大学都是高等教育系统的构成部分，都必须履行人才培养的职能，从事科学研究与为社会服务，这是大学这种学术机构的本质属性。大学培育办学特色首先要遵循大学教育的普遍规律和一般属性，要首先保证大学履行好基本使命

---

❶ DOORIS M J. Two decades of strategic planning [J]. Planning for Higher Education, 2003, 31 (2): 31.
❷ 陈廷柱. 战略规划之于我国高等学校发展的作用——基于校长与战略规划二者关系的思考 [J]. 高等教育研究, 2011 (12): 47.

和职能。北京师范大学在21世纪初确定了以教师教育为特色的综合化发展战略,在学科设置上突破传统师范学科的限制,在文理基础学科之外增加了法学、经济学、管理学、资源环境、生物工程等学科,使该校转型为以教师教育为特色的综合型大学。时任校长钟秉林教授对此曾论述道:"大学的综合趋势是由于经济全球化、科技发展、学科综合化这种大趋势决定的。只有加强综合化,学校的科研水平才能提高。综合化的培养氛围对于学生有潜移默化的重要影响,学生的创造能力只有在逻辑思维和形象思维能力的完美结合中才能得到提升。"❶ 北京师范大学在长久的办学历史中形成了以教师教育、教育科学和文理基础学科为特色的优势。整个教师教育的发展形势以及世界大学发展潮流的共同作用促使学校领导层做出转型的战略决策。当时学校高层认为,一方面要坚定不移地实施综合性研究型大学转型,另一方面也要坚定不移地在转型过程中保持加强教师教育的优秀特色,这是相互促进的。北京师范大学在钟秉林校长的领导下成功实现了战略转型,是大学特色战略制定与实施中较好协调普遍性与特殊性的典范。

大学校长在考虑组织的普遍性特征时应从大学整体着眼,不仅从形式上建立齐全广泛的学科布局,而且作为综合意义上的大学组织应该是学科、学术机构之间存在有机自然的联系。耶鲁大学校长理查德·C.列文提出,大学院校不应该是分裂的部落,而应该作为整体而存在,院系之间协作互助,融合共生。他说:"耶鲁大学的院系不是孤立的,他们都是整体的一部分,互相给予力量和支持。在这样的环境中,跨学院、跨系的教师聘任和学科专业经常能够为整个大学产生额外的利益,在学院和系之间的交叉点配置资源对研究学问、教学和社会会产生强大的影响。"❷

在考虑大学本质属性的基础上,校长要认识到办学特色孕育于一般性之中,不同的学校在历史发展过程中会形成特色。因此从这个意义上说,特色并不是"规划"的结果,而是建立在大学共同职能基础上自然孕育的结果,是由每个学校的不同办学思想、办学风格、历史文化积淀而形成的特殊属性。因此,尽管院校所属层次与类型相似,但由于领导者理念、历史传统以及服务对象不同,也可能会形成不同的风格和文化。例如,艾奥瓦州立大学历史上是一

---

❶❷ 李立国. 高校特色化战略研究[J]. 北京教育:高教版,2006(2):8.

所赠地学院，因此该校一直立足于赠地大学的定位，通过科学、工程和农业等方面的优势学科支撑其为地方服务的特色化战略。该校在校长萨利·梅森（Sally Mason）领导下所制定的《1995—2000年战略规划》和《2005—2010年战略规划》，都强调了为本州服务的使命。该使命的落实要通过特色优势学科来实现，这是大学特色战略执行的根本路径。为此，应强化农业、兽医学、工程、技术、经济发展等方面的学科，突出强化科学、工程博士项目以及以服务公众为目的、艾奥瓦州人民需要的硕士项目。

综上所述，高校在制定特色办学战略时，首要考虑大学组织这一普遍性特征，确立适切的特色战略，根据组织的使命，选择自己特色化的办学模式和运行机制。大学校长需要意识到，特色的生长需要将更多的权力下放给学院。大学校长在战略层面进行领导，并释放发展的灵活性与自主性空间，让学院有机会选择差异化的特色战略，在综合性的学科基础上谋求不同的发展重点与优势。

（二）生态学视角：多样性与单一性的关系

第一个系统讨论多样性概念的是达尔文，他于1859年出版了《物种的起源》。他所讨论的多样性概念对高等教育机构多样性具有借鉴意义。在生态学中，多样性指的是系统内种类增加的过程，是一个动态的过程。赫斯曼（Jeroen Hisman）借鉴了生态学的多样性概念对高等教育多样性做了界定：在高等教育领域，多样性指的是产生新的高等教育机构或者扩大大学之间的差异，以形成一个多样化的高等教育系统的过程。[1] 汉南（Hannan）、弗里曼（Freeman）和奥尔德利奇（Aldrich）将达尔文的种群生态思想用于组织研究，使得实证研究和理论研究迅速地扩展开来。与其他组织研究方法不同，种群生态学主要研究的是组织群体，而不是个体。种群生态学要解释的是组织的差异性，即为什么有那么多不同类型的组织。

就多样性而言，每所大学都有其类型、层次和所属部门等差异，本身具有生态学意义上的生态位，因其生态位差异而具有不同的办学使命、服务对象以及资源获取能力。大学校长在制定特色办学战略时，要考虑大学的类属特征或

---

[1] HUISMAN J, MEEK L, WOOD F. Institutional diversity in higher education：A cross‐national and longitudinal analysis [J]. Higher Education Quarterly, 2007, 61 (4): 564.

者生态位特征，这种重要性是毫无疑问的。根据高校的办学历史、所在地理位置、类型及其使命，可以将高校划分到不同战略位置。在高等教育市场竞争格局中，大学校长可以根据学校所处模型中的战略位置进行规划，根据自己学校的使命、资源和结构特点，和该类位置的高校的使命、资源和结构特点做基准比较。这即是考虑特色办学战略制定时的多样性因素，院校应该在自己所处的战略位置上进行定位与发展。这也符合2010年7月发布的《国家中长期教育改革和发展规划纲要（2010—2020）》中关于"高等教育要优化结构办出特色"的要求。

由于受到外部制度环境的影响，当资源处于稀缺状态时，高等教育机构必须与其他机构竞争才能获得持续的和足够的资源。按照组织生态学的观点，组织之间的竞争会造成组织与制度环境的趋同性或同构性，因此使组织发展模式具有了单一性特征。当环境中的资源来源越单一，组织为了生存就会在结构和制度上越相似。最终的结果是大学发展模式趋同化，普遍采取了大而全、升格等共同的发展方式。笔者曾对高校升格做过统计，1985年之前院校升格数量非常有限，并没有表现出向上升格的趋同特征。而自1985年高校获得部分办学自主权以后，院校并没有表现出在各自的层次内谋求卓越，而是纷纷追求学术上的声望和地位，仅2000—2009年就有230多所院校向上升格。

与生物物种类似，高等教育系统也相当于一个生态组织，高校处于一个层次、类型纵横交错且错落有致的生态系统。[1] 在这个生态系统中的大学就像大自然的生物一样是多种多样的，有类型和层次之分。每所大学都有适合自己生存与发展的特定的生态位。大学制定特色办学战略也是生态位定位过程，如果学校一味追求综合化、高层次、专业相近，培养模式单一，将导致整个大学生态环境错位，最终将使学校谋求特色发展的战略流于形式。因此，各个大学校长要认真审视自己的办学战略，发展学校的办学特色，在大量调查研究的基础上，根据学校的办学历史和组织绩效状况确定大学特色战略位置，形成不同的办学使命和特色，处理好多样性与单一性的关系。

（三）教育学视角：工具理性与价值理性的关系

大学校长在制定学校特色战略时要协调好工具理性与价值理性的关系。所

---

[1] 王骥. 高等教育中的"生态位现象"解析［J］. 教育评论，2003（4）：18-19.

谓工具理性就是强调手段或工具所带来的实用价值，使行为结果达到最大效益。工具理性本质上是一种适应论的哲学，它强调的是高等教育组织需要适应环境或者根据环境的压力做出相应的战略规划。价值理性注重的是行动者行为本身的价值，而不是行为的结果。它所关注的是从某些具有实质的、特定的价值理念的角度来看行为的合理性。而价值理性则强调高等教育本质上是一种知识生产活动，首先应该符合的是知识探究与科学发现的规律。学校的特色办学是组织内在发展诉求，是从学科知识演进与分化的规律出发进行的自主活动。

当前许多大学校长往往把特色战略仅仅作为工具理性看待，按照教育行政部门框定的教育内容和价值观念，机械地制定"十一五"规划、"十二五"规划，被动地把办学特色当作学校生存的前提，仅仅把特色作为学校在竞争中谋求生存的手段和工具。学术界也有类似的观点，例如王连森认为，在竞争激烈的环境中，为赢得竞争优势以求生存和发展，大学必须重视竞争战略的规划和实施。特色战略可以成为高校在院校市场中提升核心竞争力的手段，成为学校获取发展空间的自动选择。[1] 伯顿·克拉克认为："当普遍的不景气发生时，没有特色的院校除在经费预算中的固定位置外，对资源没有特殊的权利。作为一个可与其他院校相互代替的院校，可能被负责削减预算的官员选作多余的单位行大手术或破产拍卖。各种各样的公共当局更可能试图褒奖那些想办出特色的院校，而不是安于故常的院校。有许多理由促使胆怯的公共院校回避在象征方面平淡无奇，而力争表明在特定的品质和服务方面和与外部支持群体的关系方面的独特性。"[2] 所有这些，显然是把大学办学特色的形成作为工具理性和生存战略来对待。大学是一种资源型组织，尤其是今日大学所面临的竞争压力非常大，迫切需要通过实施特色战略提升竞争力。

但是大学校长应该意识到仅仅看到办学特色战略的工具价值是不够的，大学特色发展应该成为大学组织的内在诉求。翻开世界高等教育发展史，具有特色的大学往往产生于世界级著名高校之中，一所名不见经传的学校因为具有某特色可能一朝成名，但要在短期内真正进入名牌大学之列则非易事。《中国大

---

[1] 王连森. 特色战略——大学竞争的基本战略 [J]. 扬州大学学报: 高教研究版, 2004 (6): 3-5.
[2] 伯顿·克拉克. 高等教育系统——学术组织的跨国研究 [M]. 杭州: 杭州大学出版社, 1994: 96.

学办学特色形成研究》报告认为，大学的办学特色非一日之功，也不是在生存困境之中的临时抓手，大学特色战略不能仅仅作为生存工具，而要成为组织内在的价值追求。❶ 因此，大学校长制定特色办学战略应超越工具理性认识，不能仅仅把特色办学作为谋求高等教育市场竞争的手段和工具，而是从大学致力于知识生产和人才培养这一本质属性出发，通过制定和实施特色战略，培养具有鲜明个性的人才。而这毫无疑问应该是大学组织的核心使命，也是体现大学校长卓越的战略领导能力的根本所在。

（四）管理学视角：聚合性与弥散性的关系

管理从根本意义上是解决效率的问题。从管理演变的历史来看：第一个阶段是科学管理阶段，代表人物是泰罗，这个阶段所解决的问题就是如何使劳动效率最大化；第二个阶段是行政组织管理阶段，代表人物是韦伯和法约尔，这个阶段解决的问题就是如何使组织效率最大化；第三个阶段是人力资源管理阶段，包括人际关系理论和人力资源理论，这个阶段解决的问题就是如何使人的效率最大化。因此，管理所谈的效率如果做细致的划分就是劳动效率、组织效率和个人效率。为了使组织运行效率最大化，组织要聚合各种资源，并按照最优化的方式配置资源，按照既定的目标和战略运作。在这种视角之下，组织的投入—过程—产出的路线是非常清晰的。组织通过对过程的控制，可以实现投入产出的优化。在该模式下，组织结构安排以层级制为主要结构形式，战略资源配置按照由上至下原则，高度聚集在上层权威部门。

但实际上，大学又具有松散联结特征。具有这种特性的组织在适应环境变化时具有较强的灵活性，当环境变化时，组织内部要素之间的牵制较小，每一个单元可以相互独立地做出反应，以适应外部相互矛盾的需求。❷ 在松散联结组织中，模糊性是普遍特点。正如马奇和奥尔森所说："模糊性是许多公共组织和教育机构进行决策的主要特点"，在这样的模糊模式下，学校组织的目标是不明确的。科恩和马奇指出："为组织制定一系列的目标并符合选择理论所要求的一致性标准是很困难的。组织是根据种种没有连续性和不确定性的选择

---

❶ 15所名校调研报告：中国大学如何形成办学特色［N］. 中国教育报，2003 - 7 - 30.

❷ WEICK, KARL. Educational organization as loosely coupled system［J］. Administrative Science Quarterly, 1976 (21).

来开展工作的。我们把组织看作一个变化着的松散联合体，比把它看作一个连贯统一的结构更为妥当。组织通常是根据行动来做选择，而不是在选择的基础上才去行动。"❶ 大学组织容易受到制度环境的影响，也容易造成组织的模糊性，从而增加了组织的不可预测性。只要能够满足外部环境的需要，大学才能得以生存和发展。正如比尔所说："我们应该清楚地认识到各种组织，包括学校，有时是在复杂的、不稳定的环境中运行的。学校对其环境的制约能力是有限的，相反，环境却能对学校和学院这样的组织产生很大的影响。当前，许多学校都无法排斥外部环境的压力。学校不再有能力对环境的不确定性做出反应。由于试图减少这种不可预见性和控制不确定性以恢复稳定性，而给学校管理者带来极大的压力。许多情况下，外部环境对学校的压力的确太大了。"❷ 在这种运行模式下，大学具有目标弥散的特征，大学组织在制定特色战略时必须考虑到这种双重特征。制定特色战略不能过于僵硬，缺乏灵活性，否则很容易使战略失效。

在学校制定学校特色战略时，要考虑普遍性与特殊性、多样性与单一性、价值理性与工具理性、聚合性与弥散性之间的关系。这些理论视角中的双重要素实际上也规定了特色战略研究的路径。在下一节的研究设计部分，将具体呈现如何考虑这些双重关系要素。

四、研究设计

（一）研究框架建立

关于特色办学的研究最初集中在高校分类与定位问题上，普遍的观点认为科学分类与定位是特色发展的前提和基础（潘懋元，2005；陈厚丰，2003；马陆亭，2005；戚业国，2005）。随后对特色办学的内涵、分类、内容、影响要素和形成路径的研究密度上升（张应强，2004；潘懋元，车如山，2008；韩延明，2010；潘懋元，董立平，2009）。

---

❶ COHEN M D, MARCH J G. Leadership and ambiguity: The american college president [M]. Boston: The Harvard business school Press, 1986: 3.

❷ Bill L. Ambiguity models and secondary schools: A case study [G] //Managing education: Theory and practice [M]. Nilton Keynes: Open University Press, 1989: 134.

以期刊网为检索平台，检索文献的时间区间是 1979—2014 年，检索到以"办学特色"为名的论文多达 1 000 余篇。其中 50% 集中在 2003 年以后，以高等学校办学特色为研究对象的论文接近一半，以地方高校办学特色为研究对象的论文大约有 90 余篇。关于大学办学特色的专门研究报告是由北京大学、南开大学、哈尔滨工业大学等 15 所知名大学校长共同参与、历时近一年完成的《中国高等教育发展的目标定位、大学特色的形成和发展战略》，研究报告对推动国外著名大学办学特色形成的因素进行了深入的分析。调查报告认为，国外著名大学的办学特色虽然不同，但在办学特色形成过程中有几个至关重要的因素，主要包括：①大学办学特色要具有鲜明的时代性和社会性；②办学特色是以凝练的办学理念为基础的；③办学特色是靠优势学科对社会的贡献体现的；④办学特色是靠其教师和毕业生的学术成就和社会贡献支撑的；⑤大学校长对办学特色的形成具有至关重要的作用。

国外对办学特色的研究和实践也十分重视。美国学者伯顿·克拉克（Burton R. Clark）的著作《建立创业型大学：组织上转型的途径》（*Creating Entrepreneurial Universities: Organizational Pathways of Transformation*）影响甚广。他基于对欧洲 5 所快速发展的地方大学的研究，提出了"创业型大学"（Entrepreneurial Universities）概念，总结了 5 所大学如何以"市场化"为基础实施办学模式创新，有效协调市场逻辑和教育逻辑，走特色发展之路，最终走向成功和卓越。剑桥大学校长艾莉森·F. 理查德认为："每一所大学都应有自己的特色，不是所有大学都该变成一流大学，不同的大学有不同的功能，一个国家需要一些世界知名大学，绝不需要所有大学都变成有名的大学。"此外，关于英国 19 世纪 60 年代的"新大学运动"和美国的"赠地学院运动"的研究文献，也对办学特色有直接和间接的涉及。

近几年的文献显示，特色办学作为一种学校发展战略被提出来，研究者开始讨论战略的内容和路径（李立国，2010；王连森，2005）。战略评估的研究肇始于企业组织战略管理研究，随后扩展到非营利组织（JM Bryson，2004；TH Poister，2010），测量组织战略绩效的方法和模型逐渐发展起来（Boyd, Reuning - Elliot，1998；Harris, Ruefli，2000；Ebben, Johnson，2005；John M. Rudd，等，2008；程卓蕾，等，2010；王韬，等，2010）。借鉴组织战略评估的方法，高校战略绩效评价也有所发展。战略绩效评价的理论和指标也开始被研究者所关注（Kara Gilbert, Lorraine Bennett, 2008；NC Mangos, 2008；湛毅青，彭省临，2007；刘念才，周玲，2007；刘献君，2006；丁慧平，沙迪，2007；徐小洲，2009）。

尽管关于办学特色战略和高校战略评估的文献较多，但这些研究存在3个方面的不足：①缺乏对影响高校特色办学战略的因素和战略功能的研究；②关注战略规划评估，但缺乏对特色办学战略的绩效状况的专门评价研究；③缺乏根据高校特征构建特色办学政策体系的研究。

本研究提出，高校特色办学战略具有3个面向：服务于国家的特色战略；服务于地方的特色战略；服务于行业的特色战略。如浙江师范大学以非洲研究为特色，北京航空航天大学服务于国家航天科技建设的航天战略，都属于典型的服务于国家需求的特色战略。服务于地方的特色战略多见于地方和区域大学，服务于行业的主要是行业特色型大学，如农业大学、地质大学等。

大学组织特色战略制定是大学领导层基于大学独特的使命与目标，进而选择具体的战略，并完成组织结构设计的过程。对大学特色战略实施绩效进行评价必须建立在这一基础之上。大学领导层的主要职责就是对大学进行战略管理，决定组织的使命与目标、战略和具体结构设计，由此使组织在高等院校市场中找到适切的位置，使组织适应高等教育制度的环境变化。

组织制定特色办学战略，往往基于学校所处外部环境的机会与威胁、大学组织所处发展环境的不确定性以及可获得的办学资源等因素影响做出的。大学领导者要思考在制定特色办学战略过程中该校所具有的优势、劣势和独特能力、过去的运行绩效等。在分析完这些变量之后，从外部机会与内部优势的良好配合中确定组织总体的使命和正式的战略目标，然后形成具体的可操作目标和战略，以确定组织如何达成其战略目标。

而图1的组织设计环节，则反映了大学目标和战略实现的具体途径。组织设计是对战略规划的管理和实施，是通过结构变革达成特色办学的总体目标。组织的方向和目标是通过与结构形式有关的决策来实现的，包括师资队伍方面的政策、组织文化和组织间关系的处理。图1中从组织设计框图返回战略管理框图的箭线，表明战略经常是在组织的现有结构中执行，所以当前的组织设计往往会制约或限制所指定的目标和战略。另一种情况是，大学领导者根据组织目标和使命设计具体的组织结构，以便达成组织特色战略规划中的目标。

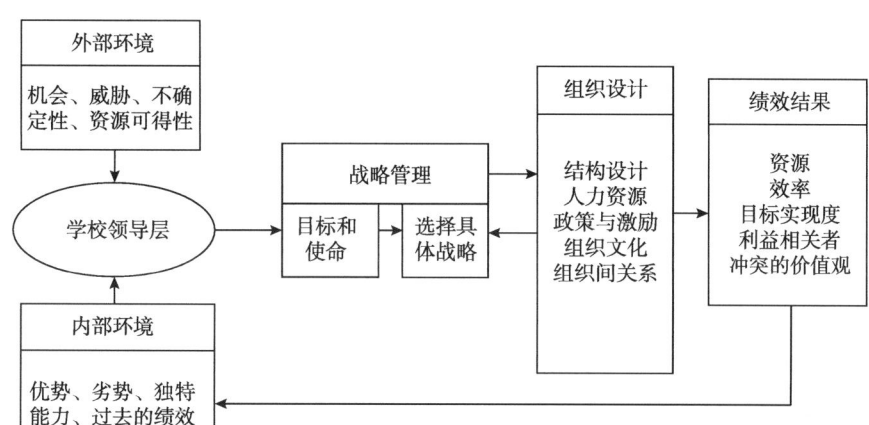

图1　研究框架

图1还显示管理者如何评价特色战略是否达成目标，即绩效测量的维度，包括资源获取、目标实现度和提高组织运行效率。而且，尤为重要的是，战略绩效测量要反馈到内部环境框架中，以便为日后的大学战略管理评估提供参考。

在特色战略形成过程中，大学领导者的作用是非常重要的，因为不同的领导者对学校所处的环境会有不同的判断，进而做出不同的战略选择。众多大学发展实例说明，大学领导除了作为战略策划者，负有为大学确立远景、明确办学思路、对大学进行合理定位的职责外，还要在促进战略的执行和实现过程中发挥重要的作用。因此，大学领导者对特色办学战略执行绩效有着显著的影响力。因此，本研究并不是简单地建立指标体系来实施战略绩效评价，而是把绩效评价放到战略管理视野下进行研究，由此才能对特色办学战略及其实施绩效有更深入的把握。

（二）研究方法选择

本课题采用混合研究方法，以描述和分析特色办学战略制定与执行过程，并对战略绩效进行评价。

美国教育研究方法论学者约翰逊和奥屋格普兹（Burke Johnson，Anthony Onwuegbuzie）在《混合方法研究的时代已经来临》一文中，把混合方法研究称为继定量研究范式和质性研究范式之后的"第三种教育研究范式"或教育研究运动的"第三次浪潮",并且明确提出"混合方法研究的时代已经来临"。❶ 他们认为:"混合方法研究就是研究者在同一研究中综合调配或混合定量研究和质性研究的技术、方法、手段、概念或语言的研究类别。"❷ 混合研究方法的使用有利于弥补单一研究方法的缺陷,更有益于对具体高等教育实践问题的解释和探究。而且结合本文研究的问题,运用定量研究方法,可以用各种变量解释影响特色办学战略执行的因素。但是战略制定和执行是一个复杂的过程,单纯对研究框架中的问题定量是不够的,用定性的方法,通过多案例研究来探究战略制定与执行的过程,才能更好地评价战略绩效。

社会科学研究采用何种研究方法,主要考虑3个条件:①需要解决的问题的类型;②研究者对研究对象的控制能力;③关注的重心是历史现象还是当前问题。一般来说,案例研究适用于以下3种情境:①需要回答"怎么样""为什么"的问题时;②研究者几乎无法控制研究对象时;③关注的重心是当前现实生活中的实际问题时。从技术层面讲,案例研究具有以下3个特征:①处理有待研究的变量数据点(Data Points)的特殊情况;②需要通过多种渠道收集资料,并把所有资料汇合在一起进行交叉分析;③需要事先提出理论假设来指导资料收集及资料分析,以减少研究工作量,避免走弯路。而本文所要研究的问题符合案例研究的条件。

在定量研究部分,根据本研究的理论框架,组织文化、人力资源政策、组织间关系以及结构设计对大学特色战略执行会产生影响。因此,本课题考察:战略执行与以上变量的关系;组织利益相关者与战略执行的关系。具体的研究设计在相关章节中展开介绍。

(三) 选题意义及研究价值

当前,促进高校办出特色已经成为国家层面的一个重要的政策问题。2010年,国家颁布实施的《国家中长期教育改革和发展规划纲要(2010—2020)》(以下简称《规划纲要》)明确提出:促进高校办出特色,建立高校分类体系,实行分类管理。许多高校也明确提出并实施特色办学战略。对高校特色办学战

---

❶❷ JOHNSON R B, ONWUEGBUZIE A J. Mixed methods research: A research paradigm whose time has come [J]. Educational Researcher, 2004 (33): 12–26.

略的绩效进行评价符合《规划纲要》的政策取向。本选题的理论意义与实践意义是：通过对影响高校特色办学战略形成的制度环境要素以及战略实施过程进行分析，探究特色办学战略对高校发展的意义，进而构建特色战略灵活性与绩效之间的理论模型；而从应用价值看，本课题尝试构建高校特色办学战略的绩效评价体系和三维对策体系，以为高校特色发展和政府分类指导政策提供具体的参照系统。

  从实践层面看，高校趋同化问题日益严重。20世纪90年代的高等教育管理体制改革使得一些单科性院校或多科性大学，以及一些以文理为主的综合性大学，通过合作乃至实质性的合并，重新组建学科门类比较齐全、专业涵盖面较广的名副其实的综合性大学。这时的高校"同质性"在增强。面对趋同化竞争，高校要制定特色办学战略，以形成和增强竞争优势为导向，不能为贪大求全而综合化，也不能不顾现实的约束条件而推进国际化，避免各种"战略迷失"。

第一章　特色战略的环境分析

高校制定特色办学战略需要对组织环境进行分析，包括对学校的外部环境（挑战与机遇）和内部条件（优势与不足）进行评估、分析。这主要包括对市场、政府以及办学资源、相关利益群体对学校的期望、同类院校的发展态势进行分析，并对学校内部的学科专业状况、人力资源状况、财政与资源状况等进行综合性评估，进而使组织可以确定清晰明确的办学战略。

第一节　特色战略的影响变量分析

高校能否制定适切的特色办学战略主要受3种力量的影响，分别是国家、市场和学术权力。代表国家权力的是政府，政府应制定分类发展的政策，并对院校的使命进行评议，制约其无限制的学术漂移；代表市场力量的是学生、家长及行业企业，通过选择机制促使院校竞争并形成特色优势；代表学术权力的变量包括教师、校友以及中层管理部门等。这些群体和人员是特色战略的参与者和执行者。我们需要对影响特色战略的变量进行界定，并明确其影响方式。

一、确定影响战略的变量

（一）利益相关者

伯顿·克拉克曾把高等教育系统的协调视为国家、市场和学术三股力量之间博弈、制衡的三角关系，并建构了学术权威、国家权力以及市场三足鼎立的"三角协调模型"。从这个模型可以看到，高等院校受到以上3种最重要的利

益相关者的影响。❶

许多学者对组织战略的影响因素进行了研究。其中，最为典型的是从资源依赖理论的角度来解释组织的利益相关者战略。资源依赖理论指出，组织必须关注那些为组织提供其持久生存所需重要资源的环境需求，组织应该更多地关注其环境中控制关键资源的其他组织和群体的需求，并做出响应。把这个理论扩展到利益相关者中来，意味着组织必须更多地审视并关注控制组织持续生存所需关键资源的那些利益相关者群体的利益和要求。组织对利益相关者在资源上的依赖，就转化为利益相关者（群体）的权利性，并赋予了利益相关者相对于组织的一种地位优势。权利常常表现为组织对利益相关者依赖程度的函数。一般而言，组织依赖程度越高，利益相关者就越强势，其权利也就越大。可以从市场、政府和学术权威三种利益相关者分析其对特色战略的影响。

代表市场力量的主体是由学生、家长及企业雇主组成的教育消费群体。根据市场类型，进一步可以分为由学生和家长消费者群体构成的"择校市场"和由企业雇主构成的"就业市场"。在市场力量的影响下，信息资源的性质、开放程度以及由此带动的资源配置处于中心地位，大学对社会需求回应的敏锐性受到考验。市场力量在高等教育质量保障体系中主要通过声誉评估和以资源为基础的质量评估机制实现。声誉评估是以发布大学排行榜来定义大学的教育质量。例如，《美国新闻与世界报道》发布的本科院校年度排行榜就是对全美大学进行每年一次的声誉评估。在市场机制中，声誉与资源相互关联，学校声誉的提升能够为大学吸引更多的优质资源，而优质资源的增长又会进一步提升大学的声誉。因此，在完全自由的市场竞争机制作用下，高等教育发展容易产生"马太效应"。

代表国家权力的是政府，也包括半官方的基金会、社团等机构。其对高等院校战略的影响方式包括规划、资源配置、重点建设政策等。

代表学术权力的变量包括教师、校友以及中层管理部门等。这些群体和人员是特色战略的参与者和执行者。传统的制定发展战略规划的方式，并不发动基层学术单位和广大教职员工参与，而只是由少数人进行操作。国家教育行政

---

❶ 伯顿·R. 克拉克. 高等教育系统——学术组织的跨国研究[M]. 王承绪，等，译. 杭州：杭州大学出版社，1994：14，159.

学院的一项调查显示：27.59%的学员所在高校的发展战略规划是由规划办人员提出并经校领导确定的，26.84%的学员所在高校的发展战略规划是由各部门的发展战略规划汇集而成的；与此相应的是，27.78%的学员认为所在学校的发展战略规划是"长官型"规划，反映的是学校领导的意见、愿望和构想，26.59%的学员认为所在高校的发展战略规划是"拼凑型"规划，是由各部门的子战略规划汇集而成的。❶ 而在美国大学战略规划中，师生需求是规划的基础。美国大学IT战略规划的制定一般会让师生广泛参与，并征求他们的需求和建议。例如，康奈尔大学的IT战略规划中明确指出："规划是基于使用信息技术的人提出的需求来制定的，而不是被技术专家驱动的。"（The plan is based primarily on input from people who use information technology, rather than being driven by technologists.）美国布朗大学为了完成IT战略规划，采访了超过120个布朗大学相关人员，与70多名教师进行交流，获得了350多名本科生和30多名研究生对教学技术方面的意见和需求。康奈尔大学为完成2013—2017年的IT战略规划，超过300名师生在2012年参与了规划调研工作，其中包括50名教师。如艾奥瓦大学在规划制定过程中，规划工作公开的信息包括人员及所有文字资料。艾奥瓦大学2005—2010年规划编制工作的启动以规划委员会成立为标志，委员会由41名成员组成，包括校内外与学校相关各群体的代表，委员会由主管学术事务的副校长兼教务长艾兰（Allen）负责。艾兰从委员会成员中指定7名成员组成促进小组，具体负责起草规划和编纂反馈信息，并任命其中1人为促进小组组长。规划委员会和促进小组名单全部公布在网站，以便各方人士与规划工作人员的直接交流与沟通。公开的资料包括规划委员会会议内容、小组讨论会内容、环境扫描分析资料及结果、规划草案及其修改稿和送审稿、反馈意见等。从保护个人隐私出发，不论是书面、电子邮件或者口头反馈信息，委员会均以匿名形式在网站公布，并鼓励关心学校发展的师生和各界朋友尽情发表个人的意见和看法。❷ 在分析和征询意见阶段，规划委员会广泛听取学校及社会各界对于战略规划的意见和建议。在规划初稿形成

---

❶ 明确定位 突出特色 科学制定高校发展战略规划——第26期高校中青年干部培训班专题学习简报 [EB/OL]. http：//www.naea.edu.cn/news/detail.asp？newsid=328, 2006-10-23.

❷ 湛毅青, 彭省临. 美国高校战略规划的编制与实施研究——以艾奥瓦州立大学为例 [J]. 现代大学教育, 2007 (4): 46-48.

之前，规划委员会分组、分层次在校内、校外召开了 20 次讨论会。校内的小组讨论会分组包括教师议会资源政策和配置委员会、教务长顾问小组、学院院长委员会、校长内阁、教授代表、杰出教授代表等；校外的小组讨论会包括当地经济发展委员会、当地商会董事会、艾奥瓦大学校友董事会、艾奥瓦大学基金董事会等。通过内脑与外脑相结合，理清学校的发展思路和重点，从而形成规划初稿。在规划初稿形成后，委员会又通过网络平台，广泛征询各方面对初稿的修改意见和建议，反馈意见来自管理人员、教师、职员、附属机构、本科生、研究生、校友、校外人士等各方面。这些讨论会和反馈意见为委员会进行内外部环境分析、确定使命和发展重点、形成规划初稿、修改规划草案等工作提供了丰富而有价值的依据。

（二）变量确定

本书首先确定以下若干项影响组织战略的因素，并对每个变量进行定义，分析其影响方式，并追溯每个变量以往发展的历史，依据克拉克模型确定变量类型。然后，在下文通过进一步分析确定关键变量。

表 1-1　影响特色办学战略的变量表

变量名称	定义	影响方式
大学排行（市场）	大学排名是根据各项科学研究和教学等标准，以英文发表研究报告和学术论文，针对相关大学在数据、报告、成就、声望等方面进行数量化评鉴，再通过加权后形成的排序	帮助院校制定战略规划目标；使院校辨识同层次竞争者；影响组织追求绩效的文化；影响组织结构变革
经费（政府）	大学所获得的政府和非政府经费投入	重点投入的领域（学科）；学科的分布
行业企业（市场）	影响大学战略的外部力量，通过产学研合作联盟对学科组织产生影响	学科的分布；产学研机制
政府	对高等教育机构办学产生影响的各级政府机构，包括中央政府（教育部和行业部委）、省级政府和地方政府	制定宏观高等教育方针政策，如《规划纲要》中对特色办学的政策倡导；统筹协调区域高等教育发展方式（对不同类型地方高校的定位政策）；地方政府通过官产研的联盟，对学科特色布局产生显著影响

续表

变量名称	定义	影响方式
校友（学术力量）	曾经在同一个学校或研究院、所共同学习、工作过的人。一般共同学习半年以上才构成校友	大学特色战略会形成特色文化，而文化终将通过毕业生体现出来。对学校办学质量的认同和用人单位对校友的评价，都可以反映学校特色战略的绩效
教师（学术力量）	作为内部治理力量，参与特色战略的形成	对特色战略的认同决定其行动是否能与高层的期待达成一致，形成有关特色办学战略的共同理解；学科活动中跨学科合作对特色交叉学科凝聚具有积极意义
学生（学术力量）	作为内部治理力量，对特色有自身的诉求	学生期待学校有特色，以增强其学历和文凭的可辨识度；大学的根本任务是培养人才，人才特色是高校办学特色的集中体现。人才培养目标为形成人才特色指明方向，人才培养过程为形成人才特色提供保障，而人才培养质量则是衡量人才特色的主要尺度
部门处长（行政力量）	作为连接校长与基层部门的中介环节，对战略实施具有举足轻重的影响	把特色办学战略具体化为可执行的政策，包括财政政策、人事政策、教学评价政策等
校长（行政力量）	战略管理的领导者	战略管理的领导者、发起人、协调者、规划者等多重角色，自身的理念对战略制定和执行具有关键影响
院长（行政力量）	基层学术机构的领导者	通过学术组织变革来执行特色战略

二、确定关键变量

我们建构影响力-依赖度两个维度用以分析不同变量的关键程度。影响力指的是变量对战略制定的影响程度，依赖度指的是组织战略制定与执行对该变量的依赖程度。两个变量形成了4个分区，即导入变量、接替变量、结果变量和游离变量。导入变量指对组织战略产生最直接影响的投入因素，包括政府、市场和资助等要素。接替变量指承接外部压力的领导层面要素，主要是校长及中层团队；结果变量指组织战略执行主体职能部门领导、院长和教师层面要素，这些力量是组织战略执行的关键；游离变量（或称剔除变量）指影响力和依赖度都比较低的力量，这一变量包括的要素对战略制定与执行作用比较小，起作用的主要是学生和校友要素。

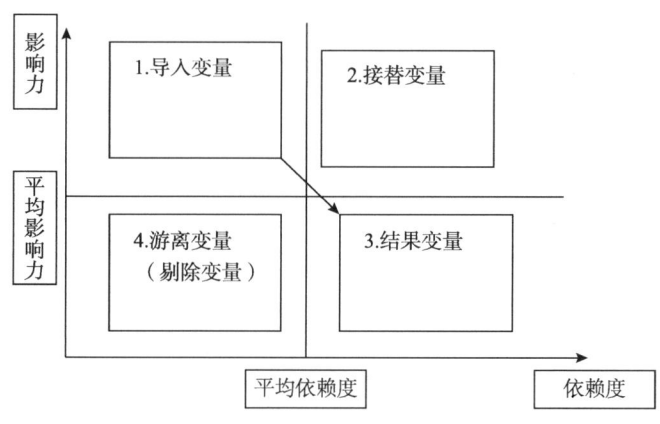

图1-1 关键变量确定维度

此外，在组织战略规划过程中，SWOT分析是一种非常流行的分析方法。SWOT分析方法又称态势分析法，最早由美国旧金山大学的韦里克（Weihrich）教授于20世纪80年代初提出并被广泛应用于战略管理领域。它通过对组织内部优势因素（Strengths）、弱势因素（Weaknesses）和外部机会因素（Opportunities）、威胁因素（Threats）4个维度进行分析，并依照一定的次序按矩阵形式排列起来，然后运用系统的研究方法将各因素相互匹配，从中得出一系列相应的结论。

就高校外部环境分析而言，科普（Cope）强调不同环境因素间的交互影响，并将其分为4个方面：①经济方面——国民生产总值、消费、关税增长、人力预测、能源；②政治方面——政府、利益集团、立法机构；③社会方面——价值观、生活方式、人口；④技术方面——科学、传播系统、计算机发展。❶ 琼森则采用 DEPOTS 的分析结构，将院校环境扫描的具体项目分为人口、经济、政治、组织、技术和社会环境 6 个方面。❷ 本书借鉴以上分析维度，提出从院校市场、人口因素、政府与办学资源等维度对外部影响因素进行分析。

第二节　特色战略重要外部影响因素分析

高校制定特色办学战略受到多个重要外部因素的影响，包括院校市场竞争、政府力量和资源配置等。大学排行榜对院校组织的文化期待和压力对院校的决策和组织行为产生深入的影响，促使大学关注声誉和竞争优势，而竞争优势的取得往往要通过实施特色发展战略来实现。政府影响高校布局结构，并对院校制定战略规划产生直接影响，政府通过资源配置引导高校学科发展重点。此外，环境的不确定性对特色战略制定也具有一定影响。

一、院校市场竞争分析

（一）大学排行

排行榜在学生、家长和用人部门中具有的影响导致形成一种对院校组织的文化期待和非正式压力，进而影响院校的政策和组织行为。近些年来，无论是研究型大学还是一般教学型院校都非常关注自身在大学排行榜中的位置变化。《美国新闻与世界报道》数据研究部主任莫斯教授指出，无论大学排名是否有其他意义，都会对大学建设和社会产生一定的影响。大学排名使高等教育成为一种商品，加剧高校之间的竞争，改变学术方式。哈兹库恩（Ellen Hazelkorn）研究了排行榜对大学决策的影响，他对经合组织和国际大学联合会所属成员国的 639 所大学发放了调查问卷，其中 202 所大学回复了调查问卷。调查结论如表 1-2 所示。

---

❶ ROBERT COPE. Strategic policy planning：A guide for college and university administrators [M]. Littleton：The Ireland Education Corporation，1978.

❷ 蔡国春．院校研究与现代大学管理 [M]．北京：教育科学出版社，2006.

表 1-2 大学排行榜对高等院校的影响

对高等教育的影响	是（%）	否（%）
偏好特定大学	83	17
确立高等院校等级	81	19
容易扭曲师生观念以及造成错误	82	18
提供比较信息	74	26
强调研究实力	65	35
帮助院校制定战略规划目标	65	35
评估院校表现	52	48
改善院校责任意识	48	52
取得更高组织声望	42	58
评估院校质量	41	59
促进院校多样化	38	62
使院校辨识同层次竞争者	33	67
鼓励公平竞争	25	75
提供对高等院校的完整概览	11	89

从表 1-2 可以看到，排行榜对"强调研究实力""确立院校等级"具有显著的影响。大学排行榜通过影响院校的决策来引发相应的行动，进而对院校学术分层起推波助澜的作用。院校通过提升排名中指标的表现来提升自身的实力，而处于顶层地位的院校无疑在重视学术表现的大学排行竞争中具有天然的优势。加之"马太效应"的作用，对已有的院校分层系统无疑起着强化作用。哈兹库恩的研究还发现，大学排行榜会引发院校一系列行动，见表 1-3。

表 1-3 大学排名引发的行动

行动方面	例子
战略	校领导和教师之间对排名的指标达成了部分一致，指标成为SWOT（战略分析）分析法的组成部分，排名的基准得到了重视
组织	大学建立了新的部门去解决指标改进问题，并且审视排名的变化，重组结构，成立研究小组
管理	校方通过控制相关指标，以推动排名朝着更加严肃和精确的方向发展，发展更适切的管理工具
学术	改进教学和学习；发展新的专业；增加英语教学课程；设置奖学金和提高学术队伍水平

（二）生源竞争压力

据人口统计，中国的生育高峰在 1991 年停止。此后，全国新生婴儿数目下降趋势一直持续到 2000 年。由此推断，全国高考人数的下降趋势将持续到 2018 年。据南京财经大学程瑶、章冬斌教授根据我国《中国统计年鉴》中人口出生率的分析，2008 年高等教育适龄人口数达到了最高峰，2009 年以后高等教育适龄人口数将逐年下降，到 2020 年高等教育适龄人口数将减少 30% 左右。今后即使高等教育发展规模不增长，高等教育毛入学率也会自然增长。

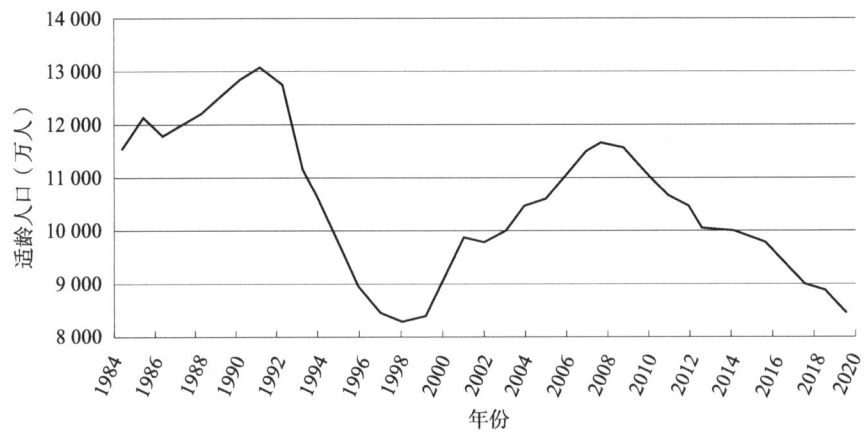

图 1-2　1984—2020 年适龄人口变化趋势

从图 1-2 中分析，2020 年前适龄人口变化大致可分为 4 个阶段：第一阶段为 1984—1991 年的上升阶段；第二阶段为 1991—1998 年的下降阶段；第三阶段为 1998—2008 年的上升阶段；第四阶段为 2008—2020 年的下降阶段。从适龄人口增幅来看，1984—2020 年适龄人口总体平均增幅为 -0.78%，第四阶段的局部平均增幅为 -2.27%，而且将不会出现历史上曾有过的高峰。根据国家统计局的年报可以看出，中国在现阶段的适龄升学人口正在不断下降。2008 年、2009 年和 2010 年，应届高中毕业生人数分别是 849 万、834 万、803 万。根据教育部 2010 年公布的统计，2009 年全国高考报名人数约 1 020 万，比上年减少 3.8%。这一数据与近年来高考报名人数持续增长的状态形成了对比。2002—2008 年，全国高考报名人数由 527 万人增长到 1 050 万人。

高中在校生数量在 2007 年达到顶峰，但其招生数量从 2005 年开始缓慢下滑。而且当前的生源减少是刚性减少，即绝对人口的减少。

表 1-4　全国普通中学生源情况表

单位：万

年度	学校数量	招生数量	在校学生数量
1998	1.39	359.55	938.00
1999	1.41	396.32	1 049.71
2000	1.46	472.69	1 201.26
2001	1.49	557.98	1 404.97
2002	1.54	676.70	1 683.81
2003	1.58	752.13	1 964.83
2004	1.59	821.51	2 220.37
2005	1.60	887.73	2 409.09
2006	1.61	871.21	2 514.50
2007	1.56	840.16	2 522.40
2008	1.52	837.01	2 476.28
2009	1.46	830.34	2 434.28

1977 年 10 月 12 日，国务院批转教育部《关于 1977 年高等学校招生工作的意见》，正式恢复高等学校招生统一考试的制度。据统计，当年的报考人数 570 万，录取人数 27 万人，录取率 4.7%；2010 年，高考报名人数达 946 万，录取人数 657 万人，录取率 69.5%。

由图 1-3 可以看到，从 1999 年起高考报名人数出现了近 10 年的快速增长，1999 年正是中国高考扩招元年。自 1998 年起，高考录取人数同步走高，至今已连续 13 年快速增长，2011 年高考计划录取人数为 675 万人，较 2010 年再度增长 2.7%。

由图 1-4 可以看到，自 2008 年起高考报名人数出现下滑，高考录取率近两年呈现快速攀升的态势。2010 年全国高考录取率高达 69.5%。如果 2011 年高考报名人数继续保持 5%～10% 的降幅，2011 高考录取率甚至可能突破

80%。录取率持续上升，意味着上学已经不再是问题，毕业生关注的是上什么样的大学。办学特色成为吸引毕业生报考的重要原因之一。

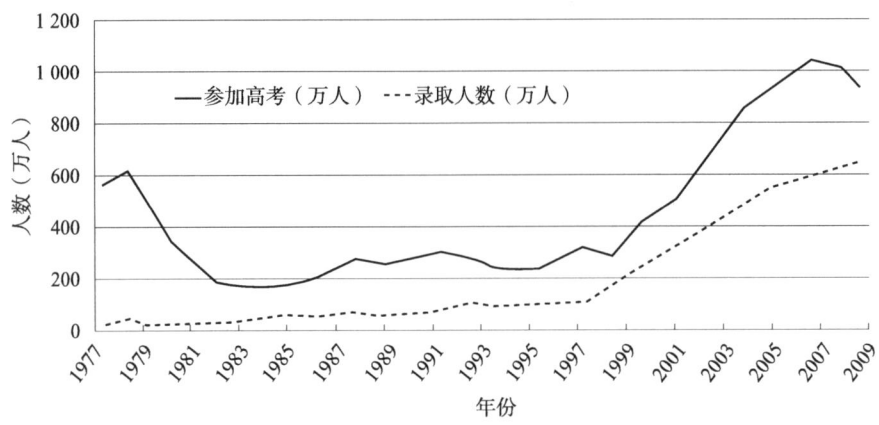

图1-3　1977—2010年高考报名和录取人数

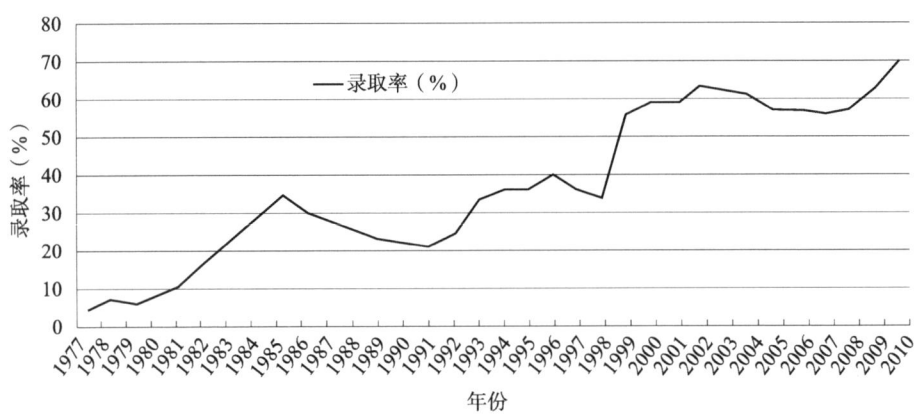

图1-4　1977—2010年高考录取率

(三) 市场竞争对特色战略的影响

从上面的研究可以看到，大学之间的竞争使组织迫切需要制定特色化和竞争型战略。尤其是中国高等教育逐渐从政府包揽到面向市场办学转变，高等教育领域里的竞争在近年来愈演愈烈。诸如北约、华约等招生联盟的形成即体现了大学之间生源的争夺。2010年，中国教育科学研究院发布了直属高校办学效益排行，引起了直属高校较大反响，也体现了这种竞争意识。竞争机制、效益观念、企业化经营以及顾客导向的服务意识等市场因素对高等教育的发展产生的作用越来越明显,因此高等学校在面临日益激烈竞争的情况下,如何制定自己的发展战略也就提上了大学发展的议事日程。大学特色发展战略的实质是大学面对激烈的市场竞争,如何开发自身的竞争优势,从而使大学基于其在管理能力、学科发展、研究能力、组织文化以及市场营销等独特资源的基础上不断组合自身要素和调适自身结构,以适应和引导外在环境变化对高等学校持续能力和平衡能力方面的要求。因此寻求在管理能力、学科发展、研究能力、组织文化以及市场营销等方面的竞争优势也就成为大学在发展过程中如何进行战略定位的关键。从这个意义上来说,大学发展战略就是对竞争力的一种有效管理,是一种开发竞争优势的精密计划,是一种不断适应环境变化以保持与外在环境之间平衡的能力。❶

大学的市场竞争具有两个特征。①资源的有限性。资源的有限性决定着竞争的残酷性和排他性。随着外在环境变化的多样性、复杂性以及不可预知性,高等学校为了适应这种变化,其生命有机体也就必须变得越来越复杂。他们开始为谋求自身发展所必要的生存资源而展开竞争,并且其资源组成形式和组织结构也为了适应这种竞争而发生着巨大的变化,从而使高等学校的发展呈现出多样性。这种多样性又使得各个高校在发展的过程中凸显特色和差异性,以便为高等学校的发展赢得在特定领域里的竞争优势。②市场规模的有限性。市场规模的有限性表明竞争的可替代性。当代大学为了使自己在竞争中比其他的竞争对手更为强大,其结构特征和运行模式都会不断地进行调整以适应竞争环境的变化。但高等学校的这种增长总是一个有限度的、有所侧重的增长,而不是全面的、无限度的增长。因为高等教育的市场规模的增长也不是无限的,也是有边际的,竞争永远呈现一个此消彼长的过程,具有可替代性。❷

高等教育市场竞争的两重特征要求高校在制定发展战略时采取特色化战略,选择重点领域进行突破,而不是做到全盘优秀。现在的学科分化和交叉化速度在加深,传统的一级学科制度已经不利于学校追求学科特色。

---

❶❷ 毛亚庆. 论市场竞争下的大学发展战略 [J]. 北京师范大学学报:社会科学版,2004 (2):30-35.

今后，学科制度和科研资助制度的改革将为学校特色学科发展提供广阔的空间。在此基础上，学科优势不再是一种文字上的表述，而是成为学校实实在在的办学特色优势。"实际上没有一个参与者欣赏纯竞争的严酷性，参与者总是尽其所能通过力图确保自己的某些垄断性优势来逃避它——今天所用的术语是'竞争优势'；它听起来不那么具有侵略性，但事实上保留了同样的意思。"❶ 竞争的残酷性决定了高等学校都力图在激烈的市场竞争中倾力追求办学特色，而高等学校特色办学的实现很大程度上依赖于高等学校的战略决策。

二、政府作用力量

（一）政府对高校布局结构产生影响

地方政府通过影响高校布局结构，进而影响学校特色化战略形成。例如，美国密苏里州的杜鲁门州立大学原来是一所综合性大学，但后来重新定位为特色型文理学院。该州在 20 世纪 90 年代通过了一个重要的法案，即 340 号评议会法案，该法案为高等教育确定了"使命评议与改进规划"。这一法案建立在 1992 年密苏里州高等教育协调委员会制定的《关键选择规划》(the Critical Choices Plan) 的基础上。该规划要求该州每所公立院校都要选择一个与众不同的使命，同时要求每所院校在入学等级体系中选择相应的位置。❷

2002 年，10 个四年制州立院校各自参与了一轮使命评议和改进规划。从 1997—2002 年，该项目投入从 170 万美元增长到 240 万美元。在这 5 年的评审时期内，每所院校都确立了独一无二的使命和入学选择标准，形成了一个多样化的州公立高等教育系统。表 1 – 5 描述了各院校使命扩展的专业重点和入学选择标准。

---

❶ ［英］马克斯·H. 布瓦索. 信息空间：认识组织、制度和文化的一种框架 ［M］. 王寅通，译. 上海：上海译文出版社，2000.
❷ 王占军. 高等院校组织趋同机制研究 ［M］. 北京：北京师范大学出版社，2012：212 – 216.

表1-5 第三阶段的使命评议和改进规划后的四年制公立学院
要扩展的专业重点和入学标准❶

院校名称	使命改进的专业重点	选择性程度
密苏里大学	研究生教育，生命和健康科学	选择
杜鲁门州立大学	文理学科	高度选择
哈里斯-斯陶学院	应用职业技术	适中选择
西密苏里州立学院	补偿教育，弱势群体教育	开放入学
西南密苏里州立大学	公共事务，研究生教育	选择
南密苏里州立学院	国际专业	适中选择
中密苏里州立大学	职业技术	适中选择
西北密苏里州立大学	信息技术	适中选择
林肯大学	农业与机械	开放入学
东南密苏里州立大学	实验学习	适中选择

下面以杜鲁门州立大学为例，分析其在密苏里使命评议和改进规划实施后的变化。杜鲁门州立大学最初是一所培养中小学教师的师范院校，建于1867年，1870年成为州立大学附属机构。经过一百年的发展，该校于1972年成为东北密苏里州立大学。1986年，该校由东北密苏里州立大学转型为杜鲁门州立大学，由一所综合性大学发展为文理学院，并得到州议会196号法案批准。该法案使该校的使命从一个开放入学、地区性和多目的的综合大学转型为高度选择性的文理学院。❷

自1985—2002年，杜鲁门州立大学发生了显著变化，参见表1-6。

表1-6 杜鲁门州立大学1985年和2002年数据比较❸

数据变化	1985年	2002年
本科专业数量（个）	140	43
研究生专业数量（个）	38	8
国际学生入学人数（名）	417	2 304
核心文科专业学生比例（本科）	36%	60%
海外研究人数（名）	12	428
师生合作项目数（个）	96	1 035

---

❶❷❸ 王占军. 高等院校组织趋同机制研究[M]. 北京：北京师范大学出版社，2012：212-216.

续表

数据变化	1985年	2002年
全职教师人数（名）	265	375
生师比	21∶1	15∶1
有色人种学生数量（名）	209	414
新生 ACT 平均分	24	27
新生 GPA 平均数	3.3	3.7

（二）政府对高校总体战略规划的影响

政府在高校战略形成中也具有潜在的影响。魏海苓所做的调查显示，87.5%的被试同意或非常同意"目前学校制订的规划受政府教育政策影响大"，5%的被试则持否定态度；关于现行的教育制度和政策对高校战略规划制定与实施的负面作用，47.5%的被试同意或非常同意，20%的被试不同意或非常不同意，另有32.5%的被试持"一般"态度。调查显示，政府在高校制定战略规划过程中发挥着一定的作用，而且这种作用不再像计划时代那样具有强制性，而是一种潜在的影响力。❶

表1-7 关于政府对高校战略规划影响的认识

认识	非常不同意		不同意		一般		同意		非常同意	
	人数	占比(%)	人数	占比(%)	人数	占比(%)	人数	占比(%)	人数	占比(%)
高校战略规划工作目前主要是由政府推动的	0	0	16	40	12	30	10	25	2	5
目前高校制定的规划受政府教育政策影响大	0	0	2	5	7	18	26	65	5	12.5
现行的教育制度和政策不利于高校战略规划的制定与实施	1	2.5	7	18	13	33	15	38	4	10

在英国，政府对大学战略定位的干预与调控作用非常明显。英国政府通过

---

❶ 魏海苓. 战略管理与大学发展——中国大学战略管理的有效性研究［D］. 华中科技大学，2007.

4个基金委员会,即英格兰高教基金委员会、威尔士高教基金委员会、苏格兰高教基金会、北爱尔兰学习与技能部4个高等教育资助机构,对大学战略选择施加影响。如卡迪夫大学苏伊说:"卡迪夫大学的战略规划有两位观众,基金委员会和卡迪夫大学,他们同等重要。"在做战略规划的时候,需要同时满足基金会和大学的要求。战略规划的首要原因是大学自身的利益和发展的需要。同时,大学需要基金委员会的资助,因此大学的战略规划要提供他们想要的信息。基金委员会要求大学每年更新战略规划,并向他们递交,以了解大学的个体信息和独特的工作领域。英格兰高教基金委员会在1998年发布的报告中指出:"战略规划给我们提供了关于院校个体和高教整体发展趋势的有价值的信息。我们因此提议保留目前已有的要求,让大学继续在战略层面上制定其整体规划。"[1] 基金委员会甚至对学校每年7月份的年度战略规划的格式和内容提出了明确的要求。

高等教育基金会对英国新大学的战略定位产生了很重要的影响,使这些大学选择与老牌研究型大学区分开来以保持自己的特色。例如,米德赛克斯大学关闭了研究实力很强的哲学系,转而把资金投入到商学、职业类学科,以强化其办学特色。许多相似的大学在关闭文科学系之后,往往把学科发展重点转向自然科学、技术、工程和数学学科(STEM),校决策者认为这样可以从大学拨款理事会获得更多的教学经费拨款。大学拨款理事会把诸如哲学这样的人文学科作为D级来拨款,这些学科得到的拨款最低。如米德赛克斯大学发言人称,在2010—2011年度,该校投入1 000万英镑用于学科战略重点转型,这将为3 000~6 000位全日制学生提供额外的资助。该校的一位教师说,以后的大学将只有职业类学科,没有艺术和人文学科的位置了。该校2006年关闭历史系,紧接着关闭了哲学系,并暂停了现代语言专业的招生工作。这样的决定绝不单纯是出于财政考虑,而是明显表露出对包含社会批判主义、马克思主义和启蒙思想要素的学科的轻视,取而代之的是发展商学、国防和安全工业领域的学科。这几乎是所有1992年后新大学的共同处境。老牌大学也处于相似的压力之下,但他们财力相对雄厚,而且也非常关注自身学科发展的平衡性。汉普顿大学哲学系的一位高级讲师妮娜·帕维尔(Nina Power),她从米德塞克斯

---

[1] 周巧玲. 大学战略管理研究[M]. 北京:科学出版社,2009:41.

大学取得哲学博士学位。她认为该系被关闭不是因为质量，该系在全英 41 个哲学系科中排名第 13，甚至高于一些罗素集团大学。许多 1992 年后的新兴大学都取消了研究型的院系，转向支持招收国外学生的商学类系科的发展。

高教基金会是一个非常典型的利益相关者，它的影响体现在与卓越研究评估框架（Research Excellence Framework，REF）相关的政策文本中。它通过建立对教学与科研的评估标准，并且承担起大学教学与科研评估工作，进而对高校的教学与科研资源配置产生实质性的影响。有时候这些利益相关者也被称为终端客户，或者"客户和研究收益人代表"，或者是各种委员会组织、商业部门、公共部门和非政府机构等。如高等教育拨款委员会召开卓越研究框架小组讨论会，向利益相关者征集意见以改进科研评估工作。

由于商业部门的介入，许多商业管理方法被引入高等教育政策之中，绩效文化在高等教育管理中大行其道。以英格兰高等教育基金委员会的年度科研拨款为例，科研评价的结果对科研拨款有重要的影响。在该委员会 2008/2009 年度总额为 14.6 亿英镑的科研拨款中，"科研质量拨款"和"科研能力拨款"这两类拨款途径都是以科研评价结果作为主要依据的。科研质量拨款是科研拨款的重心，其经费总额达 14.36 亿英镑，占到整个科研拨款总额的 98% 之多。而该项拨款的 8 个使用方向中，科研质量主渠道拨款和"最佳 5 星级系科"拨款（Best 5* allocation）金额分别为 9.198 亿英镑和 2 450 万英镑，这两个项目的总额在科研质量拨款中所占的比重达 66%。

有学者指出："科学研究系统与高等教育系统在过去从来没有过重大的重叠，也不乏理由在未来把它们分开。"约瑟夫·本·戴维在《学问的中心》中也指出："研究与教学并非自然地匹配。"这些研究的支持，加上外界对于高等教育绩效问责的压力，使得一些国家或地区的院校分离教学与科研，并分别向社会报告他们在这两个方面的业绩，进而赢得社会资源和政府的支持。英国 2003 年的《高等教育白皮书》提出，要划分出"只教学"的大学和"只科研"的大学。

在政府的推动下，英国多数大学通过诸如使命陈述、学习和教学策略以及人力资源管理战略等文件公开宣称自己改善教学地位的努力。《迪尔英报告》之后，大学开始公开表达自己在奖励"教学优异"策略方面的努力，具有教学奖励机制的大学比例从 1998 年的 12% 上升到了 2000 年的 65%。

针对上述各界的反应，国会已经开始介入调查，了解教学与研究经费分配的方式与效果。教育大臣查尔斯·克拉克（Charles Clarke）也要求高等教育基金委员会针对5个学科领域（科学、中东研究与语言、远东文化与语言、某些职业学科和科技与通信）进行检讨报告，并确保有足够的大学系、所提供这些学科的教学与研究，预计将会提供若干激励措施来保住这些重要的学科。绩效评价政策使得政府寻找管理和控制高等教育的新途径，迫使高校对内部管理进行改革和调整，其结果是促使高等教育的效率和质量不断完善，高等教育的整体效益得到提升。

（三）政府对高校学科特色产生影响

我国地方政府在新建地方本科高校特色发展战略制定方面也具有显著影响。下文以徐州工学院学科特色化战略为例来说明。该校所处的徐州市是国家重要的能源基地和工业基地，地处江苏省北部和淮海经济区中心地带，是苏北地区和淮海经济区的中心城市，具有较强的辐射作用。徐州市工业经过40多年的发展，形成了机械、电子、化工、建材四大主导产业和冶金、食品、丝绸、轻工、能源、汽车、皮革等八大主值超10亿元的支柱行业。徐州市的工程机械、天宝电子、轮胎、大东印务、北方氯碱、维维等10个企业已形成跨地区、跨行业、跨所有制的特大型企业集团，其中5家企业跨入全国工业500强行列；全市有50多个产品分别居全国或全省同行业第一位。徐州的汽车起重机、压路机、装载机等远销欧美，汽车收放机、立体声电唱机、卷烟、锻压设备等在国内同行业中居于先进水平。徐州已成为全国的工程机械基地、华东地区的能源基地、江苏省的建材工业基地和化工工业基地。徐州工学院在地方政府产业布局调整背景下，依据错位发展和重点扶持以及多年的发展和积淀，形成了两大主力专业——食品专业和机电专业。

依据《高等教育法》的规定，省级政府在高等教育发展过程中具有统筹权。因此，省级政府对地方高等学校要进行恰当分类、合理分工，引导地方本科院校正确定位，这样地方高校才能自主进行特色战略设计。地方教育行政部门要担负起应尽的责任和义务，对地方本科院校追求大而全进行限制，引导地方院校正确定位。地方政府调整拨款机制，缩小地方院校与重点院校之间政府投入资源的巨大差距，支持地方院校办学，从源头上控制地方本科院校求大攀高的功利性行为。如2010年中央拿出专项资金支持地方高校建设，安徽、河南、重庆、福建、天津、广西等地高校均获得较多的专项经费。另外，一些地方政府财政也拿出专项经费支持地方高校建设。❶

三、资源可获得性分析

环境是组织生存所需的稀缺而有价值资源的源泉。组织受到环境资源的约束。作为实施高等教育的社会组织，大学组织的发展总是需要从社会中输入资源，经过大学组织的吸收、加工、创造，进而回馈社会、输出产品。输入大学组织中的资源不仅包括人才、实物、场所、设备或资金等有形资源，包括声誉、信任、尊重、凝聚力等无形资源，还包括学科点、学位点、大学地位等符号资源。资源必须满足大学组织的某种需要，即资源具有价值属性。资源的价值往往由资源的需求程度和稀缺性程度来决定。而且，在大多数情况下，资源的价值是由组织内群体的共识决定的。一方面，得到越多群体成员的共识，该资源的价值就越高；另一方面，需求量越大越迫切，物品越稀缺越难以获得，资源的价值就越大。除了需求程度和稀缺性程度，资源的价值还与组织的文化传统、环境特点和群体特征相联系。正是由于资源具有价值属性，获得有价值的资源就成为大学组织发展的关键内容。

在大学资源中，经费是最为重要的资源，经费的多少影响学校战略选择的自由度。经费结构决定学校校长工作的方向和重点。❷一个组织因为能够有效组织和利用资源而存在。资源依赖外界，外界资源的不确定性造成组织的不确定性，成功控制外部资源是组织取得成功的前提。组织内部成员的资源获得能力，决定其在组织中的地位，因而组织成员有可能以此向组织讨价还价。这就对组织产生了一个控制问题，组织控制能力取决于组织与成员之间的交易地位。为此，组织要进行管理设计。一个组织成功的标志在于获得更多的资源，实现更好的控制。在大学发展的过程中，稳定的资源摄入以及战略资源的储备是非常重要的。资源摄入的稳定往往决定了组织发展的稳定。

---

❶ 汪银梅. 地方院校办学定位与特色发展战略研究——以徐州工程学院为例 [J]. 中国电力教育，2012（34）：7.

❷ 刘献君. 高等学校战略管理 [M]. 北京：人民出版社，2008：15 - 16.

从财政性教育投入占国内生产总值的比例数据来看,财政性教育经费占GDP的比重从1998年的2.4%增加到2009年的3.6%,尽管离法定比例4%尚有一定差距(以2009年GDP计算,达到4%需增加投入近1 400亿元),但逐年增加的趋势不容忽视;财政性高等教育经费占GDP的比重则从1998年的0.7%增加到2009年的1.4%,增幅达1倍。按不变价格计算,国家财政预算内高等教育经费(含教育事业经费拨款、科研经费拨款、基本建设拨款、其他专项拨款等)投入连年增加,从1998年的288.51亿元增加到2009年的2 249.35亿元,增长近8倍,年均增幅约为20.5%。但是,若与美国财政性教育投入占GDP的比重相比,则差距甚远。2009—2010年,美国财政性高等教育经费占GDP的比重已超过3%,财政性教育经费占GDP的比重则已接近8%。

高校财政经费不足的另一证据是居高不下的高校贷款。邬大光在报告《中国高校贷款:问题与对策》中披露,通过调研数据统计测算,从1999—2006年,我国高校借、贷款累计总额在4 500亿~5 000亿元;如采取另一种测算方法,即按普通高校办学条件标准进行测算,同样得出1999—2006年高校借、贷款累计总额4 500亿~5 000亿元的结论。根据教育部"十一五"规划确定的2010年高校在校生规模达到3 000万的计划,我们测算出从1999—2010年,我国高校基建累计需要投入近1万亿。如果仍然主要依靠借、贷款解决,那么从1999—2010年,高校贷款累计总额可能会达到七八千亿。沉重的债务负担已成为我国高等教育事业健康发展的巨大障碍。❶ 北京大学"高校负债问题的专题研究"课题组的报告显示:到2002年年底,央属的76所高校贷款总额达到88亿;截至2005年年底,贷款总额已高达336亿元,校均贷款额4.4亿元,平均年度增幅达到76%。在2005年,76所高校的总收入是656.66亿元,校均收入达到8.64亿元。现有的贷款规模已经相当于高校收入的51.2%。而根据中国社科院的《2006年:中国社会形势与预测》一书,2005年我国公办高校的银行贷款总额已达1 500亿~2 000亿元。❷

---

❶ 邬大光. 中国高校贷款:问题与政策[EB/OL]. http://www.sinoss.net/2010/0129/18840.html, 2010-1-29.

❷ 调查显示教育部直属76高校贷款总额达336亿[EB/OL]. http://finance.sina.com.cn/g/20070814/09163879908.shtml, 2007-8-14.

而从高校经费投入结构看，1993年国家财政性教育经费占我国各类高校办学总经费的92%，学费收入仅占6%。此后，随着高等教育财政投入体制改革的不断深入，高校办学经费来源中财政性教育经费所占比重逐年下降，有7年基本未超过总经费的一半；学费收入所占比重迅速增加，有7年稳定在办学总经费的1/3左右；而高校的其他收入则从1993年的2%发展到近十几年的20%左右。从高等教育扩招以来我国大学办学经费中非财政性教育经费所占的比重看，虽然国家财政对高等教育的投入以年均约20.5%的幅度连年增加，但随着我国大学办学经费渠道多元化发展，非财政性教育经费（事业收入含学费、培养费、住宿费、培训费、社会捐赠集资和其他教育经费）占我国高校办学总经费的比重在2000—2009年基本稳定在50%以上。而从2005—2009年的统计数据来看，非财政性高等教育经费中学杂费所占的比重一直超过60%，社会捐赠仅占不到2%。大学办学经费来源渠道中，财政拨款与学费两项之和所占比重长期保持在80%左右。大学对财政拨款高度依赖，使得大学战略具有较高的同质性，必须在体制内谋求办学资源。过度依赖学费，则使高校简单追求大而全，一味扩大办学规模维持生存，追求特色办学的意愿受到限制。

四、环境不确定性分析

（一）大学组织特征

科恩（Cohen）等研究认为，大学是一个有组织的、无政府状态和松散联结的组织，其目标是模糊的、人员是流动的、技术是不明晰的。[1] 具有这种特性的组织在适应环境变化时具有较强的灵活性，当环境变化时，组织内部要素之间的牵制较小，每一个单元可以相互独立地做出反应，以适应外部相互矛盾的需求。[2] 在松散联结组织中，模糊性是普遍特点。正如马奇和奥尔森所说："模糊性是许多公共组织和教育机构进行决策的主要特点"，在这样的模糊模

---

[1] COHEN M D, MARCH J G. Leadership and ambiguity: The american college president [M]. New York: McGraw-Hill Book Co., 1974: 3.

[2] WEICK, KARL. Educational organization as loosely coupled system [J]. Administrative Science Quarterly, 1976 (21).

式下，学校组织的目标是不明确的。科恩和马奇指出："为组织制定一系列的目标并使之符合选择理论所要求的一致性标准是很困难的。组织是根据种种没有连续性和不确定性的选择来开展工作的。我们把组织看作一个变化着的松散联合体，比把它看作一个连贯统一的结构更为妥当。组织通常是根据行动来做选择，而不是在选择的基础上才去行动。"❶ 大学组织特别容易受到制度环境的影响，也容易造成组织的模糊性，从而增加了组织的不可预测性。只有满足外部环境的需要，大学才能得以生存和发展。正如比尔所说："我们应该清楚地认识到各种组织，包括学校，有时是在复杂的、不稳定的环境中运行的。学校对其环境的制约能力是有限的，相反，环境却能对学校和学院这样的组织产生很大的影响。当前，许多学校都无法排斥外部环境的压力。学校不再有能力对环境的不确定性做出反应。由于试图减少这种不可预见性和控制不确定性以恢复稳定性，而给学校管理者带来极大的压力。许多情况下，外部环境对学校的压力的确太大了。"❷

当组织面临不确定性时，合法性机制就会成为影响组织行动的主要机制。迪马奇奥和鲍威尔在1983年发表的一篇文章中，提出了组织趋同化的3种机制。❸ ①强迫性机制（Coercive Isomorphism），即环境中正式的或非正式的压力促使组织符合环境的要求，进而导致趋同。例如，组织必须遵守政府制定的法律、法令，不然就会受到惩罚。②模仿机制（Mimetic Processes），即面临不确定的环境时，组织会模仿相同领域内的佼佼者（主要以合法性和成功为尺度来衡量），即各个组织模仿同领域中成功组织的行为和做法。因为组织面临不确定性的环境，通过模仿那些成功企业的做法可以减少不确定性；也就是说，不确定性诱导了模仿行为。模仿的趋同机制有两种：一种是竞争性模仿，一个领域中的组织模仿自己的竞争对手，是在竞争压力下产生的模仿；另一种是制度性模仿，则是因为存在合法性机制，企业必须采纳大家承认的社会中的某些

---

❶ COHEN M D, MARCH J G. Leadership and ambiguity: The American college president [M]. Boston: The Harvard business school Press, 1986: 3.

❷ BILL L. Ambiguity models and secondary schools: A case study [G] //Managing education: Theory and practice [M]. Nilton Keynes: Open University Press, 1989: 134.

❸ DIMAGGIO P J, WALTER W POWELL. The iron cage revisited: Institutional isomorphism and collective rationality in organizational fields [J]. American Sociological Review, 1983, 48 (2): 147–160.

组织形式或做法，否则就会面临压力。③社会规范机制（Normative Pressures），人们在学习专业化技术的过程中同时也学习了基本的行为规范，当这一学习过程完成后，人们就会潜移默化地成为一个制度化了的专业化人才。因此专业化程度高的组织通常有着惊人的相似性，如医院、学校、研究机构等。

（二）不确定性对特色战略的影响

不确定性指的是大学与环境关系的不确定性。当所有大学都明确附属于某机构时，也就规定了大学的使命和目标；当近年的管理体制改革进行后，大学所属部门不断发生变化，引发了这种不确定性。另外，大规模的院校合并也加重了这种不确定性，因为新大学不得不寻求新的使命，进行重新定位，而且要兼容原有院校的不同定位和使命。因此，这种不确定性水平与所属权的转移、合并以及单独合并转移或同时合并转移密切相关。作者曾做过相关研究，根据对中国594所样本学校的统计，既没有转制也没有合并的学校为247所，占总体的41.58%；有合并经历的院校数为137所，占样本总数的23.06%；有转制经历的院校为134所，占总体的22.56%；既转制又合并的院校为76所，占总体的12.79%；也就是说，有一半以上的样本学校发生过合并、转制事件。❶

当一所大学经受不确定性（转制或合并）时，往往倾向于增加专业分化以从环境中获取资源，从而使大学越发趋于综合性，表现出高度的专业趋同性。研究发现一个领域内部资源的集中化通过将组织置于资源供应者的相同压力下而直接导致同质化，而且与不确定性和目标模糊性互动，增加了它的影响。高等院校普遍增设新专业，对学科齐全的综合型大学充满期待的趋同性，体现了资源依附理论以及制度理论中模仿机制的作用。同时，院校增设专业与组织所处的不确定水平相关，验证了制度理论的一个核心假设，即行动者对于组织生活中的确定性和可预测性有着偏好。❷ 所以从这个研究可以看到，组织所面临的不确定性会影响组织特色发展战略，使组织往往选择模仿那些成功的样板，而不是制定特色发展战略，注重对自身特色和竞争优势的建设。

---

❶❷ 王占军. 高等院校组织趋同机制研究［M］. 北京：北京师范大学出版社，2012：128.

第二章 特色战略内部环境分析

高校在确定特色战略时需要对组织内部环境进行分析，包括对组织优势与劣势以及过去的办学绩效进行评估，使组织特色战略能够适切于学校的发展历史、所在区域位置以及绩效水平，使大学特色战略规划在时空坐标上有其明确的规定性和指向性。

第一节 组织优势和劣势分析

高校制定特色战略需要对组织内部环境进行扫描，其重点在于对组织的优势和劣势进行分析。特色战略形成之所在往往是高校的传统优势领域，而保持和扩展这些优势领域则需要对组织面临的资源和能力瓶颈有深刻的洞察。

一、组织优势和劣势分析

发展优势是指使学校获得战略领先并进行有效竞争，从而实现自己目标的某些强大的内部因素，如充足的资金来源、优良的传统、良好的社会形象和声誉等。劣势是给学校发展带来不利、导致学校无法实现其目标的消极因素，如设备陈旧落后、师资力量薄弱等。院校的内部环境分析，通常称为校情分析，指的是在一定范围内（国际、国内、省内或同行）寻找高校自身办学过程中的优势和劣势的过程。近年来，由美国起源并得到广泛应用的院校研究在我国高等教育界逐渐受到关注，并产生了重要的影响。"院校研究是在一定理论关照下，应用科学的方法和程序（特别是定量方法和程序），对单个高等院校运行中的实际问题进行分析评估论证，从而直接服务于该校管理决策的一种研究范式。"[1]

---

[1] 周川. 院校研究的性质与特征[J]. 教育研究, 2003 (7): 36.

它强调研究本校的问题,以服务于本校的发展为基本职能。因此,强化院校研究的功能,有助于认清院校内部资源状况,辨识发展的内部优势和劣势,为进一步制定战略规划奠定科学依据与实践基础。

例如,西南农业大学在"十一五"战略规划中对组织的内部优势和劣势进行了分析。该校内部条件优势主要是:学校地处西部地区、三峡库区、重庆都市发达经济圈和北碚国家大学科技园区,已建成特色较为突出、覆盖面较广的学科体系,拥有层次高、能力强的教学研究队伍,科学研究成绩显著;学校在人才培养、学科建设、科学研究和服务地方经济社会等方面具有一定的相对优势。同时,学校内部条件也存在不容忽视的劣势:①行业性学校的属性限制较为明显。与综合性大学相比,高等农业院校在知识和技术创新的广度与深度方面、在学术交流空间和争夺办学资源等方面,已逐渐在激烈的国际国内竞争中处于不利地位。②与同类一流大学相比,学校在某些方面建设滞后,高质量办学资源短缺,结构性矛盾突出,学校各校区发展不平衡,在高层次教学和学术资源的数量与质量方面的差距很难在短期内缩小。③各校区之间存在地域、办学历史等方面的差异和不同的发展理念,在短时间内很难真正融合,多校区办学成本较高。④计划经济体制的不利影响依然存在。⑤学校锐意改革,开拓进取的氛围还不够浓厚。

别敦荣教授曾在《大学发展战略规划的制定与实施——青岛大学案例研究》一文中探讨了战略规划应如何从高校优势和劣势中寻找战略。2000年,他曾带领团队为青岛大学"十五"期间文科(人文社会科学)编制发展战略规划。在研究过程中他发现,尽管在同类院校中该校曾经领先一步办起了具有相对优势的文科,但由于高等教育体制改革重建了高校格局,该校文科原有的优势不复存在,相对地位明显降低。当时文科师资人数已达到近400人,但拥有博士学位教师的人数仅十多位。在找准薄弱环节后,团队提出了"文科教师博士化"战略,在"十五"期间,通过引进和培养使全校文科教师博士化率达到35%以上,重点学科教师博士化率达到60%以上。"文科教师博士化"战略的实施,带来了该校文科发展面貌的根本改观。此外,别教授也谈到了从高校发展的优势之处寻找战略。2006年,他为某师范学院制定发展战略作咨询。在研究该校发展的内外环境条件时他发现,虽然该校地理位置较为偏僻,政府投资不足,办学条件设施缺乏,无法吸引或留住优秀人才,但也具有某些特殊的优势。他帮助该校提出了 3 个方面的战略：①民族教育与文化研究战略。该校地处少数民族聚居区，如果大力开展民族教育、研究民族文化，在教育和科研的选题、成本、语言和人际关系等多方面都具有得天独厚的条件，很容易在某些学科方向建立自身的优势，以"相对优势"取胜；②现代企业合作战略。该校毗邻一家实力超群、颇具影响的现代企业，且该校为所在城市唯一的本科院校。该校经济学、管理学等学科专业若能与该企业加强合作，在教育和研究方面可能形成特色，通过与企业合作办学，办学模式也可能有新的突破；③文化教育输出战略。该校地处边疆，与周边国家很多高校相比，有着较大的优势。如果该校配合我国在周边国家开展的合作、援助项目，参与一些文化科学教育援助项目，实施文化教育输出，就可能走出一条新的教育国际化之路。[1]

二、院校独特能力

目前，高等院校的内部资源和能力主要包括：人力资源（教学能力、科研能力、管理能力、创新能力）、经济资源、物质资源、信息资源（信息化程度、社会服务能力）等，具体分为以下方面：师资状况、教学科研设施、教育经费、学科综合程度、各级学生比例、建校历史、地理位置、在国内高校的排名位置、学校规模、科研产出和毕业生就业状况等。

（1）重视对环境的审视。组织未来的发展方向与现实的环境状况密不可分。一般来说，学校对环境的审视包括技术预测、财政变化、人口估计、社会文化评价、政策法律分析等。杜克大学 2006 年战略规划文本第二章分析了包括联邦研究基金模式、学习空间和信息获取渠道变化在内的环境机遇和挑战。中国石油大学在制定"十一五"规划时，也具体分析国家实施能源安全战略，并根据《国家中长期科学和技术发展规划纲要（2006—2020）》提出了发展的重点领域及优先主题。

（2）重视校情分析。战略分析的两个关键领域是外部环境与组织自身。组织自身分析在战略规划中常设定为校情分析。校情分析涉及传统和价值观、学校位置、学科专业状况、财政情况等，其中人才培养、科学研究、财务运行

---

[1] 别敦荣. 论高等学校发展战略及其制定 [J]. 清华大学教育研究，2008（2）：13–15.

情况是重点,通过分析可以发现学校在学科专业、师资队伍建设诸方面的优势和不足。就其在文本中的位置而言,有的位于战略规划的开始,如亚洲理工学院 2006—2010 年战略规划首先回顾了学校发展的轨迹,随后分析了学校的内部优势和劣势;有的作为规划的附件部分,如艾奥瓦大学;有的虽不将其列入规划文本,但仍主要作为 SWOT 分析工作的重点之一,为使命和目标的确定提供依据,如艾奥瓦州立大学;同时也不排除另有一些大学在阐释具体目标和策略时,将各方面现有水平作为叙述的起点,如香港科技大学;国内研究型大学基本全部以校情分析开始,包含已取得的成绩和存在的不足。

第二节 组织过去的历史

大学组织是遗传与环境的产物,大学历史传统不仅是塑造成员品行的精神文化,也是形成办学特色的重要基础。在高校特色战略管理过程中,在考虑组织未来定位与发展方向时,需要对组织原有的绩效进行评估,特别是在大学跨越式发展阶段,大学的变革非常迅速,特色战略管理更需要以过去的组织绩效为基础。

一、办学特色根植于组织历史

英国教育家阿什比认为,任何类型的大学都是遗传与环境的产物。大学优良的历史文化传统是其重要的财富和形成办学特色的重要基础。大学传统的形成过程,往往也是大学办学特色逐步形成的过程。没有传统,办学特色的形成就成了无源之水,无本之木。办学传统集中体现在学科建设方面,学科建设绝非一朝一夕能够办出特色,而是在不断积累的过程中逐渐形成的。纵观高等教育发展历史,高水平一流大学的强势、特色学科均是几十年甚至上百年努力的结果,如麻省理工学院、清华大学的工科等均是在长期的历史发展中成为顶尖学科的,而这些一流大学优势学科的形成又为其长效稳定发展提供了良好保证。因此,地方高校在进行学科特色建设的进程中,必须认真梳理自己的优势、特色学科集中在哪些方面,明确学科建设的定位和方向才能有效发展,不断打造学科特色。

2002年召开的中外大学校长论坛达成一项共识：即大学办学特色必须是在长期办学过程中积累形成，并具有与时俱进的时代性和相对稳定性。换言之，所谓大学办学特色，绝非一朝一夕自贴或被贴上去的标签，也绝不是一时广告宣传和媒体炒作的产物。人有"人格"，国有"国格"，校有"校格"。大学办学特色是构成大学"校格"的要件，而不是化妆或大学形象包装的工具。❶

一些地方高校办学战略管理者认为，地方高校学科特色建设必须立足办学传统。优良的办学传统是地方高校学科特色建设的立足点和出发点。华北水利水电学院书记朱海峰持有这一观点，他以该校为例：华北水利水电学院因水而生，源水而长，三次搬迁，四易校址，历经磨难聚而不散。在50多年的办学过程中，由无到有，由弱变强，已发展为以工科为主，理、工、农、经、管、文、法等多学科协调发展的大学，形成了自己鲜明的历史文化传统，也彰显了自己独特的个性。特殊的历史形成了华北水利水电学院"育人为本，学以致用"的教育理念，铸就了"情系水利，自强不息"的办学精神，也因此培养了一大批"下得去，吃得苦，留得住，用得上"的优秀工程技术人才和管理人才。学校虽历尽沧桑，但不断发展壮大，而"这种办学精神贯穿于学校的发展历史之中，更融入历代'华水人'的血脉之中，支撑着我校教职工在艰难曲折的办学历程中团结奋斗，引领着学校不断前进"❷。

王彦斌针对国内普遍存在的"凝练办学特色"观点提出，特色更多的是历史积淀的自然形成，一望而知、摆在桌面上的东西是不用挖空心思来"总结""提炼"的，否则就可以认为是没有特色。特色不是校训——校训是学校主事者对于未来学生的期待，是可以炮制的。特色更多的是"过去时"，而不是"未来时"。当然，一个大学的管理者发挥主观能动性，可以有意识地进行"特色化办学"，但是在卓有成效之前，我们还不能说它"有特色"。❸

2006年，《厦门大学"十一五"规划和2021年远景规划》提出：立足创建世界知名的高水平研究型大学，坚持"重点突破、整体推进、协调发展、

---

❶ 课题组. 大学办学特色的形成发展战略［J］. 国家教育行政学院学报，2003（3）：17-18.

❷ 朱海风. 在办学实践中把树立科学发展观同加强党的先进性建设紧密结合起来［J］. 华北水利水电学院学报：社科版，2007（3）.

❸ 王彦斌. 关于大学办学特色的追问［J］. 华北水利水电学院学报：社会科学版，2007（5）：4-5.

全面提高",实施"人才强校战略、重点突破战略、交叉集成战略、项目带动战略和国际化战略",构筑与发展目标相适应的学科体系、师资队伍、办学条件和大学制度,培养优质的人才、创造优质的成果、提供优质的社会服务,从整体上提升学校的核心竞争力和国际合作水平。在制定这一特色办学战略目标时,该校回顾了学校的发展历史。规划文本中提出,厦门大学的发展与各个时期的战略思考休戚相关。初创时期,《厦门大学组织大纲》明确本校办学任务是"研究高深学术,养成专门人才,阐扬世界文化",提出"大学之要务有三:一为研究学术。国至于贫,皆因工业不兴,工业不兴,皆由于无制造之新识。故大学之要务,以研究学术为重;二为培养人才,国有人才,则无虑其不强;三是教育与社会须联为一气,互相援助,而后双方均有利益"。各个时期的发展在"自强不息,止于至善"精神的指引下,基本上围绕这三个要务展开。学校在特色学科方面成效显著。学校打破了院系界限和学科壁垒,积极推动新兴学科、交叉学科的形成和发展,培植新的学科增长点。如创建了王亚南经济研究院、财务管理与会计研究院、生物医学研究院、海洋与海岸带发展研究院、海峡两岸发展研究院、厦门国际法高等研究院、材料学院等。

二、特色办学根植于过去的绩效

在战略管理过程中,在考虑组织未来定位与发展方向时,需要对组织原有的绩效进行评估。特别是在大学跨越式发展阶段,大学的变革非常迅速,特色战略管理更需要以过去的组织绩效为基础。从近年来许多大学的改革过程来看,清华大学、北京大学、中国人民大学、南京大学、同济大学、华中科技大学等在发展中已经体现了较为明显的战略管理思想。尤其是华中科技大学,它从一所纯工科院校通过战略规划,变成一所非常有特色的综合型大学。该校从1977年开始进行大学战略管理,在30多年的发展中取得了较好的效果。1977年8月,学校启动了学院发展战略的制定。1980年制定的十年规划明确提出在10年之内,把学院建成理、工、文科和管理学科相结合,教学和科学研究并重的综合性大学的奋斗目标;采取了创办边缘学科和综合性学科,设置应用理科专业,创建文科和管理学科专业的学科调整改革措施。1986年制定的"七五"规划对学院建设的目标进行了调整,提出经过20年的时间,把学校建设成为一流的以工为主,理、工、文、管相结合的综合性大学。为达到这一目标，该校明确了"七五"的任务是"坚持改革开放，增强办学活力，着重提高水平"。经过30余年的发展，华中科技大学从一个为国家工业培养人才的工科院校，逐步进化成一所高水平的综合性大学。可见，特色战略的形成是一个渐进的过程，需以原来发展为基础。

浙江师范大学"十二五"规划时提出特色办学战略，打造特色学科群落。该规划提出："强化品牌学科建设。加强非洲特色学科群建设，积极服务国家外交战略、浙江经济社会建设和学校自身发展。依托非洲研究院、中非商学院及教育部教育援外基地、商务部国际教育研修基地，加强涉非专业建设，加快涉非人才培养。系统开展全方位、多领域、跨学科非洲研究，成就一批有影响力的研究成果。创办'中非智库论坛'，搭建中非高层对话平台。建设全国一流、国际知名的对非外交智库、国家级创新团队和教育部人文社会科学重点研究基地。加强儿童研究，积极服务国家儿童文化事业发展和中国儿童文化学科建设。依托儿童文化研究院，组织开展儿童脑科学、儿童文化理论、儿童教育、儿童艺术等基础研究，进一步加强低幼绘本、儿童游戏、儿童动画和玩具等的应用研究与开发。加强中国儿童文化研究网、国际儿童文学馆、台湾儿童读物资料中心及儿童文化研究特色数据库等建设，积极举办儿童文化研究高端国际论坛，将儿童文化研究院办成国际国内儿童文化研究的学术重镇。培育新的特色学科。充分发挥学校传统优势，加强省'重中之重'学科、省哲学社会科学重点研究基地和省高校人文社会科学重点研究基地建设，加强省级重点学科建设，推进传统学科转型和新兴学科生长，形成若干个优势学科群。以一级学科为基础，加快理工类特色学科培育，大力扶持综合性、应用型人文社科类学科建设，鼓励跨学科交叉研究，形成新的特色学科。"这一特色化战略的提出基于两个前提：①浙江师范大学综合实力提升，排名进入全国百强，学科综合化水平明显提升，为强化原有的特色学科建立了基础；②非洲研究、儿童研究与教育学科已经确立领先优势，非洲研究在国内独树一帜，儿童研究与教育研究也具有较大竞争优势。因此，学校在制订"十二五"规划时提出特色发展战略就有坚实的基础和依据。

特色战略制定不能脱离组织发展历史，大学战略规划在时空坐标上有其明确的规定性和指向性。大学进行战略规划不能脱离大学发展的阶段，在空间上需要考虑大学所处区域位置。因此，战略定位离不开对组织绩效的考量，要有适切性。每个大学的存在价值在于它的独特性，在于大学四项功能独有的实现方式、途径和成效，在于它所承担的社会使命。一个大学的出身基因和时运（建校历史，所处地理位置，受政策变迁的影响）、学科结构与方向领域、人才培养的模式与质量、师资队伍的数量和水平、学术水准和学术氛围、办学的基本设施和条件、治理结构和管理水平、长期积淀所形成的文化和精神，这些都可以看作广义上的组织绩效，在战略制定前必须予以审视和尊重。

第三章 大学校长及其领导团队的战略领导

卓越的战略领导是建设世界一流大学的关键所在,这点已被大学校长们广为认可。校长最首要的任务就是明确学校愿景,坚持学校方向与目标,并能够向组织成员传达愿景,进而对战略进行管理。美国大学管理委员联合会认为,校长要领导学校实现学校使命愿景,设立需要实现的目标,有计划地开发并配置资源,确保学校的表现、效益、服务达到最佳的标准。校长应深入了解学校,创造出学校独特的特色、历史和价值。

第一节 大学校长对特色办学的影响

《国家中长期教育改革和发展规划纲要(2010—2020)》指出:"高等学校改革和发展归根到底是多出拔尖人才、创新人才,高校办得好坏,不在规模大小,关键是要办出特色,形成自己的办学理念和风格。"大学特色的内涵向来都指大学作为整体或是个体所显现出的独特性,或者说是关于大学的一种质的规定性。一所高校想要办出特色,关键在校长,这已成为大学社区共识。高校实施特色办学战略对校长的领导能力提出了新的要求,新时代的校长应该能够面对大学里的各种机遇和挑战,不断提高自己的战略管理能力,成为特色战略领导者。

一、校长的战略思想指引大学特色办学方向

哈佛、耶鲁等世界一流大学都有其显著的特色,而办学特色的形成离不开那些载入高等教育历史的卓越校长的贡献(见表3-1)。

表 3-1 哈佛、耶鲁等世界一流大学的办学特色

学校	校长	特色办学思想与行动
哈佛大学	艾略特	改革本科生课程体系，让学生自由选课；开展研究生教育，为获得学士学位的学生提供探索高深知识领域的机会；在哈佛建立更高标准的专门学院，包括法学院、神学院、医学院等，专门招收研究生
麻省理工学院	罗杰斯和斯特拉顿、康普顿	重视基础理论知识又强调实际的操作能力，通过实验进行教学。重视学科的交叉、创新、超前和综合；重视人文教育，人文教育和理工教育达到有效结合；重视理论与实际、科技与经济、知识与商品的结合；在人才培养思想上，注重高层次和适用性
斯坦福大学	斯德林	在关系国家安全等重要的学科领域（如航空等）占据领导地位，发展"学术高地"，形成斯坦福大学独特的竞争力；发挥大学中的科学家和工程专家对工业和社会发展的关键作用，构造"大学–政府–企业三赢关系"，并通过获得政府和军方赞助集中发展能给斯坦福带来全国声誉的学科及领域，进而吸引企业与大学形成联盟
威斯康星大学	范海斯	大学应该为本州服务。这一理念使得威斯康星大学具有了两项特色鲜明的使命——帮助州政府在全州开展技术推广和函授教育。范海斯认为，威斯康星大学要在一个农业大州——"美国的奶牛场"中生存和发展，教授的皮靴上不能不带有牛粪。大学必须把整个州作为大学的校园。在为州服务的过程中，威斯康星大学在学科方面也办出了特色，其畜牧科学、生物科学和细菌科学等学科迅速取得全美领先地位
加州大学伯克利分校	克拉克·科尔	提出多元巨型大学观，使加州大学伯克利分校成为卓越的公立研究型大学
密歇根大学	杜德斯达	为密歇根大学的战略变革设立了基本愿景："21世纪的大学"。在杜德斯达看来，"21世纪的大学"应该既能坚守公众使命又能自力更生、具有世界眼光和胸襟气度、族群多样且文化多元、能充分利用信息技术、具有创造精神和创新能力、打破科层制度实现扁平化管理、高度重视本科人才培养、能适应即将到来的终身学习社会需要、能对大学发展模式进行不断创新、能够担当知识社会服务器等

二、校长的战略领导描绘了特色办学实现路径

许多世界知名大学的校长都认为出色的战略领导是他们建设并成功领导一流大学的关键所在。如康奈尔大学前校长罗兹认为，很多校长之所以整日陷于繁杂的管理事务，而遇到重大事务则迟疑不决，原因就在于没有方向与目标。校长最首要的任务就是明确学校愿景，坚持学校方向与目标，并能够清晰传达愿景与目标。❶ 哈佛大学前校长鲁德斯坦在谈到一流大学成功的领导要素时认为，哈佛的经验证明，领导的关键是要实现一个学校的全面发展愿景；这个愿景中包括大学的整体目标，也包括各机构的具体发展目标。

美国大学管理委员联合会认为，校长要在委员会的授权下对学校执行强有力的全方位领导。校长要领导学校实现学校使命的愿景，设立需要实现的目标，有计划地开发并配置资源，确保学校的表现、效益、服务和义务达到最佳的标准。该联合会建议大学校长：深入了解学校，创造出学校独特的特色、历史和价值；不要视大学校长为一个执行任务的职位，不要只是作为学校的代表，而要将大学校长看作一个层次更高的职业，联合学校各个机构，发展学校愿景；一直保持对学校长期战略的密切关注，避免淹没在日常的管理事务中，保持对大局的关注能力。

在1985年英国高等教育《贾勒特报告》中有关大学管理实践的改革建议规定，大学校长应该是学校首席执行官，应该由校长及其高级管理团队为大学进行整体规划，制定大学的目标。各系的许多权力应由比较统一的整体规划所取代。该报告强调了领导角色的不可替代性。❷ 战略规划对大学领导核心提出了更高的要求，大学校长的领导作用得到更大的凸显。

英国卡迪夫大学在1988年遇到了财政上的困难，后来与威尔士科技学院大学以及同样陷入财政困境的卡迪夫大学学院合并。在短短的十几年间，卡迪夫大学走出财政困境，并成功地迈入英国排名前10位的大学，这与其成功的战略规划以及优秀的领导和管理团队分不开，尤其是校长罗兰·莱温斯基

---

❶ 冯倬琳，赵文华，冯玉广. 研究型大学校长的战略领导 [J]. 清华大学教育研究，2009 (5)：75.

❷ 弗兰斯·F. 范富格特. 国际高等教育政策比较研究 [C]. 杭州：浙江教育出版社，2001：375-376.

（Roland Lenvisky）功不可没。❶ 他在战略领导方面具有出色的能力和表现，这对该校实施特色办学战略是尤为重要的。

国内的部分大学校长对学校战略也有显著影响。例如，南京大学前校长蒋树声教授领导全校制定学校战略规划。他提出，大学战略规划的核心内容是战略目标，大学战略目标要能反映学校自身的特色。在客观分析南京大学的优势、劣势之后，他认为："提出在短期内把南京大学建成世界一流大学的战略目标是不切实际的。我们最后确定了分两步走的发展战略目标，第一步是先建成世界知名的高水平大学，然后经过若干年努力，力争建成以综合性、研究型、国际化为重要标志的世界一流大学。"❷ 围绕上述发展战略目标，南京大学提出了"注重质量，提高内涵"的指导思想，进而提出以学科建设和队伍建设为战略重点以及一系列战略措施。例如，为发展新兴学科、现代学科、应用学科，提出建设"学科特区"的创新举措，并建立了5个学科特区；注重从国外一流大学引进优秀学术团队，重视中青年学术骨干和优秀学科梯队的建设，努力营造有利于创新人才成长的良好环境，着力加强师资队伍建设，等等。以上战略规划的实施，有力地推动了南京大学的发展。

大学校长是高等院校最重要的领导者，如果大学校长缺乏视野、承诺和持续领导力的话，大学组织的卓越发展是不可预期的。霍夫（Hoff）指出，大学领导者的能力和特征随着高等教育图景的变化正在发生变化。他认为今日高等教育领导者的核心能力和角色是：花时间思考组织，具有长期视野，保持对组织内外部相关利益者的信任，战略规划和财政管理。领导者要为组织建立发展图景。为了使组织确立未来发展图景，麦克格雷斯（McGrath）强调组织的象征意义，他把领导者看作为学生、教师和职员确立意识形态的角色。为了承担好这个角色，校长必须在开始进行规划前首先了解组织文化。领导者必须与组织内的不同成员合作。科赛尔（Kezar）认为在快速变革时代，信任尤为重要，它影响组织的制度、激励、财政和价值。她提出了促进合作的组织特征：使命和价值观的合作；为实现目标所运用的关系和奖励；组织结构如何维持合作；

---

❶ 周巧玲，赵文华. 大学战略规划在英国高等教育管理中的作用 [J]. 高等教育研究，2006 (6)：102-103.

❷ 刘献君. 大学校长与战略——我国大学战略管理中需要研究的几个问题 [J]. 高等教育研究，2006 (6)：3.

外部行动者如何为合作制造压力，高级职员如何形成合作偏好；学习中心如何帮助教职人员合作；领导者也需要使合作成为关键的价值观。合作对于战略规划是非常重要的。领导者如果发现在规划过程中缺乏支持性的环境，需要去检查个体和团体之间的关系，并且去创设和培养战略规划所需要的氛围。❶

第二节　特色办学战略对领导的角色要求

大学确定特色办学战略并有效执行，以使大学在院校市场竞争中处于有利位置，这需要大学校长及团队强有力的领导。总体而言，校长在特色战略管理中的角色包括：战略规划者、战略执行监督者、战略实施协调者、战略经费保障者和战略效果评价者等。

一、战略管理不同阶段领导者的作用

大学的领导者越来越认识到，大学能否成功地适应社会的深刻变革，在很大程度上取决于学校制定和执行战略的能力。高水平大学往往通过制定战略规划实施战略管理，以在高等教育市场竞争中处于有利地位，而这一工作需要大学校长强有力的领导。莱斯大学（Rice University）1984 年当选校长乔治·拉普（George Rupp）是遴选委员会从 370 个提名者中挑选出的 120 名中的佼佼者；田长霖是与 270 名提名者竞争后赢得加州伯克利大学校长职席的；耶鲁第 20 任校长施密特挑战了 400 多名候选人而榜上提名。这充分证明校长对于大学发展的重要作用。在谢安邦教授等人的研究中，他们将大学领导在战略管理中的角色需求分为战略策划者、战略决策者、战略执行过程中的激励者、监督者。这 4 个角色是对大学领导在战略管理的各个具体环节中所发挥的不同作用的描述，是大学领导在战略管理不同阶段的身份转换，这 4 个角色集于大学领导者一身。❷ 杨延东根据大学校长在整个战略管理过程中所体现总体作用的

---

❶ ADRIANNA KEZAR. Rethinking leadership in a complex, multicultural and global environment: New concepts and models for higher education [M]. LLC: Stylus Publishing, 2009: 27 - 29.

❷ 谢安邦, 周巧玲. 大学战略管理中的领导：角色、挑战及对策 [J]. 高等教育研究, 2006 (9): 39.

不同，将大学校长的角色分为构建者、规划者、分析者、引导者、跟进者、学习者和旁观者7种。[1] 在不同领导阶段，大学校长关注的焦点以及要思考的核心问题各有侧重，具体内容见表3-2。

表3-2　大学校长特色战略领导阶段与核心焦点问题

领导阶段	主要焦点	核心问题
学校定位	高教理念	知识领域今天的机会和明天的挑战是什么；高等教育的现状及其在知识经济中的地位如何
	学校定位	学校在高等教育市场的地位如何；差异性是什么
愿景形成	确定利益主体	分析大学的核心利益主体；利益主体现在与未来的特征和需求分别是什么；不同群体对特色的需求是什么
	形成愿景	利益主体目前接受的价值是什么；利益主体期望的价值是什么；确定学校发展愿景以及具体的特色发展目标；确认这些具体的特色目标与利益群体的关系
战略确立	分析环境	影响特色战略的外部因素及其变化趋势
	资源评价	学校已有的支持特色战略发展的资源
	优势分析	学校新优势是否有别于其他竞争者；学校优势是否可以被其他学校复制；这个优势是否可以持续
	战略传达	向利益相关者清晰传达学校特色发展战略
战略实施	策略行动	实施特色战略需要哪些行动
	实施规划	在现有的资源、任务和时间下，如何实施行动；陈述实施各个行动的主体、对象，需要的资源，时间期限、责任及预测的结果是什么
	能力分析	在学校的组织结构、政策、过程、系统和文化下，能否实现特色战略
	设计组织结构	变革组织结构和人力资源政策，能更有效地执行特色战略
绩效评价	评价表现	对特色战略效果进行权变评价和平衡评价，探究影响战略绩效的中介因素
	陈述评价	描述战略的结果达到了预期的什么程度，确定战略达到哪些部分实行的目标，进行有效的变动，使战略更有效

---

[1] 杨延东. 大学校长在高校战略管理中的角色定位和角色转换 [J]. 高等教育研究，2007（6）：44-48.

从表 3-2 可以看到，战略管理分为以下 5 个阶段：学校定位、愿景形成、战略确立、策略实施、成果评价。每个阶段对领导的作用要求不同：在学校定位和战略确立阶段，校长的理念与治校经验具有不可替代的作用，这时校长的作用更多体现在战略领导，而非具体的战略策略性的管理工作；而进入策略实施和成果评价阶段，校长要与领导团体进行密切协调沟通，更多在管理层面对战略进行具体操作。

二、领导者在特色战略管理中的角色类型

（一）战略规划者

在美国和欧洲，大学校长角色描述的有关研究发现，大学校长把战略规划作为他们所负责的大学政策的最重要领域。美国耶鲁大学第 22 任校长理查德·雷文认为，即使最伟大的大学，要是没有雄心壮志，没有高明的领导，也不可能达到更高的成就。卡迪夫大学前任校长伯瑞·史密斯勋爵说：作为校长，他 3/4 的时间花在思考学校的方向与策略上，校长就是要将自己的办学战略思考和价值理念传播出去，让学校所有员工接受，然后选择合适的人（主要是行政管理层、优秀的系主任和教授）去实现这些策略。[1]

在我国，近些年大学战略规划研究与实践都发展迅速，大学领导（包括校长和书记）对大学特色战略制定日益重视。大学领导被认为应该是战略家的角色，是确立大学使命、对大学进行定位过程中的关键因素。大学领导应当有战略眼光，能够高瞻远瞩、审时度势，了解学校所处的特殊环境，敏锐地辨识外部环境中的机遇和危险；能够为大学树立方向感，对大学进行明确定位；能够积极应对变化，果断决策或调整决策而不错过机遇；能够进行战略研究，提出明确的长期目标任务与发展思路，提出大学改革与发展的思路。时代飞速发展，高等教育所处的环境发生着持续而深刻的变革。大学在竞争日益激烈的环境中，必须具有持续进行创新的能力，形成学校独特的有竞争优势的愿景，这一价值创新的过程就是学校愿景形成的过程。领导者在思考学校愿景时，要明确学校的核心利益主体，利益主体现在与未来的特征，利益主体的需求以及

---

[1] 吴志功. 对英国大学校长角色和职能的考察与启示 [J]. 比较教育研究, 2005 (10): 45.

各个需求的程度如何。学校领导者以此为基础，分析能够满足利益主体期望的愿景，利益主体目前接受的价值以及所期望的价值，从而确定学校的发展愿景以及要达到的目标。

(二) 战略执行监督者

大学领导除了作为战略规划者负有为大学确立远景、明确办学思路、对大学进行合理定位的职责外，还要在促进战略的执行和实现过程中发挥重要的作用。当特色战略进入策略实施时，领导者授权各团队首先评价学校组织的结构、政策、流程、系统和文化是否能够实现所制定的战略；然后确定实施战略所需要的行动，明确实施各行动的主体、对象、所需资源、时间期限、责任和预期的结果以及在现有资源、任务和时间下如何实施行动；确定实施计划后，鼓励组织设计并改革组织行政结构、决策方式、流程与系统、资源分配及员工认知，从而更有效地执行战略。

《英国高等学校战略规划指南》(HEFCE, 2000) 提出了高校领导在战略规划过程中的4项主要任务："提出目标任务和发展思路，听取咨询意见，进行激励和加强沟通交流。"听取咨询意见是校长进行管理的基本环节之一。在战略规划过程中，校长针对规划中的问题在更广泛的范围内听取咨询意见。具体的范围和方法根据学校的实际情况而定。校长采取各种方法激励管理人员的斗志，如提出管理人员的阶段性目标。很多学校采用年度规划会议的形式来激励来自下面的提议，校长通常会参加此类会议。校长就战略规划与校内组成人员进行沟通交流。校长在与外界（包括政府、基金组织、工业界、媒体等）的咨询、交流上发挥主导作用。校长在大学管理中实现其战略角色的常见障碍是：缺乏深层次的管理支持（更可能发生在小的学校里）及缺乏足够且及时的管理信息。要发挥大学的整体功能，需要对共同目标的赞同和理解，这是顺利落实战略规划方案的保证。而在现实中，我们的规划程序往往是这样的：先是学校领导班子在规划组织负责人的协助下做出决策，然后要求各院系教职员工进行解读和执行。教职员工仅仅被当作一种被领导、被管理、被规划的对象，他们的意见和经验等宝贵资源没能得以充分利用。让教职员工去实现自己没有参与制定而又直接影响他们利益的战略方案及"共同目标"，他们显然容易产生消极甚至对抗情绪。即使有了较好的战略规划，在落实中也会遇到困难。因此，在这种现实困境之下，更有必要明确大学的领导者既是大学战略的决策者，还是战略执行中的激励者和监督者的地位。作为战略决策者，大学领导要选择战略决策的方式，形成发展合力，为后期战略的顺利执行奠定基础；在确立战略之后的实施过程中，大学领导又要充当战略执行中的激励者和监督者的角色，需要充分发挥管理才能，通过科学、有效的管理来激励和感召教职员工投身大学事业，推动大学战略的实现，保证大学的发展不偏离战略方向。根据伯顿·克拉克的观点，创业型大学要实现其特色化战略，需要强有力的驾驭核心（A strengthened steering core）。校长高效率的行政领导和驾驭核心对于创业型大学办出特色是不可或缺的。

（三）战略实施协调者

英格兰高等教育拨款委员会（HEFCE）编辑出版了《高等学校战略规划指南》，提出：大多数大学校长都认识到他们对规划过程有效进行的领导作用；其他管理人员则根据学校的总体思路在规划过程中发挥具体的领导作用；董事会则希望参与并与校长在重大问题上达成一致。也就是说，特色战略确定和执行过程都需要面对不同利益群体的诉求，如何协调利益相关者的要求，对他们的诉求进行整合，将直接关系战略能否得到真正的落实，而不是停留在"文本"阶段。

战略执行面临的最大挑战是资源分配。战略决策直接与资源的分配相关，大学需要把资金配置到优先考虑的战略性问题上。归根到底，战略规划所带来的利益关系变化，是影响战略执行的最主要因素。大学的成员有着不同的利益，这些利益有时会存在冲突。因此，以学校整体规划为根据，要求"统一认识""顾全大局"的任何举措，经常会被认为有损于学术单位和个人的学术努力。各种利益关系的存在决定了以何种方式进行决策，如何使大学整体的利益，也就是成员集体的、共同的、长远的利益通过决策合法化，是决策与沟通的关键所在。大学的领导者作为战略管理中统筹和处理各方面利益关系的核心，为了保证学校发展按战略方向运行，要努力使不同的兴趣保持平衡。通过对院校"学术漂移"（Academic Drift）的研究可以发现，处于底层的院校总是受到学术地位较高院校的影响而趋于模仿高声望组织的做法，因而无法扎根自己的特色领地。这一过程受到利益群体的高度影响，这些院校在某些领域具有特色，但其他边缘院系努力进行扩张，而使学校无法专心于特色领域，变得大而全。由于大学的资源配置缺乏明确合理的游戏规则，经常会出现"会哭的孩子有奶吃"的现象，从而导致领导的决策偏离战略目标。战略规划本身是一个动态的过程，利益关系的变化会影响决策，如何使大学决策始终都不偏离主要的战略目标，是对大学领导提出的挑战和考验。战略规划要求从大学整体出发确定优先权，选择大学发展的重点领域。战略是站在学校的全局上做出的，确立优先和重点发展领域需要一定程度上的管理权力的集中，也需要更强的大学领导来为大学创造共享的价值观和整体目标；而这些势必削弱一些领域的自主权或利益。任何一种决策都可能引起不同的反应。因此，利益协调者角色对大学领导者确定战略是至关重要的，它要求大学领导者能够掌控复杂利益格局，使组织战略可以在一个并不简单的世界里简单化。

当如何办出特色的战略确定之后，大学校长要努力建立战略与管理之间的桥梁，而不至于使战略停留在文本阶段。从我国大学的管理实践来看，大学领导和学校核心职能部门的主管、各院系负责人是大学领导与管理的重要组成部分，处于大学领导和管理的重要位置。各院系负责人主要处于决策执行层的关键位置，在战略规划过程中起着承上启下的作用，要传达及执行战略决策，并将执行过程中掌握的情况、教职员工的意见、学科发展环境的变化等信息及时反馈给学校领导层，以促进战略规划的调整。大学领导及各院系、职能部门的领导应该共同组成执行管理的团体，履行大学的战略，并在此基础上进行决策。为发挥这个团体的最佳功能，大学领导要认真组织职能部门和院系领导者的选拔过程。

实现战略愿景并非易事。大学的议事日程待解决的问题很多，日常要完成的"规定动作"几乎占据领导者主要的时间精力。因此，大学校长要对管理部门展开动员工作，把战略分级为部门任务，并敦促部门打破利益格局进行跨部门协作，并且要观察哪些行动与战略目标之间存在偏差，要及时予以纠正。大学领导要善于就不同的重大问题分别组织专门的小组来研究，咨询学术专家和顾问的意见，与管理的各个层面的人员合作，集中多方智慧，开展决策研究，提高战略决策的科学性和合理性。在实践中除了依靠校内决策咨询部门、专门的战略发展委员会外，必要时还需要善于引用外智，帮助学校策划战略、发展目标和规划。如上海市教科院高教所曾成功地为上海市的40多所学校进行了整体规划设计，他们认为：学校自己做规划，有时难以确定优先发展哪个更好，不是因为大学自己没有这方面的专家，而往往是因为学校内部利益摆不平，引用外智为学校做规划的优势就在于可以抛开利益争端，更为公正地看待学校发展中的真正机遇和挑战。❶

（四）战略经费保障者

高校确定特色办学战略需要建立优先发展领域，而优先发展事项需要学校经费保障。校长具有经费筹集的重要责任，在美国经费筹集能力已经成为大学校长候选人的重要指标。

从理论层面看，资源（主要是经费）对战略实施非常重要。根据对战略管理的文献进行定量分析，1991年巴尼发表《企业资源的可持续竞争优势》。这篇文章的被引频次和中心性均最高，十几年来其研究成果被国内外主流教材采用，在全球战略研究领域具有广泛而深刻的影响。该理论指出，独特的资源是组织建立起持久竞争优势的关键。巴尼认为，组织的资源具有价值稀缺性、难以复制和无法替代等特性可以建立起组织的持续性竞争优势。资源基础理论开启了战略管理的新方向，促进组织更加重视内部能力建设，构造了资源－战略－绩效的基本框架理论。大学是资源依赖型组织，高校对外部环境的依赖主要表现在对资金资源、人才资源等各种资源的获取上。大学只有通过加强与周围环境的相互作用，主动服务国家社会和区域经济发展，优化学校内部资源的合理配置才能调整自身对外部关键资源的依赖程度，实现可持续发展。❷ 经费筹措关系着战略规划能否有实质保障，特别是战略重点需要依靠经费来保证。战略规划中一个十分重要的方面是保证战略重点，如何保证就要靠经费的优先支撑。校长最大的权力是资源配置权，校长要通过资源配置，优先划拨经费，支持战略重点的实现。❸

大学校长在确定特色办学战略时，首先要明确学校的经费资源是否可以为实施战略提供强有力支撑，需要对经费成本进行评估。在2006年西安召开的第二届院校研究国际研讨班和学术研讨会上，美国西伊利诺斯大学校长

---

❶ 谢安邦，周巧玲. 大学战略管理中的领导：角色、挑战与对策［J］. 高等教育研究，2009(6)：40.

❷ 余新丽，赵文华. 大学战略管理研究的理论基础和研究热点的知识图谱分析［J］. 中国高教研究，2010(12)：41.

❸ 刘献君. 大学校长与战略［J］. 高等教育研究，2006(7)：2.

阿尔文·戈德法布（Alvin Goldfarb）博士提出了制定战略的 4 个关键策略：①吉尔波特成本保障；②资源从非教学机构向教学机构的再分配，主要包括获得政府委托的管理成本的缩减额度，收取学费、债券和财政独立项目的行政费用，把新收的学费优先分配给新教学项目；③筹款，主要包括支持年度基金，确定特殊的需求，全面展开筹款运动；④为基建项目开展政治游说。❶

耶鲁大学以其卓越的本科生教育为特色战略，而该战略得到有效执行离不开校长的资源动员。耶鲁大学理查德·雷文教授执掌耶鲁后，耶鲁大学排名始终居于前列甚至多次居于首位。在雷文校长看来，筹款和制定规划是他最重要的两项工作。他担任校长后，发起了耶鲁大学历史上最大的一次募捐运动，在短短的 10 年时间里便成功地完成了总额为 80 亿美元的集资，及时填补了财政亏空并积累了充裕的财力。❷ 在积极筹款的同时，理查德·雷文教授更加重视耶鲁大学战略规划的研究和制定。他精练地总结了耶鲁多年来形成的特色："首先，在我国最出色的研究型大学之中，耶鲁特别重视对本科生的教育。其次，在研究生院、专业学院以及本科学院，我们特别重视培养领袖人物。"在此基础上，他领导制定了耶鲁大学第四个百年压倒一切的战略目标：吸引和培养一流的师生，以及保持图书收藏和其他研究资源的优势。另外两个与此并列的目标是致力于优异的本科生教育以及培养在学术、专业和公众生活中的领袖人物。❸ 为保持学校的优势和特色，他先后发起了以下几个计划：校园重建计划，现已投入 40 亿美元，使得古老的耶鲁校园又焕发出新一轮生机；扩充设施计划，已投入 21 亿美元的资金用于扩充图书馆、医学和科学设施，保证了耶鲁大学在科学研究方面的卓越地位（上述两项的发生时间截至 2003 年）；环境复兴计划，成立了地方经济事务办公室，与纽黑文市积极合作，帮助其研究解决社会难题，并鼓励师生积极参加社区开展的活动，为纽黑文带来了一次"环境的真正的文化复兴"；师生资助计划，包括为有需求的学生提供全方位的帮助及资助教师在当地购买住房等，尽量为耶鲁师生的学习和生活解决后顾之忧。

---

❶ 刘献君. 大学校长与战略［J］. 高等教育研究，2006（7）：2.

❷ 复旦大学访美考察团. 为何耶鲁是耶鲁——耶鲁大学考察报告［J］. 教育发展研究，2004（2）：34.

❸ ［美］理查德·雷文. 大学工作［M］. 北京：外文出版社，2004：187.

(五) 战略效果评价者

战略管理理论认为,评价对战略实施是非常重要的。进程型战略观认为战略是在长时间的大小决策中逐渐形成的。在与利益主体的接触过程中,管理者获得大量关于产品或褒或贬的信息,分析后做出改进,这些决策与行动就累计成为组织战略。明茨伯格认为,进程型战略观点可以避免组织在行动执行过程中局限在预期的假设,避免组织盲目地遵循战略,使组织可以从短期经验中获得改善。大学领导者在战略领导的评价阶段,采用积累性的评价方法评价战略成果,描述战略成果达到预期目标的何种程度,战略成果是否达到预期目标,超出还是未达标。评价的目的是要进行调整与改革,不断增强学校战略的有效性。

第三节 高层领导团队

高层领导团队(通常称为学校领导班子)在形成学校战略、处理大学事务、协调行政、教学和学术价值、应对越来越具有不确定性和模糊特征的知识创造和传承活动等方面越来越多地被认为是关键的引领核心。❶ 校长虽然是决策的主要制定者,但他们与学校领导班子的其他成员共同行使权力与担当责任。尤其是当前,随着组织规模的不断扩大以及组织机构与功能分化,行政管理与学术人员之间的"矛盾"正在不断加深,环境的复杂变迁和改革加速也不断冲击着大学校长的驾驭能力。因而迫切需要一个协同的领导团队以统揽全局的观点来协调管理和学术任务,整合管理和学术价值,从而保障组织更加迅速、灵活地应对不断扩大和变化的市场需求。

一、高层管理团队的作用

(一) 参与特色战略决策

由于确定特色战略是个复杂的过程,加之大学战略管理的复杂性与个人决

---

❶ 伯顿·克拉克. 建立创业型大学:组织上转型的途径 [M]. 王承绪,译. 北京:人民教育出版社,2003:4.

策有限理性之间的矛盾，所以该过程不可能由校长一人完成，而需要整个领导团体共同决策。此外，特色往往意味着确定优先发展领域，确定这个领域需要大学校长及管理团队与不同领域资深专家充分地信息沟通与合作。综合来看，校长与其他领导者之间的共同决策、信息交换与合作行为都体现了团队成员在组织战略领导方面的协同过程。高层管理团队参与特色战略制定的途径包括参与规划咨询委员会、规划实施监督委员会等。

  在战略形成过程中，大学院长、系主任和高级行政人员往往会加入规划咨询委员会，负责对整个大学战略制定的咨询论证工作。例如，1983年宾夕法尼亚州立大学在校长乔丹（Bryce Jordan）的领导下开始了战略管理的过程。该校大学委员会起草了一个"对规划的规划"（plan to plan）的文件。之后，宾夕法尼亚州立大学战略管理基本上一直沿用这些方法：参与式、自上而下式、自下而上式，每年把规划和财政相联系的方法。20多年后，规划已经成了一个真正的、全校范围的、学术和行政单位的规划。校长任命了一个规划咨询委员会，主要是由具有领导经验的系主任、副系主任和教师评议员构成。这个委员会的主要任务是开发"对规划的规划"。1984年8月，校长任命了一个战略研究小组来分析在宾夕法尼亚州立大学建立一个信息学院（The school of communications）的可行性。小组的大多数成员来自那些与新建学院有关的系科以及其他学科的几个系主任和规划办公室的管理人员。1984年10月，研究组把报告上交校长，强烈支持建立信息学院，并且讨论了6个建设方案的优点和缺点。1985年，董事会终于批准建立信息学院。在20年内，宾夕法尼亚州立大学第一次进行了大的学术机构重组。学校的学术发展，除了与这些委员会的努力有关之外，还与战略管理的优先性和资源分配决定密切相关。这主要是通过每年对战略规划进行更新以及实行由教务长任主席的委员会听证会的制度来实现。在听证会上，委员会进行战略分析和确立财政优先性，进而对学校的决策产生重要影响。宾夕法尼亚州立大学的战略形成是由财政执行官、系主任、副校长或副教务长参与的高层团队领导过程。每一个规划单位在每一年都准备一个战略规划或者更新的规划，一般包括以下常见要素：愿景、使命、评估和行动规划等。这些文献还描述了财政规划。在一个学院内，在系的层次上常常有一个结构化的、正式的规划单位。系会审查他们提供的内容，考虑学生的兴趣、社会需要等。重点核心专业会得到加强；入学率低的专业会被重组或取消。规划办公室提供信息和支持来推进单位规划。实际上，规划在大学的各个层次得以执行。

卡内基-梅隆大学（CMU）是一个非常有特色的研究型大学。正如校长杰瑞德·柯亨自己所言："在许多学者眼里，世界一流大学特别是综合性大学里，应该有一流的医学院。但我们没有雄厚的资金支持，因此在确定学校发展方向时必须用有限的资金发展自己的强项。虽然没有医学院，但我们在计算机、商业等方面是一流的。"该校通过实施战略规划审时度势、锐意进取，从一个地区性大学跻身于美国一流大学的行列。战略管理大师萨特（Cyert）曾任该校校长，他在任职期间通过战略规划明确优势，并根据战略规划大力度实施。重点抓住计算机科学与技术发展的重大历史机遇，确定本校有可能占据领先优势的学科领域，最终在计算机、机器人、软件工程、管理信息技术等领域取得空前进展，并以优势学科为基础进行学科交叉、渗透。萨特任职期间，CMU正式引入战略规划体系。在内容方面，指导该体系的核心战略原则有两条：以学科发展和研究为核心，追求竞争优势和集中配置资源。其基本程序如下：大学层次行政管理者（包括在萨特倡导下成立的大学政策委员会以及长期计划委员会）提供一些原则或标准来指导规划过程，比如根据优势原则来选择目标与战略，这些优势可能来自系所在的地理位置、系的教员、传统及其某些独特优势，同时大学行政层还提供宽泛性的大学环境趋势分析等。❶

1990年后，CMU进一步强化了大学层面战略规划的组织，使其更加正式、理性和具有整合性。大学层次战略规划的组织体系包括3个部分：①由校长或教务长为核心组成的战略规划领导委员会，其主要任务是制定战略规划的总方向、时间表、指导原则和协调，保证各级/团体的参与；②战略任务小组，根据讨论组成若干战略任务（如竞争地位、研究机会、筹资运动等）规划小组，由专家组成并由一两个校董或顾问参与；③顾问委员会，主要由院长、副校长、系主任等组成，主要任务是对建议、计划、财务预测、趋势分析等进行评估，并对规划实施情况进行检查。此外，CMU在学校成立了专业的选聘和计

---

❶ 武亚军. 面向一流大学的跨越式发展：战略规划的作用［J］. 北京大学教育评论，2006（1）：116.

划委员会，用以考虑校长等高层领导人的继任，同时评价大学所面临的战略挑战。❶

(二) 共同发挥战略协同作用

组织战略层的协同领导是组织取得理想绩效的必由之路，体现的是个体在组织或战略管理层发展运行过程中协调与合作的性质。对此，巴纳德指出一个协同的系统应该包含共同目标、合作意愿和信息联系、集体决策等基本要素。协同的领导团队可以通过不同领导者个体对团队的认同程度以及相互之间行为的整合水平来表现和衡量。

在弗洛伊德最早提出团队认同（Team Identity）概念时，他是从共同目标的角度来解释团队成员彼此的认同。他认为团队认同就是团队中的个体用他们的共同目标来代替各自的自我理想，从而认同彼此，认同团队的目标。作者对佛尔曼（Foreman）和沃特恩（Whetten）以及凯蒙（Camernon）等相关研究观点进行概括发现，团队认同一般被解释为领导成员将个人的目标和价值体系，与团队目标、其他成员特性以及互动经验进行比较，形成目标、价值体系、成员特性等相似性认知，进而深化团队归属感和凝聚力。❷ 这一理解的核心仍然强调形成共同目标，毕竟团队达到高度协同的前提是个体目标和团队目标的一致。

在目标认同的基础上，团队的协同领导还需要"大家的共同行为"。而"行为整合"的属性恰好能够相对综合地捕捉领导团队共同行为的程度。作为上层梯队理论研究的新进展，海姆布莱克（Hambrick）提出上层梯队"行为整合"，并将其界定为包括最高领导者在内的所有领导成员之间信息交换（数量和质量）、合作以及联合决策的过程。这一变量比较全面地捕捉组织上层梯队成员互动的核心内容，在此也被认为是提高团队协同领导必不可少的要素。大学校长及其领导团队通过特色战略规划，形成共同愿景，进而形成团队凝聚力，协同实施特色办学战略，具有积极的合作倾向，对特色战略

---

❶ 武亚军. 面向一流大学的跨越式发展：战略规划的作用［J］. 北京大学教育评论，2006 (1)：116.

❷ FOREMAN P, WHETTEN D A. Member's identification with multiple – identity organizations ［J］. Organization Science, 2002, 13 (6)：618 – 635.

实施及其绩效有积极作用。

二、高层管理团队的运作原则

（一）注重对冲突的解决

高层管理团队成员之间对特色的理解有时候并不相同，可能会造成价值冲突。布丁（Boulding）将冲突定义为一种对团队包含的差异、不相容的愿望，或者无法妥协的渴望部分的认识。艾玛森（Amason）识别了团队中的两种冲突：认知冲突和情感冲突。他认为认知冲突是功能性的，通常是任务导向的，关注如何实现共同目标的判断力的差别，并且在高层管理团队中认知冲突是不可避免的；情感冲突是非功能性的，它倾向于情感和关注个人的不相容或怀疑，当认知差异被感知为个人批评时，情感冲突就会出现在高层管理团队中。❶ 在现实情况下，许多大学副校长、教务长等高层领导成员一般都有学科背景，很多甚至带研究生和从事科研，对学科的忠诚度很高。在本校优势与特色学科布局竞争中要尽可能摆脱个人归属学科利益的束缚，这对管理团队从组织整体利益出发进行决策至关重要。另外，由于我国高校实行党委书记领导下的校长负责制，这意味着大学治理具有党委书记团体和校长团体二元权威结构。湖南大学党委书记刘克利在接受《中国高等教育》采访时谈道："党委书记和校长这两个系统的关系处理好了，将有助于学校的发展。但这两个系统的关系往往不易处理好，特别是由于党委书记和校长的选拔标准不同，使得二者的角色定位难以准确。人们在谈到党委书记时更多的是讲他的职责和品德，而说到校长时更多的是讲他的学术水平及地位。如果党委书记和校长年龄相仿而学术水平和地位差异较大，的确会增添许多矛盾，如何解决这些矛盾主要不是理论问题而是实际问题。而且，这样会使许多抽象肯定的事情被具体否定，本届班子肯定的事情在下届班子中被否定，如此写在纸上的规则就很难一以贯之地得到落实。"❷

---

❶ ENSLEY M D, PEARSON A W, AMASON A C. Understanding the dynamics of new venture top management teams: Cohesion conflict and new venture performance [J]. Journal of Business Venturing, 2002, 17 (4): 365-386.

❷ 陈海春. 规矩是根本性的——访湖南大学党委书记刘克利 [J]. 中国高等教育, 2004 (14/15): 16-17.

(二) 注重对高层管理团队行为整合

海姆布莱克提出了高层管理团队行为整合的概念，将它与组织结果联系起来，使行为整合作为一元结构概念化，获取了 3 个相互关联的关键的和增强高层管理团队过程的要素：①合作行为的水平；②信息交换的数量和质量；③强调参与决策制定。❶ 他主张，行为整合是团队综合能力的相对全面的特质，这种综合能力是相互联系的社会和任务相关的过程。在特色战略形成过程中，高层团队成员可能会受到所在部门利益的牵制，影响其在特色战略制定小组中的角色扮演。因此，在遴选战略规划部门成员时要充分征求基层人员意见，尽可能使那些了解学校历史与现实，并具有强烈公共意识的人员进入团队。战略小组应该充分收集和展示有关学校发展的信息，要使成员在互不沟通的情况下独立地对各种信息进行考量；进而在考量的基础上形成自己的判断，也就是形成自己对"共同意志"的不同理解，最终汇聚为有关特色战略的"共同意志"。

(三) 注重高层管理团队多样性

研究注意到高层管理团队人口统计学多样性会对组织绩效产生重要影响。埃森哈特（Eisenhardt）发现，团队人口统计学多样化影响冲突，进而影响团队绩效。高层管理团队人口统计学多样性包括功能、经验和教育水平多样性。❷ 成员多样性是基于这样的考虑，即对特色战略的共同理解（共同意志）的不同理解的数量要足够的大。格罗夫曼和费尔德认为，早在 200 年前孔多塞（1785）就认识到，个体的多数常常比个体本身更正确，不管参与者本人是否理解，正是这一点使民主"运转"起来。❸ 孔多塞的陪审团原理指出，如果每一个个体都可能在一组选项中做出相对"较好"的选择（根据特定的评估标准来说是较好的），并且每一个个体做出正确选择的可能性相同，那么每一位选民独立地进行投票，团体做出正确选择的可能性与团体成员数量的扩大成正

---

❶ HAMBRICK D C. Top management groups: A integration and reconsideration of the team label [G] //Research in Organizational Behavior. Greenwich CT: JAI Press, 1994: 171-214.

❷ EISENHARDT K M. Building theories from case study research [J]. The Academy of Management Review, 1989, 14 (4): 532-550.

❸ GROFMAN, BERNARD, SCOTT L FELD. Rousseau's general will: A condorcetian perspective [J]. The American Political Science Review, 1988, 82 (2): 567-576.

比，直到趋近为1。而且，即使个体的能力不同——这里的"能力"指个体做出"正确"选择的可能性——平均水平大于0.5，只要团体足够大，团体做出正确选择的可能性仍趋近为1。因此，特色战略制定的团队成员应尽可能多样化，以充分反映各方利益，并有助于"共同意志"的形成。

第四章　确定大学组织特色使命

高校确定特色战略需要明确组织使命。使命体现了大学办学的传统理念,也反映了大学的战略性展望。高校领导在实施特色战略管理时,要凝聚组织成员共识,形成特色办学的共同愿景和目标。建立绩效指标,将特色使命转化为具体的组织目标,从而为战略绩效评价提供基准。

第一节　确定特色办学使命

制定特色战略的首要工作是确定特色办学使命,办学使命是制定具体操作性目标的依据。确定特色使命可以帮助院校在趋同化的格局中恰当定位,并有助于建立院校的合法性。确立特色使命不能脱离大学办学历史,要有利于实现大学的职能,而且要注重协调各方利益。

一、何谓特色办学使命

(一) 大学组织使命

组织的总目标通常称为使命,它具有高度的概括性,描述了大学组织存在的理由,描述了组织的愿景、共享的价值观和信念以及组织存在的原因,对组织具有强有力的影响。组织使命一般通过使命陈述(Mission Statement)表现出来。以美国为例,从20世纪30年代起,美国大学开始公开发布本校的使命陈述。由于美国高校认证机构要求高校有使命陈述,而且使命陈述中的策略计划对高校的运行和发展有一定的指导作用,因此每所高校基本上都有使命陈述。我国高校虽然没有明确提出所谓的使命陈述,但是也在发展规划中以定位、指导思想等表达相似的含义。笔者曾对国内594所院校的使命陈述进行梳理，具体参见表4-1。

表4-1 594所样本院校使命陈述情况

使　　命	院　校　数　量
服务当地	431
服务整个国家	34
本科生教育	445
学科建设	535
学术研究	523
研究生教育	476
学生发展	224
教学中心	245
走向世界	65

资料来源：王占军. 高等院校组织趋同机制研究［M］. 北京：北京师范大学出版社，2012：224.

从表4-1可以发现，在涉及使命陈述的各个因素中，服务当地、学科建设、学术研究和研究生教育出现的频率最高，各层次院校都重视学科建设，关注本校的学科门类、专业数量、硕博学位点以及重点学科数量等。另外，各层次院校都介绍了本校的研究实力，包括科研项目水平和资金额度等。此外，部属和省属重点大学都重视研究生教育，强调研究生在学生总体中的比例。值得注意的是在对"学生发展"和"教学中心"因素的陈述上，只有约一半左右的省属大学在学校概况中列出，而省属四年制学院由于多数新近升格，都强调了以学生发展和教学为主。多数四年制学院强调了服务当地的定位，体现了较强的本土化特征，也反映了学校资源来源本地化的特点。值得关注的是，各层次院校特别是省属大学和新升格的四年制学院，在学校定位中都提出成为综合性大学的目标。另外，一些学校刚从专科升为本科学院，也提出要大力发展研究生教育，增设硕士学位点。对这些使命陈述因素的展示和强调，反映了学校对自身的定位趋同化，即追求综合化、研究型的发展趋势。教学型院校的办学目标陈述并没有体现自身的特点，反而模仿研究型院校的组织目标，因而出现追求层次升格的趋同行为。❶

---

❶ 王占军. 高等院校组织趋同机制研究［M］. 北京：北京师范大学出版社，2012：224.

陆根书等对美国大学联合会（Association of American Universities，AAU）中的公立大学和私立大学的使命陈述做过分析，发现AAU大学都非常重视教学和科研功能。在这些公立大学和私立大学中，关于科研和教学功能的陈述要素在数量上均排在前两位。但是，这些公立大学和私立大学在上述两方面的使命陈述在侧重点上有所不同，私立大学更强调卓越性、多样性、学生发展、服务世界、创新性；公立大学则更强调服务地方、服务国家、应用知识、传播知识，更多承担为地方和国家服务的责任。另外，在这些大学的使命陈述中，与服务相关的要素，如强调服务地方、服务国家、服务世界或服务社会，出现的频率也非常高。❶

（二）特色办学使命

特色办学使命是组织使命的下位概念，是组织使命的具体化内容。近些年，国内高校纷纷提出特色办学战略，并提出了特色使命陈述（一般用语为指导思想）。例如，浙江农林大学提出的组织使命是：紧紧围绕人才培养这一根本任务，以学科建设为主线，以队伍建设为关键，以平台建设为载体，以条件建设为保障，着力提高人才培养质量，着力提升科研创新水平，着力强化社会服务能力，着力调整优化学科专业结构，着力推进体制机制创新，注重内涵建设，强化办学特色，面向"三农"，服务浙江，辐射全国，走向世界，为科技进步、经济建设、社会发展和生态文明建设做出应有的贡献。❷

浙江师范大学近几年通过实施特色办学战略，在国内形成较大影响。该校"十二五"规划提出的使命（指导思想）是：

以科学发展观为指导，立足浙江，面向全国，着眼未来，重点实施"区域性与国际化协调发展、特色化与综合性协调发展、非均衡与整体性协调发展、跨越式与可持续协调发展"四大核心战略，始终坚持"提升内涵、凝练特色、强化创新、追求卓越、促进和谐"二十字工作方针，着力推进"质量立校、学术兴校、人才强校、特色名校"四大重点工程，进一步提升学校的综合实力、核心竞争力和社会影响力。

---

❶ 彭正霞，陆根书. 中美大学使命陈述比较 [J]. 大学：学术版，2012（12）：61.
❷ 浙江农林大学"十二五"规划文本。

二、确定组织特色使命的意义

许多学者包括凯勒（G. Keller）、莫雷特森（M. E. Mouritsen）、皮克（G. Peeke）等都认为，组织成功的第一步是形成正式的组织目的，所以大学对自身使命的陈述具有重要意义，它可以清晰地把组织的未来发展图景描述出来。❶ 当代美国杰出教育家，曾任卡内基教学促进基金会主席和纽约州立大学校长的欧内斯特·博耶（Ernest L. Boyer）曾提出："一所办学有成效的大学应负有明确的和极其重要的使命。"

（一）在院校趋同化背景下谋求特色

当前高等院校发展的一个重要特征是分化与趋同趋势并存，这是院校确立使命必须面对的现状。20世纪中叶以后，世界高等教育进入了一个大发展时期，规模扩张成为高等教育系统最典型的特征。这种扩充几乎在世界上每一个国家不同程度地体现出来。从比例上看，中学后教育的发展比小学和中学的发展更加明显。1975年马丁·特罗（Martin Trow）在一篇文章中提出了高等教育三阶段论，即低于15%是精英教育阶段，15%~50%是大众化教育阶段，超过50%为普及教育阶段。❷ 在第二次世界大战刚刚结束的几年内，美国的高等教育系统招收30%左右的适龄青年入学，欧洲国家大都保持精英型高等教育系统，只有不到5%的适龄青年进入中学后院校。到了20世纪60年代，许多欧洲国家的高等院校招收15%或更多的适龄青年。如1970年，瑞典的高等教育入学率为24%，法国则为17%。与此同时，美国的适龄青年入学率提高到50%左右，接近普及型入学水平。到20世纪90年代，大多数欧洲国家招收30%以上的适龄人群，美国也增长了几个百分点。在美国入学模式稳定下来时，欧洲高等教育国家持续扩充，许多新兴工业化国家也是这样。❸ 在大众化高等教育阶段，各种新型高等教育机构因为不同的社会需要而产生，这使高等教育系统越来越体现出多样化的特征，高等院校在职能、结构、任务等很多方

---

❶ 彭正霞，陆根书. 中美大学使命陈述比较 [J]. 大学：学术版，2012（12）：59.

❷ MARTIN TROW. Elite and mass higher education: American models and european realities [C]. Contribution to the conference on research into higher education: Processes and structures. Sweden Dalaro, 1978: 4-5.

❸ 阿特巴赫. 世界高等教育的发展模式 [J]. 现代大学教育，2001（1）：60.

面都发生了分化。各国传统的精英大学越来越向研究型大学发展，它们在学术上坚持高标准，拥有雄厚的资金以及国际声望；另一些传统的大学在规模扩张中变成了巨型的教学型大学，承担了越来越重要的培养人才的责任；一些新产生的大学或学院，有的向教学型大学发展，更多的则发展为与社会需求紧密联系的、进行职业教育的场所，如美国的社区学院。各国都基本上形成了多样化的高等教育体系，一个涵盖层次、类型、科类、结构等各个方面差异化的系统。正是有了类型和层次上的差异，才有了趋同的基础和前提。高等教育机构在外在环境的影响下很容易追求更高的身份和地位，这导致了院校趋同现象的出现。克拉克·克尔主持的《加州高等教育总体规划》就是为了解决院校使命趋同问题。

（二）通过特色使命建立新的合法性

确定不同的使命陈述已经成为大学获取合法性一个必须实施的工作。凯勒在《大学战略与规划：美国高等教育管理革命》一书中提出，使命陈述是组织进行策略计划过程中一个不可缺少的部分。[1] 加迪纳指出，如果没有一个有效的使命陈述，组织的活动和实践就不能推动组织的发展。莫雷特森主张，为了在当前社会保持竞争力，高校必须开放和清晰地把它们的价值和理念展现出来。[2] 皮克强调，建立使命陈述有以下一些好处，比如发展一个清晰的目的意识；促进决策的制定；扩大内外部群体的交流；帮助组织的评估和测量；明晰市场的策略等。[3] 因此，这个使命建立的过程——从抽象的使命到组织的总目标再到具体的目标——能促进组织的改善。

但也有研究认为使命陈述没有这么明显的作用。纽森姆和海斯于20世纪80年代末围绕"使命陈述有价值吗"这一问题对美国东南部11个州的142所高校进行了问卷调查，最后共回收有效问卷114份，问卷回收率为80%。调查结果显示，美国的绝大多数高校都有自己的使命陈述，其首要原因是为了鉴

---

[1] CHRISTOPHER C MORPHEW. Mission statements: A thematic analysis of rhetoric across institutional type [J]. The Journal of Higher Education, 2006, 77 (3): 457–458.

[2] ERNEST G BOGUE. Exploring the heritage of american higher education: The evolution of philosophy and policy [M]. Phoenix, Ariz.: Oryx Press, 2000: 28.

[3] JOHN C SCOTT. The mission of the university: Medieval to postmodern transformations [J]. The Journal of Higher Education, 2006, 77 (1).

定认可,其次是为了行政管理和战略规划。但这些使命陈述一般很少有自己的特色,绝大多数陈述模棱两可、含糊其辞或华而不实,缺少具体和明确的目标。研究者还发现,如果不标上大学的名称,大多数高校不能从这些陈述中被辨认出来,因为"它们内容雷同,充满了赘语,表达不出什么东西"。[1] 2006年,美国学者墨菲(Christopher C. Morphew)和他的合作者对美国高校使命陈述做了一个较大规模的调查研究。他们从美国2000年卡内基分类法前6种类型的1 106所四年制高校中,自由选取了299所高校(158所公立高校和141所私立高校)的使命陈述,发现:不管是私立大学还是公立大学,有少量要素(如"保持多样性"或"提供自由艺术教育")在使命陈述经常出现。这体现了美国大学使命中注重多样性和通识教育,此外服务要素也较多,体现了高校的服务战略思想。[2]

三、如何确定组织特色使命

(一)特色使命不能脱离大学的历史

确定大学的特色使命要适应大学自身发展的历史特色和当前大学所处的社会历史大环境。以耶鲁大学为例,2000年耶鲁大学校长里查德·雷文首次提出要把耶鲁大学建设成全球性大学的愿望。2006年9月,在为期一周的"耶鲁明天"活动会上,雷文校长说:"最为重要的是,耶鲁需要从全国性大学变成全球性大学。"2006年9月,仅在耶鲁法学院招收的200名新生就来自世界上50个国家,能说23种外语。该校全球性战略是适应历史发展的需求而提出的,又形成于自身的历史发展特色。耶鲁大学全球性战略优先发展领袖培养和强势学科的传统特色,并在此基础上根据全球化的需求延伸和扩展大学的发展。从耶鲁大学制订全球性大学发展战略目标的原因和基础可见,制订大学战略目标须适应历史发展的过去、现在和未来。适应过去和现在,即尊重大学自身的优势、劣势和传统,分析学校近期和现有的结构、财政、资源、教学计划

---

[1] 孔令帅,马健生. 高校使命陈述是有用的吗——来自美国学者的研究 [J]. 比较教育研究,2007 (6):81.

[2] CHRISTOPHER C MORPHEW. Mission statements:A thematic analysis of rhetoric across institutional type [J]. The Journal of Higher Education,2006,77 (3):457-458.

和人员等情况,保证学校运行现状良好。适应未来,即了解大学外部环境的发展变化和未来需求,不陶醉于以往的辉煌,能够抓住和利用机遇应对可能的变化。

(二) 特色使命要体现大学职能

大学的特色办学使命不应该局限在狭窄的学科领域,而是具有全局性的,要与大学自身所承担的职能相关。如卡耐基·梅隆大学的使命宣言:通过研究、教学与学习,创造、传播知识和艺术,对社会提供和转换智力产品;服务学生,教会学生解决问题、领导和团队技能,崇尚注重个人品质、道德行为、对社会的义务和对他人的尊重;发挥一个多元化、相对较小的大学社区的优势,对思想的交流开放以促进发现、创造、个人能力和专业发展的繁荣。[1] 麻省理工学院(MIT)的使命宣言:增进知识,在科学技术及其他学术领域,把学生培养成在21世纪服务于国家和世界的最优秀人才。学校致力于创造、传播和保存知识,并且与其他学校一道增进知识以面对世界上的挑战。[2] MIT在一个多元化校园社区的环境下,为学生提供使学术研究和发现乐趣相结合的教育,努力使学校的每一个成员具备明智的、创造性的和有效率的、为人类更美好的生活而奋斗的能力与热情。特色使命不是虚幻的装饰品,而是体现在大学所承担的职能之中,特别是体现在社会服务职能之中。此外,对特色使命的表述应该是精练的、概括性的、可以操作的,能深入人心、进入师生观念之中。如卡迪夫大学的愿景陈述是:建成一所世界水平的大学。其使命宣言:为了威尔士和全世界的利益,追求国际水平的研究、学习和教学。密歇根大学认为:大学的使命非常复杂多样,并且不断变化;大学不只培养人才,还包括产生知识和提供知识密集型的服务,如科研、专业咨询、医疗保健和经济发展;然而所有这些活动都是基于学习这一核心活动的,即大学的使命就是学习,为州、国家和世界服务。特别是对地方大学而言,社会服务职能更应该是特色使命面向的重点方向。如艾奥瓦州立大学的使命宣言:创造、分享和运用知识,使艾奥瓦和世界因此而变得更美好。

---

[1] Carnegie Mellon Strategic Plan [EB/OL]. http://www.cmu.edu/strategic-plan/previous-strategic-plans/2008-strategic-plan.pdf, 2015-01-19.

[2] 宋福进. 大学使命:美英著名大学的分析比较 [J]. 江苏高教, 2003 (2): 124.

(三) 确定特色使命要协调各方利益

确定特色使命不仅是大学董事会或者管理层的事情，广泛参与也是一个必不可少的因素。成功的组织使命不是写在纸上的，而是最终要变成师生的行动。广泛参与的目的是要把大学使命的概念建立在对一致性的假设基础上，把学校使命的概念转换成全体成员都赞成的整个学校的使命。大学成员参与草拟和提出使命宣言，进而把宽泛的目标陈述转化为可衡量的、看得见的目标，这是一个艰巨的过程，需要做大量的工作，需要全体员工共同努力。同时，在起草使命时注重征求全体的意见和建议，从而在学校内促进一个更开放的管理模式的形成。大学使命是制定战略规划和确定战略重点的基础，必须有足够的时间与学术人员、学生和管理人员磋商。大学使命宣言的修订，通过广泛提供参与机会的过程，可以提供比较明确的方向意识和发展的指向性，对于学校的改革来说可能形成一个强有力的支撑。为了针对全校和每一所学院制定国际化规划，耶鲁大学于2004年对全校骨干教师进行广泛征询。校长与教务长们分别召开4次会议，并与文理学院的53位教师一起商讨学校的国际化框架。许多专业学院（如医学、护理和公共保健学院）的院长们号召同事们为建立全球化大学献计献策。

在沟通过程中，大学利益相关者可以凝聚共识，进而形成支撑特色战略执行的共同愿景。在艾奥瓦州立大学战略规划制订过程中，互动贯穿于整个规划的编制过程。在规划的前期编制过程中，艾奥瓦州立大学规划委员会专门拟定出3个主题，请全校师生员工通过互联网、研讨会等各种方式参与讨论。规划委员会提出的问题主要着眼于如何明晰大学的使命及愿景：大学的使命是什么？大学未来5～10年的愿景是什么？大学目前面临的机遇和挑战是什么？最终，经过全校师生员工的集思广益和智慧凝聚，该校的使命和愿景确定为"推进赠地大学理想，并将科技成果转化做得最好"。英国伦敦政治经济学院院长戴维斯先生分析了当代大学的利益相关者[1]：政府——它制定很多领域的规则，影响着学校的决策；教职工——他们在实施大学战略的过程中是至关重要的，如果他们的追求与战略意见相左的话，甚至可以百分之百地阻碍战略的

---

[1] [英] 霍华德·戴维斯. 制定21世纪大学的发展战略 [G] // 中外大学校长文集（二）. 北京：中国人民大学出版社，2004.

实施；学生——他们对大学经历的期望、兴趣与他们未来事业相关的课程等都必须是任何一所院校战略规划的核心；其他资助者——无论他们是私人机构的集资委员会，还是基金会或者公司都是要考虑的对象；校友——他们是捐资人，也是一所院校对社会贡献的标志。不同的利益群体与高等学校间具有不一样的强弱关系，对高校的理念认知、目标与价值的认同以及高等学校实施战略规划的影响方式也不一样。明晰的使命宣言也能帮助院校对外树立起良好的公众形象，促进与外界的联系，促使大学与环境更好地协调和联合；作为精神纽带，它把毫无联系的内部利益关系人联系在一起，有助于利益关系人了解大学的愿景，明确服务的范围。因为一个设计良好的使命能促进政策与策略的提出者、履行者以及校外友好人士等群体对大学改革与发展的理解。通过对大学使命与愿景的宣传，培育各方面人员对大学发展的主人翁意识；形成对大学发展方向的共识，使员工从中获得动力和方向感，使更多的大学利益相关者获得自豪感，让他们参与到大学的运行中，并为学校实现发展战略目标做出创造性贡献。原密歇根大学校长詹姆斯·杜德斯达曾这样描述："在 20 世纪 80 年代后期和 90 年代，我们在密歇根大学领导了一次这样的转变过程。和许多大规模的机构一样，战略规划在密歇根大学的实施采用了多种机制，包括正式的与非正式的，集中的与分散到各个单位的。我们首先采用一个传统的规划方法，通过展开全校范围的活动来达到说明使命和制定愿景目标的目的。许多组织参与到愿景目标的制定上，包括教师、员工、学生和校友。"❶

第二节　确定特色办学战略目标

战略目标是组织使命的具体化和操作化，可以称为操作性目标。操作性目标指明了组织实施战略所要达到的结果，它说明组织实际上正在力图实现什么。操作性目标描述的是具体的、可以量化衡量的结果，而且可以区分为短期和长期目标。操作性目标一般是涉及组织实施战略过程所要完成的主要任务。它是围绕组织的总绩效以及边界联系、维持、适应和生产等功能领域的活动而

---

❶ 詹姆斯·杜德斯达. 21 世纪的大学 [M]. 刘彤, 等, 译. 北京：北京大学出版社, 2005.

制定的。通过给各个项目活动设定具体的目标，将为各个部门的日程决策和行动提供方向指导。

一、操作性战略目标要义

操作性战略目标包括两个要素，即组织总绩效（表现或竞争力）和资源获取。

（一）组织绩效

组织绩效在经营性组织中主要是指盈利能力。如大学组织这样的非营利组织，它们的绩效主要是通过教学、科研以及社会服务方面的表现来衡量，有时候成长和数量目标也成为非营利组织总绩效的衡量指标。

澳大利亚制定专门指标来衡量院校总体绩效。1998年，澳大利亚教育训练与青年事务部发布《高等院校的特征与绩效》报告，列出了200多项指标。这些指标大体可分为5类，并随着高等教育的发展而有些许调整：①学生，含总数、专业分布、入学类型、缴费类型、年龄、性别、入学基础、公平组别；②职员，含总数、学科分布、年龄、性别、水准；③科研，含科研收益、科研成果、科研完成情况；④财政，含按来源分布的运转财政、分类运转支出、分类资产；⑤学生产出，含保持率、累进率、毕业生就业、毕业生对课程及教学的满意情况。❶ 具体指标见表4-2。

表4-2 高等院校的绩效指标

指标类型	指 标
学生	学生总数
	学生在不同大学中的数量分布
	招生类型
	研究生在学生总数中的比例
	海外学生在学生总数中的比例
	不同类型学生的缴费情况
	非海外学生的入学基础

---

❶ Department of employment, education, training and youth affairs [R]. Aus, 1997: 70-71.

续表

指标类型	指标
学生	学生年龄
	入学公平（土著人；非英语学生；农村；偏远地区；低收入阶层；残疾学生等）
	女性学生比例
	学习领域的宽泛程度
	进行更高学历深造的学生比例
职员	职员数量
	学术和非学术职员各自的比例
	高级非学术职员的比例
	当前任职的学术职员占总的学术职员的比例
	不同职责的职员（教学；科研；教学兼科研；其他）占总职员的比例
	不同类型的学术职员占总学术职员的比例（高级讲师以上；高级讲师C级；讲师B级；低于讲师A级）
	女性学术职员在不同类型学术职员中的比例
	不同年龄的学术职员（小于30岁；30~49岁；50岁以上）所占的比例
	学术和非学术的土著职员占总职员的比例
	在不同专业的学术机构中，学生职员所占的比例
	报酬
财政	运营收入［联邦政府拨款；高等教育贡献计划（HECS）；州政府收入；其他科研拨款；继续教育学费；海外学生学费收入；非海外学生学费；非海外研究生学费；非海外学生选修无奖课程学费；其他收费；投资与其他收入］占总收入的比例
	运营开支（学术活动及科研；图书馆；其他学术支持服务；学生服务；公共服务；建筑与场地；行政与其他的机构服务开支；雇员退休金；其他开支）占总开支的比例
	工资开支占总开支的比例
	每个全日制学生学习单元（EFTSU）的开支（图书馆开支；其他的学术支持服务开支；学生服务开支）
	已获收益占总收入的比例
	科研量（科研收益；科研出版物；科研完成量）
	科研收益（澳大利亚研究委员会拨款；国家健康与医药研究委员会拨款；其他的联邦竞争性拨款；其他的联邦非竞争性拨款；州和地方政府拨款；产业基金）
	科研出版物（书；篇章；期刊文章；会议论文）
	科研完成量（更高学历科研完成量）

续表

指标类型	指标
科研	每个全日制学生学习单元中的更高学历科研收益
	每个全日制学生学习单元中研究生的科研收益
	每个全日制研究型职员及教学与研究型职员的研究收益
	科研总量在联邦政府拨款中的比例
	科研收入占联邦政府拨款的比例
产出（修订版）	学生进步率－刚入学的大学生
	学生进步率－非刚入学的大学生
	学生进步率－研究生
	全日制研究生就业情况
	全日制研究生学习情况
	研究生起薪
	课程体验问卷－总的满意度
	课程体验问卷－优良教学
	课程体验问卷－基本技能

资料来源：Characteristics and performance indicators of higher education institutions [EB/OL]. http://www.dest.gov.au/archive/highered/statistics/characteristics/contents.htm#1, 2010-5-30.

2010年，中国教育科学研究院发布《高等学校绩效评价报告》。该报告所使用的绩效指标基于投入－产出理论的绩效评价形成，其基本思想是将投入向量与产出向量组成二维结构，依据"产出/投入"的数学模型构建体现高校绩效的"投入－产出关系值"来评价高校的绩效，即从高校资源利用效益方面评价高校的绩效。投入指标确立的依据是能重点反映高校办学在人力、财力、物力3方面的投入，产出指标的确立依据是能重点反映高校在人才培养、科学研究与社会服务3方面的职能。使用本分类框架，可以形成表4-3。

表4-3 中国教育科学研究院高校绩效指标

分类	目标性质	教学	研究	行政及校内服务	校外服务
保健型指标	输入	校本部教职工总数；教育经费投入	研究与发展全时人员数；社科/科技活动人员数；科研经费投入	本年完成基建投资总额；固定资产总额；实验室（实习场所）面积；图书册数；图书馆面积；教室面积；其他经费拨款投入	
	过程				
	输出	当量在校生数；当量学历在校留学生数			
竞争性指标	输入	博士学历教师占专任教师比例；副高以上比例			
	过程				
	输出	百篇优秀博士学位论文数	国内学术刊物发表论文数；国外学术刊物发表论文数；国际学术会议提交论文数；出版专著数；省部级科学研究与发展成果奖数；发明专利授权数；鉴定成果数；国家级项目验收数；国家最高科学技术奖获奖数		技术转让当年实际收入金额；专利出售当年实际收入金额

资料来源：根据《高等学校绩效评价报告》（《中国教育报》，2009-12-11）整理得出。

（二）资源获取

资源目标指的是从环境中获得组织所需要的人力、物力和财力资源。对于实施特色办学战略,高校需要完成的资源获取方面的任务,主要指大学争取政府拨款、各界捐款及招揽优质学生的能力。其中,优秀的教师资源、学生资源与资金资源的获取是战略规划考虑的关键点。没有一流的教师不可能有一流的大学。当前,我国的一流大学与世界顶尖大学,普通高等学校与重点高等学校的差距主要体现在教师队伍的水平方面。在高等教育发展的新阶段,高等学校发展以提升教育质量为重点,大学之间根本的竞争是教师队伍的竞争。高校从本质上来看是一个人才培养的机构,这是高校区别于其他组织的最重要的职能,吸引优秀学生资源的途径也应成为新战略规划工作的重心。办大学没钱不行,高水平大学更需要充足的资金支持发展,通过多种途径拓宽和寻求自己的资金来源也应成为高校战略规划工作中必须考虑的问题。国内高校在制定战略规划时一般把经费作为保障措施,而不是任务目标。

二、操作性战略目标的作用

组织使命与操作性战略目标对组织都非常重要,但是二者服务的目的是不同的。组织使命使组织的存在具有合法性,而操作性战略目标则为成员提供行动的方向、决策的指导和绩效评价的指标等,见表4-4。

表4-4 操作性战略目标

目标的类型	目标的作用
正式目标、使命	合法性
操作性战略目标	成员行动指向和激励
	决策指南
	绩效标准

(一)合法性

正式目标或组织使命陈述向组织内部和外部利益相关者表达了组织存在的合法性。使命陈述描述了组织的目的任务,使人们承认它的合法性,并且有助于组织获得制度上的认可和社会声望。组织使命陈述可以是组织文化的一部分,体现了组织的文化和信念。例如,浙江农林大学提出的"创业型生态大学"使命陈述,就表达了这种创新性和生态型的组织文化。人们对组织合法性的认识就可以通过组织使命陈述来获得。使命陈述是将组织合法性的信息传递给组织内外利益相关者的首要步骤,它会促使人们对组织产生一种深刻的印象。

大学使命陈述呈现了大学的合法性,一个好的大学使命陈述不但能反映大学存在的普遍目的与价值,还能表现特定大学在办学目标与理念上的独特个性;不但能在大学内部形成很高共识,还能在大学与外部环境的互动中获得很高认同;不但能承载大学历史积累的精神遗产,还能激励大学更有目标和方向地走向未来。总之,大学使命陈述以高度浓缩的方式表现出大学的内在品质、文化精髓和独特风格,是大学确立自身地位、赢得社会声望、形成大学稳定特征的标识。❶

(二) 成员行动指向和激励

组织目标给成员提供了一种方向感,为成员活动提供了行动指南。组织目标确定后,可以激励大学领导者发挥领袖作用,积极维护大学理性精神。例如,20世纪90年代之后,香港科技大学实施了新的战略规划。在使命感召之下,香港科技大学的校长、院系领导采取了一系列象征与政治行动,以建立研究型大学追求卓越的理念与价值观,主要包括:①学术副校长主动关心聘任的著名教授,给他们提供研究和生活上的方便,这对树立追求卓越、以人为本的价值观和大学文化有明显的促进作用;②要求后勤和行政管理简化手续、改进态度,推行行政为教师教学和科研服务的观念;③管理层内部以及管理层与教师的良好沟通也促进了公正、客观和相互信任的文化氛围;④在大学层面,组成学科领域相对平衡的校级聘用和审核委员会,以平衡各学院的不同权力影响。❷

基于战略目标对教师进行激励,可以改变传统对个人激励所带来的对组织战略目标的忽视,从而达到有效激励的效果。基于战略的激励措施的实施有利于教师明确自己未来的发展方向,并对自己的学术生涯做出合理的规划,使自己的教学与研究活动与高校的使命战略相统一。大学需要把组织战略有效地传递给职工,在凝练特色和形成战略的过程中充分汇聚教师意愿,让教师参与讨论和战略制定,让教师对组织战略具有清晰的认识。

---

❶ 史静寰. 现代大学制度建设需要"根""魂"及"骨架"[J]. 中国高教研究,2014 (4):2.
❷ 武亚军. 面向一流大学的跨越式发展:战略规划的作用 [J]. 北京大学教育评论,2006 (1):115.

(三) 决策指南

组织的目标可以为内部制定决策提供指南。目标清晰明确,有利于做出有关组织结构、学科建设、人力资源管理等方面的决策。香港科技大学在20世纪90年代建校后实施跨越式特色发展战略,开始在人事政策、激励方面采取一系列严格和高效的措施,并在1994年将其规则化。该校依据组织战略所进行的决策活动包括以下两个方面。

(1) 建立和实施严格、完善的教师聘任、升迁规则。这主要体现在:①香港科技大学按照国际惯例明文规定:正教授需要在学术领域有所创新,开出一条像样的道路,有人选择并跟进这一条路;副教授需要在学术领域有公认的贡献,保持着水准以上的质与量。②审核鉴定的程序:在科研上,靠同行评议;在教学上,靠学生评议;在服务上,靠同事评议。③执行:在系、院、校三级成立了不同级别、不同组成、不同职责的委员会。其中,招聘委员会是由本校、本系的资深教授而非行政人员组成的一个独立群体,负责在全球范围内在给定的条件下寻找最合适的人。评审委员会把关的是选人程序,只有符合标准的教员才能得到聘任和升迁。这些规则和程序使香港科技大学具有吸引和聚集一流教授的学术氛围。

(2) 建立有吸引力的薪酬体系。在创校之初的1988—1993年,教授的薪水几乎增加了1倍,到1998年总增幅为2.7倍。此外,香港科技大学为聘任教师在最初几年提供了住房福利,以后则提供各种补贴。世界水平的高薪和福利成为吸引高质量教授的另一个重要条件。这些决策对战略实施起到了很重要的作用,使该校师资队伍很快达到世界知名大学水平。该校所制定的严格的、高标准的教师选聘和升迁制度是与高薪酬激励紧密配合的,完全符合研究型大学的发展需要。

(四) 绩效标准

操作性目标提供了组织绩效的评价标准。组织的绩效水平需要有一个具体的评价基准,这也是20世纪70年代后世界各国进行高等教育绩效评价、大学排名的基础。目标实际上反映了组织过去的经验,并描述了未来期望的状态。以上海交通大学"十一五"规划为例,该规划确定2005—2010年上海交通大学的建设目标是:到2010年基本建成以一流的理科为基础,以强大的工科、生命医学学科和管理学科为主干,以高水平、有特色的法学、农学、经济学和人文学科为支撑,交叉学科崛起,创新基地凸现,学术大师汇聚,人才培养一流,办学设施先进,文化氛围浓郁,社会贡献卓著的世界知名高水平大学,若干学科达到世界先进水平,为建设综合性、研究型、国际化的世界一流大学打下坚实的基础;到2020年,若干学科达到世界一流水平,开始步入世界一流大学行列;到21世纪中叶,全面实现建成世界一流大学这一建设目标。这一建设目标既突出了学校传统的学科强势,又兼顾了未来优势学科的发展和国际学术的前沿,还充分考虑了国家发展战略和区域经济社会发展的需求。

学校通过世界大学学术排名(上海交通大学高等教育研究院)、ESI 排名❶、院校比较研究以及学校内部自评等方式,来检视学校"十一五"期间的发展绩效。该校自 2006 年以来,学科建设成绩卓著,先后新增化学、临床医学、计算机学科等 9 个学科入选 ESI 前 1%学科行列。进入 2012 年,学科建设表现更为抢眼,环境科学与生态学、神经科学与行为科学、微生物学先后上榜,使学校 ESI 前 1%学科入选总数达到 15 个,跃居全国第 2。

在 ESI 前 1%入选学科数猛增的同时,学校学科论文影响力显著提高。2010 年 11 月,学校论文总被引频次约 13 万次,世界排名第 349;2011 年 11 月,总被引频次升至 16.5 万次,世界排名第 304;2012 年数据表明,该校论文总被引频次达到 18.5 万次,世界排名提升至第 259,达到年均 4 万次的增长速度。本案例可以看到,学校战略规划目标确定后,可以通过具体的绩效标准来评价战略目标实现情况。具体的绩效评价标准可使用公认的评估工具,如 ESI 等学科评价工具。

表 4-5 上海交通大学入选 ESI 前 1%学科总被引频次的变化

领域	2012 年 5 月数据		2011 年 11 月数据		排名变化
	总被引频次	排名	总被引频次	排名	
工程学	23 010	25	20 505	38	13
材料科学	21 348	31	19 771	33	2
数学	3 426	75	3 044	91	16

---

❶ ESI 为美国汤森路透科技与医疗集团的"基础科学指标"(Essential Science Indicators)的英文缩写,是当今普遍用以评价大学和科研机构国际学术水平及影响的重要指标。

续表

领域	2012年5月数据		2011年11月数据		排名变化
	总被引频次	排名	总被引频次	排名	
计算机科学	3 075	106	2 635	127	21
化学	27 792	173	24 886	204	31
物理学	26 487	183	24 066	202	19
药学与毒理学	4 394	197	3 664	258	61
生物学与生物化学	12 334	304	10 506	364	60
农业科学	1 443	325	1 243	374	49
分子生物学与遗传学	10 380	326	9 145	370	44
临床医学	36 004	358	32 694	401	43
微生物学	2 948	373	—	—	—
神经科学与行为科学	3 958	488	—	—	—
环境科学与生态学	2 217	549	—	—	—
动植物科学	2 349	645	2 007	720	75

资料来源：上海交通大学新闻网［EB/OL］．http://news.sjtu.edu.cn/info/1021/114017.htm.

第五章　高校特色办学战略选择

高校在确定特色使命与具体战略目标之后，需要根据自身所处的战略位置选择适切的特色战略。本章根据办学历史、类型与所处区域3个维度建立了高校战略地位模型，并细分了差异化、集中化和市场化3种不同的特色战略选择。

第一节　院校战略位置与战略选择

院校应该基于自身所处的战略位置做出战略选择。本节根据高校的办学历史、所在地理位置、类型及其对特色战略的有关陈述，提出一个初步的、用于描述高校战略地位的模型，然后针对不同的战略位置，提出差异化、集中化和市场化3种特色办学战略选择。

一、院校所处战略位置

院校战略位置受到高等教育政策影响。在我国，有些院校或有些种类的院校由国家指定为"优于"其他院校，具体表现在：它们拥有其他院校没有的办学资源和特权，通常包括较多的自主权（专业设置、教师职称评聘、自主招生等），可以控制自己的预算，拥有一级学位授予权，拥有比其他院校更多的资源和物质帮助。因此，高等院校的地位在很大程度上是政府政策起作用的结果。我国高等院校分层如下：①综合性研究型大学，主要以基础学科和应用学科（专业）的基本理论为主，研究高深学问，培养拔尖创新人才。这一类型是从本科（学士学位）→硕士（硕士学位）→博士（博士学位）；②多科性或单科性专业型大学或学院。它可以是多科性的，也可以是单科性的。它主要以各行各业的专门知识为主，培养应用性高级专门人才，将高新科技转化为生产力（包括管理能力、服务能力）；③多科性或单科性职业技术型院校（高职高专），以各行各业实用性职业技术为主，培养生产、管理、服务第一线专门人才。

不同战略位置的高校所拥有的资源差异显著。处于第一层次的大学集中了大部分重点学科、重点实验室、博士点学科、重点研究基地等。1988年，共审批了416个重点学科，其中36所重点高校就拥有364个，723所地方高校只拥有52个。到了2006年，72所重点大学共拥有680个重点学科，平均每所高校拥有9个重点学科，而地方院校拥有的重点学科很少。以省属大学和部属大学都比较发达的江苏省为例，35所本科省属院校共有国家重点学科24个，校均不到1个；而7所部属大学共有国家重点学科61个，校均8个。重点学科提供的巨大资源优势，促使各院校都把争取发展和获得国家重点学科作为学校建设的重中之重。重点学科建设成为高校分层与博弈的焦点。自20世纪80年代以来，重点学科的争夺以教育部直属高校胜出为结果，但也有部分省属大学获得了国家重点学科。而在2001年第二次全国高校重点学科评选中，地方高校的高校入选数和重点学科获选数都有了一定幅度的增加。但如果将获选重点学科的75所地方高校中的24所"211工程"高校划出，那么余下的51所地方高校在入选重点学科的全部182所高校中所占的比例也只有28.02%。从2002年全国高校的统计数据来看，当年全国地方高校总数为1 438所（含进入"211工程"的24所），全国进入"211工程"建设行列的高校共95所，仅占地方高校总数6.61%的"211工程"高校，其拥有的813个重点学科却占了全国高校重点学科总数964个的84.34%。在第二次全国高校重点学科评选中，包括中央部委高校、地方院校和军事院校在内的非"211工程"高校，仅有151个学科入选，在总数为964个入选重点学科中只占15.66%。❶

二、院校战略地位模型

根据高校的办学历史、所在地理位置、类型及其对特色战略的有关陈述，本书提出了一个初步的、用于描述高校战略地位的模型（见图5-1）。确定本模型的目的是为了说明，在高等教育市场竞争格局中，学校应该对其在模型中

---

❶ 左兵．政策引导下的重点学科建设制度分析［J］．高等教育研究，2006（10）：38-39．

的战略位置进行规划，根据自己学校的使命、资源和结构特点，以该类位置高校的使命、资源和结构特点作为基准比较。

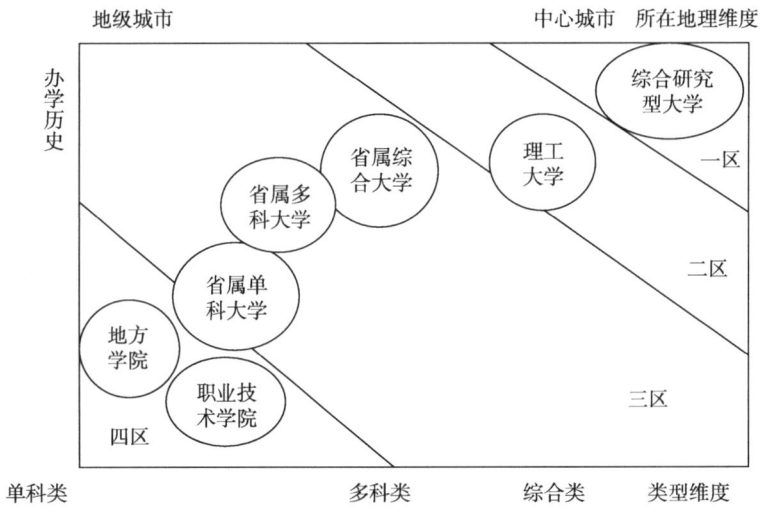

图 5-1 高校战略位置模型

学校所处的战略地位不同，对特色的需求和选择也不同。

(1) 处于一区的大学对特色办学需求最不强烈，特色战略的表述相对模糊。

(2) 处于二区的单科基础上综合型大学主要表现为行业服务特色。

(3) 处于三区的以地方院校为主，对特色需求明显，主要是服务区域和行业。

(4) 处于四区的基本上是新建本科院校，把特色战略作为竞争手段，以应用型本科教育为主。

三、高校战略地位描述

(一) 一区大学

当前985高校属于一区大学，这些学校普遍处于中心城市，办学历史悠久，学科齐全，科研水平处于全国前列。这些学校的基本使命集中于科研和研究生教育，目标是世界一流大学。综合研究型大学普遍发展了复杂的学术组织结构，如北京大学有190多个研究中心。学术人员在其学科领域内占有显著位置（大部分教师毕业于国内外著名大学），教师持有博士学位的比例很高。根据2009年数据，北京师范大学拥有博士学位的专任教师比例为79.31%。科研经费相对充足。如2008年，教育部直属高校专任教师人均科研经费为26.69万元/人，比2007年（22.93万元/人）增长了16.40%。人均科研经费在60万元以上的大学有2所，其中清华大学人均科研经费为90.23万元/人。高层学术人员在这些学校中具有较高地位，当然获得教授职位和晋升也非常困难。

研究型大学依赖于较多的资源，从国家和地方政府获得了高额拨款。此外，他们还获得了大量的捐赠、资助、企业合作项目以及与其他高校公司的高层次合作。这使得他们的竞争能力处于最高层次，他们雄心勃勃力争成为世界一流大学，关注与国外一流大学相对的竞争优势。这些大学普遍具有悠久的办学历史，形成了厚重的传统和特色文化。

（二）二区大学

二区大学主要是行业类大学，如北京科技大学、中国地质大学、中央财经大学等。这些学校多从部委划转到教育部，经历了从单科院校到多科院校的发展阶段，学科分布相对集中。与综合研究型大学相比，他们的竞争优势相对低些，加之其行业背景，这些学校比较强调行业特色。例如，自2003年划转教育部以来，华北电力大学进一步明确了发展目标和战略定位，确立了"遵循教育规律，适应社会需求，突出办学特色，深化教育改革，实现跨越式发展，用10~15年的时间，把学校初步建设成为一所具有鲜明特色的多科性、研究型、国际化高水平大学"的战略目标。学校主动适应国家战略需求，构建了"以传统优势学科为基础，以新兴能源学科为重点，以文理学科为支撑"的"大电力"学科专业体系。

（三）三区大学

三区大学主要是省属大学，包括综合性的、多科和单科大学。这部分高校的办学资源主要来自省级政府拨款，承担了高等教育大众化的重要任务。许多省属大学办学资源不足，扩建新校区负债较多。高校扩招后国家财政投入没有及时跟上，地方院校特别是经济欠发达地区的地方院校的财政投入增加不够，是造成高校大量贷款的根本原因。以哈尔滨师范大学为例，这所高校从2000

年开始累计从 7 家银行贷款 12.1 亿元，近两年通过"以贷还贷"偿还 5.2 亿元，到 2006 年年底贷款余额尚有 6.9 亿元（贷款主要用于学校的整体搬迁）。❶ 三区的综合大学数量最多，不得不为资源而奋斗。这类高校获得市场的机会在增加，科研水平也在逐渐上升，但是这个位置的大学定位最难。在美国，州立综合大学也面临相似的处境。因此，凯勒等学者强烈认为这类院校应进行战略规划。这些学校在文理教育方面比较擅长，但在工科、医学方面鲜有成就。许多这一位置的大学处于矛盾之中，努力追求科研和研究生教育，但资源的瓶颈限制又决定其不可能达到一区高校的水平。因为这样的处境，这一区位的大学制定特色办学战略是尤为重要的。

（四）四区大学

四区大学主要是地方学院和职业技术学院。截至 2007 年，全国新建的地方本科学院已达 172 所，占我国本科高校的 24%，从根本上促进了高等教育的结构调整。总体来看，新建本科学院基本上都是在地方师专的基础上，合并教育学院等当地高校升格建立的。作为我国新兴的应用型本科高校，地方本科学院在其办学定位、培养目标、发展方向和特色构成等方面，与传统的本科院校相比，有着明显的区别。这一类型的高校科研实力较差，科研平台缺乏，比较注重对教学的投入和探索。很多学院分布在欠发达的地级城市，导致其资源获取能力有限，主要依靠学费来支撑运转。近些年，新建的本科院校已经走出了盲目攀比、复制重点本科的误区，逐步对建设应用型本科产生认同，并开始在创新人才培养模式、提高产学研合作水平方面开展了深入的探索和实践。上海电机学院以"技术立校、应用为本"为办学方略，开辟了人才培养模式实验区、鼓励学生加入教师科研团队开展科创活动、搭建多个产学研平台，构建一支特色型"双结构"师资队伍，在建设特色鲜明的技术本科院校的道路上做出了富有成效的探索。

四、特色战略选择类型

以上的战略定位模型描述了高校在办学历史、类型和所在区域（城市）

---

❶ 黑龙江部分省属高校陷入了"以贷还贷"困境 [N]. 经济参考报，2007-03-29.

因素作用下的战略位置,并分析了各个战略位置高校的结构和资源状况。这个模型可以帮助大学领导者和战略规划者根据某个模式所适合的位置,更好地界定院校在市场中的竞争地位。这个位置就是波特所说的战略分组。建立独特的市场战略对院校而言意义重大,波特曾指出,组织只能通过选择特定的战略在市场机会中赢得竞争优势,即相对其他竞争者的独特地位的能力。即便是处于领先地位的一区综合研究型大学也无法在所有领域都取得特色优势。

（一）波特战略模型

20 世纪 80 年代,波特在其《竞争战略》《竞争优势》和《国家竞争优势》中对使组织获得竞争优势的战略加以研究,将其归为 3 类,即成本领先战略、差异化战略和集中化战略；统称为一般性战略（Generic Strategies）,也称为通用战略❶。其中,集中化战略又可进一步细分为集中低成本战略和集中差异化战略。运用这一模型,管理者要评价两方面因素:①竞争优势；②竞争范围。从优势方面看,管理者要确定是以更低的成本竞争,还是以提供特别的或独特的产品和服务并由此收取更高的价格来竞争。同时,管理者要确定组织是在较宽广的还是较狭窄的市场中竞争,前者是指在多个顾客细分市场中进行竞争,后者是指在一个选定的顾客细分市场或者一组细分市场中进行竞争。这两方面因素的选择决定了战略的选择,如图 5-2 所示。

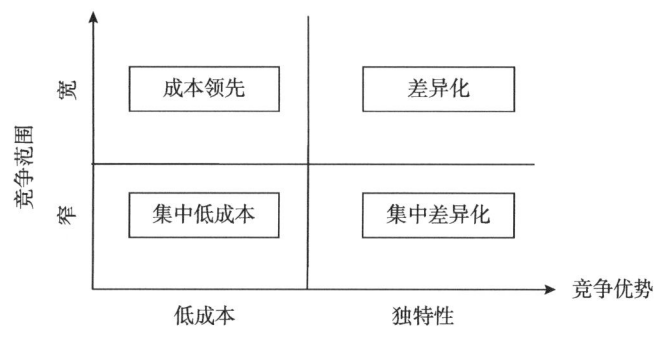

图 5-2 波特的竞争战略模型

---

❶ MICHAEL E PORTER. Competitive strategy: Techniques for analyzing industries and competitors [M]. New York: Free Press, 1980.

差异化战略（Differentiation/Differentiation Strategy）被认为是将公司提供的产品或服务差异化，形成一些在全产业范围中具有独特性的东西。针对高校组织而言，差异化战略是高校使其学科专业及服务面向区别于其他高校。集中化战略是指主攻某一特殊的客户群，或某一产品线的细分区段、某一地区市场。与成本领先战略和差异化战略不同的是，它具有为某一特殊目标客户服务的特点，组织的方针、政策、职能的制定都首先要考虑到这样一个特点。对高校组织而言，集中化战略指的是高校针对行业进行战略布局和组织设计，围绕行业形成学科集群。本书对成本领先战略概念进行了改造，改为市场化战略，以适用于高等教育机构战略研究。市场化战略指的是高校紧贴市场采取的应用型战略，主要适用于地方学院和职业技术学院。

（二）高校特色战略选择类型

目前我国多数关注大学办学特色形成的大学领导及学者，大多将大学办学特色作为在竞争中求生存空间的手段和工具。不但中国如此，国外一些学者或大学关于办学特色形成问题的研究，也有很多是作为生存战略提出的。如韩国近年关于这一问题的提出就多集中在该国的二三流大学。我国学者也有人明确认为："特色是学校继续生存的前提，没有特色的学校常常处于'破产'的危险之中。"所有这些显然是把大学办学特色的形成作为工具理性和生存战略对待的。根据上文对特色办学战略的分类，表5-1对差异化战略、集中化战略和市场化战略做了定义，并分析战略操作方式、服务面向和适用学校。

表5-1 高校特色办学战略选择模式

特色战略选择	元定义	高校组织	操作方式	服务面向	适用学校
差异化战略	组织使其产品或服务与同行业中其他组织的产品相区别	高校使其学科专业及服务面向区别于其他高校	1. 学科分布人无我有；2. 学科发展重点领域不同；3. 错位发展；4. 文化差异	国家需求；区域需求；行业需求	差异化战略适用于需求多样的市场，对于多数大学需要考虑的是如何通过差异化获取竞争优势。主要以省属综合大学为主

续表

特色战略选择	元定义	高校组织	操作方式	服务面向	适用学校
集中化战略	组织将目标集中在一个特定的区域市场或购买群体	高校将组织目标集中在区域行业	1. 科类特色； 2. 其他学科专业围绕科类； 3. 行业取向	行业需求为主	集中差异化战略适用于特定的细分市场，如一些专业性很强或特定区域的邮电大学、医学院、师范大学、农学院等可以采用
市场化战略	组织采用针对市场需求的应用技术取向	高校基于市场需求设计应用型教育	1. 产学结合； 2. 技术取向； 3. 应用为主	面向区域内企业需求	市场化战略适用于应用专业取向的高校，学科力量薄弱的地方学院、职业技术学院

第二节 差异化特色战略选择的依据与实践

综合型大学学科齐全，比较容易趋同，因此如何在保持学科齐全基础上实现特色发展是这类型大学必须面对的课题。差异化特色战略是以重点突破带动整体发展，以特色创一流，将学校的比较优势转化为竞争优势，以差异化特色战略推动综合化战略的实现。此外，综合化战略是高等教育发展的本质要求，是实现高水平大学发展的必由之路。综合化的实质并不是简单地追求学科齐全，而是学科综合化和交叉融合。

一、大学差异化战略定位的依据

（一）学科齐全优势

采取差异化特色战略的高校往往是综合型大学，这类型的大学学科齐全，有实现学科交叉融合的便利条件。综合化实际上是大学发展型战略，而特色化则是竞争性战略。前者有利于为学校争取更多的资源投入（尤其是在按照规模进行投入的财政政策下），有利于扩大办学规模，扩大办学领域。而差异化战略则是以重点突破带动整体发展，以特色创一流，变学校的比较优势为竞争优势，以差异化特色战略推动综合化战略的实现。此外，综合化战略是高等教育发展的本质要求，是实现高水平大学发展的必由之路。综合化的核心是学科综合化和交叉融合。北京师范大学钟秉林教授认为："大学的综合化趋势是由经济全球化、科技发展、学科综合化这种大趋势决定的。只有加强综合化，学校的科研水平才能提升。综合化的培养氛围对于学生有潜移默化的重要影响，学生的创造能力只有在逻辑思维和形象思维能力的完美结合中才能得到提升。"

（二）学科发展与服务面向结合

综合大学在实施差异化特色战略时，应把学科发展与社会服务面向两者结合起来。如果综合性大学仅是学科齐全，但是学科无特色、平庸化，是无法满足服务国家、地方和行业的需求的。差异化特色战略能很好地解决学校仅追求齐全而不是每个学科差异发展、重点突出的问题。以东华大学为例，该校综合实力比不上国内一流的综合性大学，但是该校纺织学科群的实力在全国乃至世界都享有良好的声誉，具备了全面冲击世界一流水平的基础和实力，为国内纺织行业发展做出了突出贡献。学校对优势学科的有力托举，使一批标志性成果喷薄而出，如"无毒轻质内层防护材料""仪表特种玻璃""宇航员排泄物收集装置"等科研成果，为研制"神舟五号""神舟六号"做出了重要贡献。东华大学在此领域的优势和对国家及社会发展的作用也是国内其他大学在短期内难以替代的，这就是学校存在的社会价值。

二、大学差异化战略定位的实践

（一）注重特色优势学科培育

美国学者伯顿·克拉克指出："无论哪里，高等教育的工作都按学科和院校组成两个基本的纵横交叉的模式。"从某种意义上说，高校的核心竞争力集中体现在其学科建设水平上，高等学校的办学特色最终体现在学校的学科特色。

1988年，在当地政府推动下，原威尔士大学卡迪夫学院同威尔士科技大学合并，形成了新的卡迪夫大学。卡迪夫大学在合并方案中，把选择重点学科予以突破作为重中之重，以期尽快建成几个世界一流学科。经分析，该校认为生物医学、心理学、城市和区域规划学3个学科有望率先取得突破，因而加强了这3门学科的建设。截至2002年，该校已有7个专业被列为英国最高等级（5星级）学科，学校排名从全英第16名跃升到第7名，进入世界前100强，跻身世界一流大学行列。美国加州大学圣巴巴拉分校曾经在1998—2000年连续获得3个诺贝尔奖，如今这所学校在美国已经是公认的一流大学了。但是20多年前，它在加州大学的9个分校中也是二流的。成功的关键在于该校化学系选择了当时比较冷门，但是有自己特色的研究方向进行研究，避开了当时麻省理工学院、斯坦福大学等都在研究的热门方向，终于获得了成功。如今，这所学校已经成为美国化学和物理学界学者都很希望能够去访问的地方。

"985工程"一期建设期间，南京大学根据现代学科发展趋势与本校学科发展特点，在国际科技前沿领域着力选择分子医学等少数几个突破口，在全国高校率先建立学科特区。学科特区突破国内高校现有的学科组织结构模式，遵循国际惯例，采用全新的所长全面负责制，在用人、分配等方面有充分的自主权。1999年至今，南京大学已成功建立分子医学研究所、地球系统科学研究所、理论与计算化学研究所、现代数学研究所、模式动物研究所5个学科特区。它们与校内的相关国家重点学科、国家重点实验室互为呼应、互为支撑，激活了追赶世界先进水平的学科力量。南京大学分子医学研究所与苏州等多家制药企业合作，承担了7个一类新药、3个二类新药的研发工作。在该所专家的参与和指导下，大型中试基地在苏州兰鼎生物制药公司建成，并在苏州新加坡工业园区建立了投资8 000万元、面积1万平方米的大型基因工程新药研制中心，为江苏新药产业提供了强大的技术支撑。南京大学模式动物研究所成立以来，主持了许多国家级重大项目，如科技部"十五"攻关第一个重点项目"国家遗传工程小鼠资源"，国家"863"项目、"973"项目及多项国家自然科学基金。其中，"国家遗传工程小鼠资源库"于2005年顺利通过国家科技部的验收，已成为目前国内最大的遗传小鼠资源中心，也是国内开展基因剔除小鼠研究的重要基地。

(二) 注重与竞争对象错位发展

普林斯顿大学办学历史晚于哈佛大学,但是普林斯顿大学在许多领域可以与哈佛大学一争高下。该校至今没有自己的医学院,且商学院及法学院规模也相对较小,但能与哈佛、耶鲁等大校齐名,自有其独到之处。该校以数学和物理作为基础学科,在这两个领域保持优势,并且将该优势渗透到生态学和生物学领域。在院系设置上,工程学院的规模比麻省理工学院和斯坦福大学的同类学院小很多。伯克立加州大学作为一所公立大学,其发展受到斯坦福大学强有力的影响。该校也选择了与斯坦福大学不同的发展重点。伯克利加州大学一度集中力量重点发展生物原子工程,要求学校所有的院系都要尽量和生物原子工程挂钩,从各个角度、各个层面服务和配合生物原子工程的研究,以形成自己的特色。经过几年的不懈努力,该校终于研制成功"劳伦斯加速器",并因此一下子拿了17个诺贝尔奖。伯克利加州大学的生物原子工程学科成了世界第一,伯克利加州大学因此举世闻名。和伯克利加州大学的崛起有异曲同工之妙,斯坦福大学打破原来所有学科均衡发展的传统做法,战略性地提出"学术顶尖计划"的构想,重点发展化学、物理和电子工程等应用性学科。经过重点建设,斯坦福大学电子工程学科和"硅谷"一并成为著名大学学科建设的样板。

(三) 在服务国家战略需求中确定学科重点

长期以来,浙江师范大学十分重视国际交流与合作,进入"十二五"时期,学校首次提出"区域性与国际化协调发展"战略,将其列为学校"十二五"规划"四大核心战略"之首,并专门制定了国际教育交流专项规划,提出了未来5～10年教育国际交流工作的发展方向和奋斗目标。"十二五"规划中强调:加强非洲特色学科群建设,积极服务国家外交战略、浙江经济社会建设和学校自身发展。依托非洲研究院、中非商学院及教育部教育援外基地、商务部国际教育研修基地,加强涉非专业建设,加快涉非人才培养。系统开展全方位、多领域、跨学科非洲研究,成就一批有影响力的研究成果。创办"中非智库论坛",搭建中非高层对话平台。建设全国一流、国际知名的对非外交智库、国家级创新团队和教育部人文社会科学重点研究基地。教育对非工作是近年来浙江师范大学国际交流与合作的发展重点和特色领域。浙江师范大学本着"积极服务国家外交战略、地方经济建设和学校学科发展"的宗旨，大力扶持应用性学科和新兴学科，着力打造教育对非工作品牌。通过实践努力，学校已经搭建了一论坛（中非智库论坛）、两院（非洲研究院、中非国际商学院）、两馆（非洲博物馆、非洲翻译馆）、两基地（教育部援外基地、商务部中国基础教育援外研修基地）的教育对非大平台，形成了人力资源开发、非洲区域研究、汉语国际推广、校际合作交流四方互动的教育对非大格局，成为国内非洲领域的重要研究和咨询基地，获得了中央领导同志的关注和肯定。

从2002年开始，该校在中非合作论坛的框架下，在教育部国际司和商务部援外司的具体指导下，积极承担教育部和商务部的人力资源开发项目，邀请非洲各国高级教育官员和大学校长到国内研修。迄今为止，学校已举办了28期非洲高级教育官员研修班，有48个非洲国家的600余名大、中学校长和高级教育官员参加了研修。2004年，该校成为教育部4个教育援外基地之一。2006年，该校承办国家教育部"首届中非大学校长论坛"，来自14个非洲国家的30名非洲大学校长、高级教育行政官员以及国内几十所高校的校长、学者和部分教育行政官员参加了论坛。此外，学校还于2009年5月承办了教育部第七次对发展中国家教育援助工作会议。

在积极开展汉语国际推广、人力资源开发的同时，学校审时度势，抢抓机遇，迅速启动非洲研究与学科建设工作。2003年，该校成立了国内首家专门研究非洲教育及发展的学术机构——非洲教育研究中心，由时任校长徐辉教授兼任主任。随后，中心承担了国家教育部、国家留学基金委支持的《非洲高等教育国别研究工程》项目，派遣14人分赴非洲7个国家进行实地调研。几年来，学校还承担了多项国家汉办对非汉语推广研究课题，并向教育部提交了多个有关中非教育合作的政策咨询报告。2007年9月1日，经多方论证、精心筹划，该校与中国教育国际交流协会联合共建，成立了国内首家综合性的非洲研究院——浙江师范大学非洲研究院，由时任校长梅新林教授兼任院长，刘鸿武教授任执行院长，顾建新教授任副院长。期间，学校同时主办了"面向21世纪的中非合作：战略与途径"国际学术会议。非洲研究院的成立，标志着该校的对非工作进入了一个汉语国际推广、人力资源开发与非洲学术研究三位一体，重点向非洲学科建设迈进的崭新历史阶段。该院承担了一大批国家重大重点课题,向各级政府提交 20 多份咨询报告,受到时任国务院总理温家宝、时任国家副主席习近平、时任外交部部长杨洁篪的亲自批示和嘉奖。组织编纂的八大系列 120 卷《浙江师范大学非洲研究文库》是新中国成立以来规模最大的非洲研究文献集成,受到外交部高度重视。该院多次组织带领中国学者代表团,配合国家外交到非洲主办大型高端学术会议;带领学术团队在各方支持下创建的"中非智库论坛"作为中非合作论坛的配套机制之一,目前已经成为联结中国与非洲思想知识界的国际知名学术品牌,产生了广泛影响;创办了院学术杂志《非洲研究》,主编教育部哲学社会科学发展年度报告《非洲地区发展报告》;开通了外交部中非联合研究交流计划"非洲研究专题数据库";建成了国内首个非洲博物馆,并成为教育部区域与国别重点研究基地非洲研究中心、2011 协同创新中心。2011 年,学校组建了中非商学院,由中国非洲事务大使刘贵今任院长。

表 5-2 浙江师范大学对非教育培训

序号	年份	主办单位	项目名称	人数
1	2011	商务部	援非洲法语国家小学、中学教师研修班(第一期)	13
2	2011	商务部	援非洲法语国家小学、中学校长研修班	25
3	2011	商务部	援非洲法语国家小学、中学教师研修班(第二期)	34
4	2011	商务部	援非洲英语国家小学、中学校长研修班	33
5	2011	商务部	非洲法语国家大学教师研修班	19
6	2011	商务部	非洲法语国家高等教育管理研修班	18
7	2011	商务部	非洲法语国家大学校长研修班	21
8	2011	商务部	非洲英语国家智库研讨班	24
9	2011	商务部	非洲东共体国家经贸合作研讨班	11
10	2012	商务部	援非洲英语国家小学、中学校长研修班	32
11	2012	商务部	非洲法语国家学前教育管理研修班	13
12	2012	商务部	非洲法语国家小学、中学教师研修班	22
13	2012	商务部	东南亚国家学前教育管理研修班	11
14	2012	商务部	援非洲法语国家小学、中学校长研修班	24
15	2012	商务部	非洲英语国家学前教育管理研修班	14

续表

序号	年份	主办单位	项目名称	人数
16	2012	商务部	非洲法语国家高等教育管理研修班	20
17	2012	商务部	非洲英语国家智库研讨班	26
18	2012	中联部、全国妇联	第三届非洲政党与妇女组织干部研修班	19
19	2012	商务部	非洲法语国家大学校长研修班	23
20	2012	商务部	非洲英语国家高等教育管理研修班	18
21	2012	商务部	非洲法语国家智库研修班	29
22	2012	商务部	布隆迪中学教师研修班	20
23	2012	商务部	非洲英语国家大学校长研修班	26
24	2012	教育部	非洲法语国家高等教育研修班	19
25	2012	商务部	伊拉克教育政策规划与实施研修班	19

资料来源：浙江师范大学教育援外基地材料，2013.

（四）在服务地方需求中确立特色优势方向

艾奥瓦州立大学是一所久负盛名的赠地大学。该校一直立足于赠地大学的定位，通过科学、工程和农业等方面的优势学科支撑其为地方服务的特色化战略。该校先后制定了《1995—2000 年战略规划》和《2005—2010 年战略规划》，强调了为本州服务的使命（见表 5-3）。该使命的落实要通过特色优势学科来实现，这是大学特色战略执行的根本路径。由于计算机信息技术是学校的办学强项，因此在《1995—2000 年战略规划》中，学校明确提出整合其拥有的计算机信息技术优势，建立全球信息技术的领导地位。在《2005—2010 年战略规划》中，则继续提出充分利用计算机信息技术优势对艾奥瓦州经济和世界经济产生影响。此外，学科的发展需要本科生和研究生教育的辅助，否则学科将失去基础。在《1995—2000 年战略规划》中，本科生教育和研究生教育是两个单独的规划子目标，规划提出在强化本科生教育的基础上，进一步强化研究生教育和职业教育，要求大学继续保持在卡内基分类中I类研究型大学的地位；保持在基础研究、应用研究和对新技术的转移研究项目上的竞争优势；强化农业、兽医学、工程、技术、经济发展等方面的研究；突出强化科学、工程博士项目以及以服务公众为目的、艾奥瓦州人民需要的硕士教育项目。

表5-3 艾奥瓦州立大学两次战略规划具体目标

1995—2000年战略规划	2005—2010年战略规划
强化本科教学和服务项目	加强本科生、研究生和专业教育，以强化学生在大学期间及离校后取得成功的可能性
强调研究生教育、职业教育和研究项目	增加优秀的研究生、专业教育和研究项目的数量（尤其在增强大学实力和满足地方和全球迫切需求的领域）
强化超越和扩张的努力	将发明转为可以利用的技术、产品和服务，增强服务州经济和世界经济的能力
维持和增强智力环境，为所有学生和教职工提供强有力支持系统的大学社区	增强在该州生活、学习、工作和娱乐的吸引力
在整合信息技术和有效的计算机服务方面建立全球信息技术领导地位	充分利用计算机技术优势对州经济和世界经济产生一定影响
强调经济发展动力，增强人力资源和生活质量	确保该校是更有利于学生和工作的场所

资料来源：The Strategic Plan for 1995-2000 [EB/OL]. http://www.president.iastate.edu/plan/2000/plan.html.

南犹他大学的规划目标体现了追求社区和社会责任的核心价值。该校《2005—2010年发展规划》提出：社区、地区和股东是其伙伴。南犹他大学将和社区、地区以及股东紧密联系在一起，充分利用各种方式结为亲密的合作伙伴，最大限度保障社区、地区和股东的利益；同时，凸显大学的社会服务功能，不断强化自身作为地区综合性大学在为地区经济、教育、文化和社会服务中的角色地位（见表5-4）。为实现这一特色战略目标，该校以高水平的本科教育为实现途径。该校教学环境优越，采用小班化教学模式为学校赢得了声誉，强调"通过多样化的、动态的和个性化的学习承诺提供更高质量的教育，鼓励学生学会敏锐思考、有效沟通和持续学习"。

表 5-4　南犹他大学《2005—2010 年发展规划》

规划总目标	规划子目标
学术优异	1. 招聘更有能力的高水平教师和学者； 2. 促进学术优越和社区中每个个体的成长； 3. 发展和塑造学生的智力，使他们为社会做贡献
学生中心	招收更高质量的学生，以增强学生保持率和毕业后的成功率
资源支持使命和价值的完成	1. 继续配备效率高、水平高的高级管理人员； 2. 保证足够资金甚至更强大的资金支持； 3. 保证图书资源的提供和使用； 4. 获得和使用信息技术
社区、地区和股东是其伙伴	1. 增强私立资金支持力度； 2. 强化为地区经济、教育、文化和社会提供资源的角色地位； 3. 适应股东需求不断扩充学校设备； 4. 利用各种方式强化校友支持力度； 5. 保持环境可持续发展
适应不断变化的未来	持续鼓励和支持地区改革创新，以适应雇主和学生、社区和地区不断变化的需求
道德标准指导大学的行为	承诺尊重所有的个体，强调诚实，尊重专业，保障公正

资料来源：Strategic Plan 2005-2010 ［EB/OL］. http：//www.suu.edu/general/ir.

第三节　集中化特色战略选择的依据与实践

行业类高校学科不如综合大学齐全，而是将学科集中在与行业有关的领域。这是这类型高校的传统特色优势。这类型的高校在增加新的学科专业时不能追求大而全，而是围绕传统特色学科打造优势。

一、大学集中化战略定位的依据

（一）服务对象的行业差异

最有条件和能力采取集中化特色战略的高校是行业类大学。行业特色高校指以行业为依托、围绕行业需求、针对行业特点，为特定行业培养高素质专门人才的大学或学院。在管理体制改革以前，行业特色高校大都在原服务的行业领域具有突出的优势，拥有一批重点和前沿学科，引领相关学科的方向，体现出鲜明的行业特色。在长期为行业部门培养人才和科学技术研究的过程中，行业特色高校面向国民经济发展的需要，根据行业特点设置应用性学科专业，形成了与该行业有关的、较为集中的特色学科体系。这些学科在很大程度上决定着行业特色高校的核心竞争力。如电子科技大学以电子、信息学科为特色，西南交通大学以轨道交通为特色，西南财经大学以经济、金融为特色，成都理工大学以地质、石油、地质灾害与环境保护为特色，成都信息工程学院（原成都气象学院）以气象为特色。经过多年的建设、发展和积淀，行业特色高校的这些传统学科都确立了在国内高校相应学科专业中的优势地位，并形成了所在高校的特色和优势。因此，特色优势学科的建设是行业特色高校形成自身特色的核心要素。

（二）行业院校自身的优势

行业院校特色学科优势明显，学科集群建设先行，基础平台扎实完备。而综合大学多在文理学科见长，专业学院竞争力相对不如行业大学。高水平行业特色高校大都拥有深厚的行业背景，学科设置多是围绕行业展开，在长期服务行业需求的过程中与行业建立起紧密的联系。特色优势学科是高水平行业特色高校核心竞争力的重要体现。如北京林业大学的林学、风景园林学，北京科技大学的材料、冶金学科，中国农业大学的作物学、农业工程学，中国石油大学的石油与天然气工程专业等，都在国内乃至国际范围内占据领先地位。

行业高校在发展过程中逐步形成的优势学科集群，也是高水平行业特色高校的优势之一。例如，北京林业大学率先成立了国内唯一的自然保护区学院，建立了环境科学与工程学院。学校以国家和行业的高水平项目为牵引，促进林学、生物学、风景园林学、水土保持学、环境科学等学科的深度融合，逐步形成优势学科集群。此外，高水平行业特色高校大多属于国家"211工程""优势学科创新平台"建设范畴，基础平台扎实完备。例如，北京林业大学有国家花卉工程技术研究中心、林木育种国家工程实验室、国家野外科学观测研究站、国家能源非粮生物质原料研发中心、国家生态系统定位观测站5个国家级的科技平台；有以北京市实验室、教育部和国家林业局重点实验室为主的数十个省部级科技平台。完备的体制机制和资源高度共享的体系为学校的协同创新提供了重要保障。

二、大学集中化战略定位的实践

（一）面向行业的学科平台建设

根据国家构建创新体系的要求，行业特色直属高校面向科技发展前沿和国家战略需求，凝练创新平台建设的目标。面向行业和产业发展需求，凝练学科发展方向和研究开发方向，围绕产业链的基础研究和技术攻关目标，开展重大技术、关键技术和集成技术研究。重点建设以基础性科学研究和战略高技术研究为目标的创新研发平台，以行业共性技术、产品开发和技术转移为目标的技术创新与成果转化平台，以公共服务和科技资源共享为目标的公共服务平台。行业直属高校充分发挥先导性作用，形成以企业为主体，市场为导向，产学研紧密结合的适应市场竞争和科技发展需要的，有利于基础研究、应用研究、成果转化和工程化的行业技术创新一条龙机制。在"一条龙"的上游依托高等学校建立产学研有机结合的"行业共性（关键）技术研究开发基地""行业共性（关键）技术开发与转移中心"或"行业关键技术及发展战略研究中心"，提出并解决本行业共性技术、战略高技术及前瞻性关键技术问题。例如，东华大学的特色学科纺织科学与工程为国家的经济建设和国防建设做出了重要的贡献。学校继承和发扬行业部门办学时形成的产学研结合的优良传统，产生了一批"顶天"和"立地"的标志性科研成果，如无毒轻质内层防护材料、舱外航天服防护外层材料、暖体假人、宇航员尿收集装置等为"神五""神六"和"神七"的成功发射做出了贡献。学校连续3年获得了"中国高校十大科技进展"的殊荣。

依据《教育部、财政部关于试点建设"优势学科创新平台项目"的意见》（教重[2006]1号）和《教育部、财政部关于同意"优势学科创新平台"项目建设方案的通知》（教重函[2008]2号），教育部和财政部自2006年开始试点建设"优势学科创新平台项目"，部分直属高校被批复进行"优势学科创新平台"项目建设（见表5-5）。

表 5-5 优势学科创新平台

学校	优势学科创新平台
中国矿业大学	煤炭资源安全开采与洁净利用
中国地质大学	地球系统过程与矿产资源
中国石油大学	油气资源勘探开发与转化
上海财经大学	经济学
中央财经大学	经济学与公共政策
华东理工大学	煤的清洁高效利用与石油化工关键技术
北京化工大学	绿色化工与材料
北京林业大学	应对全球变化的森林生态系统恢复重建与可持续经营
西南交通大学	轨道交通运输工程
北京交通大学	轨道交通安全科学与技术
河海大学	全球水循环与国家水安全

（二）特色学科群建设

北京邮电大学的学科建设大体分为三大模块：①进一步强化以通信与信息技术、计算机网络技术、空间技术等优势学科为核心的学科群，打造高水平科技创新平台，在汇聚优势团队实施大兵团科技攻关方面成为取得最先突破的学科领域。②建设以优势学科群为基础，围绕优势学科发展的相邻学科群，包括办好具有 IT 背景的特色人文学科；发展具有战略意义、对国民经济发展有重大影响的、依托学校优势学科的边缘学科、新兴学科和交叉学科。③巩固和提高管理学科的水平，进一步确立信息管理与信息经济学在国内领先的地位；加强基础学科建设，注重理工融合，提高原始创新和自主创新能力。优化学科结构和布局，营造健康的学科生态环境，为完善研究型大学奠定扎实的学科基础，营造基础扎实、知识面宽、能力强、素质高的具有创新精神和实践能力的高级人才所需要的学科环境，在学科建设上力求实现"异峰突起、群峰竞秀"的新格局。

（三）促进学科交叉

中国海洋大学大力扶持交叉学科，培育新的学科优势。考虑到学校的海洋特色和已有的基础，结合社会经济发展的需要和科技发展的现状，海洋大学大力扶持交叉学科，形成了海洋资源与权益综合管理、海洋信息探测与处理、海洋地球化学、海洋地球物理学、环境规划与管理等一批新兴学科；在人文社会科学学科方面，海洋经济、海洋管理、海洋文化、海洋法学等交叉学科已成为学校新的优势，在国内学术界产生了一定影响，也使学校学科特色更加突出。

（四）建设学科特区

中国海洋大学开辟"学科特区"，扶持学校紧缺的重要学科。对于某些代表海洋学科未来重要发展方向、但目前学校还没有的学科，海洋大学开辟了"学科特区"。学校先建设研究机构，通过大力引进人才，使学科快速成长，在时机成熟时再发展本科专业。为建设"学科特区"，学校在条件允许的范围内实行特殊优惠政策，如新建实验室，优先安排科研启动经费，创造良好的科研和生活条件，尽量协助解决家属安置及子女入学等。材料学科就是"学科特区"政策的成果。2008年以来，该学科已有20多位来自国内外的博士加盟，一批在研项目都处于学科前沿。

凝练学科方向、强化学科特色的举措使直属高校学科结构更加优化，定位更加准确，重点更加突出，特色更加鲜明。整体而言，行业院校构筑起了由国家级重点学科及特色优势学科、比较优势学科、新兴交叉学科、哲学社会学科及基础支撑学科5个层面组成的、特色显著的"生态群落"型学科体系。

第四节　市场化特色战略选择的依据与实践

市场化战略适用于应用型取向的高校，尤其是学科力量薄弱的地方学院和职业技术学院。这类型的高校要依据目标市场设置学科专业，充分了解自身资源状况，面向区域社会发展需求建设应用型专业，并且注重服务所在区域企业的需求。

一、大学市场化战略定位的依据

（一）目标市场差异

高等教育大众化之后，院校市场化竞争环境逐步形成，大学之间对生源、办学资源的争夺与日俱增。同时我们也看到，没有一所大学可以做到满足所有的高等教育市场需求。在这样的背景之下，大学更应明智地选择通过加强自身的差异化优势来获取某些细分的高等教育市场，确立院校自身的目标市场。目标市场确立的前提是进行市场细分，通过市场细分掌握市场需求容量和种类，寻找符合本校当前和未来教育服务供给的特定目标市场，并准确分析其教育种类、规模、层次以及将来可能发生的变化，以便准确把握对高等教育市场所能提供的教育服务的供给规模和结构及二者的变化，强化在细分市场中的竞争力。院校可以在思考国家需求、地方需求和行业需求过程中，确立区别于其他高校的发展特色重点。

（二）自身资源实力差异

在市场细分的基础上，大学必须清楚地了解自身的优势和劣势，客观地评价自己的资源基础与能力，准确把握自身实力和竞争对手的状况与策略以及整个市场竞争状态。大学从政府、学术界和市场3个方面来获取教育资源。地方院校资源基本上来自地方投入，由于地方政府资金投入有限，从而导致地方院校在高等教育资源的分配和竞争中处于弱势地位，办学资源严重不足。特色办学战略实施需要投入大量的教育资源，而地方本科院校由于办学资源匮乏，给学校的特色发展带来一系列困难。特别是新建本科院校建校初期的巨大基建工程使其负债运行，为获取更多的办学经费，它们只得选择扩张规模的发展方式，通过大量开办低成本专业的方式来缓解办学经费紧张的压力。与此同时，为压缩教学成本，它们只得减少实践教学项目或设备数，稀释实践教学；结果学生的实践能力得不到真正培养，应用型人才培养流于形式，造成毕业生的结构性失业，进而办学声誉受损，陷入一种不良发展状态。而另一些新建本科院校则模仿重点大学的发展模式，走"高大全"路线，争办硕士点，向综合型、研究型方向发展，试图提高自己在高校系统中的地位，并最终摆脱在办学资源竞争中的弱势地位。但这一发展模式同样陷入违背高等教育发展规律、办学定位不准、办学模式趋同、特色缺失的发展误区。由于政府对教育资源的垄断，市场资源配置机制的缺失，新建本科院校看似理性的个体行为最终引发整个高等教育系统的非理性发展。❶ 所以，处于这一战略地位的院校由于资源限制，

---

❶ 陈想平，黄斌. 新建本科院校特色发展及路径［J］. 教育发展研究，2012（19）：31.

不宜走其他战略地位高校的办学战略，要通过发展应用型、与企业合作的思路实现特色发展。

二、大学市场化战略定位的实践

（一）应用型专业建设面向地方区域经济发展

绍兴文理学院在"十二五"规划中再次强调了服务地方的特色战略。绍兴有富有特色的酒缸、墨缸、染缸文化。该校成功申报了酿酒工程、书法学、建筑学等具有鲜明地方特色的新专业，与地方经济密切相关的应用型专业数占85%以上，实施了新的应用型人才培养方案。在制定学院发展规划的过程中，兰亭书法艺术学院就把自身学科专业建设和地方发展紧密起来，根据自身专业特色积极服务地方发展。学院以绍兴市"中国兰亭"旅游区开发为契机，充分发挥高校的教学、科研资源，主动融入、积极配合，和市政协调研组、市旅游委员会等多次沟通，听取意见。生命科学学院约请黄酒集团等8家黄酒企业，召开了第一届黄酒专业人才培养方案研讨会，就专业设置培养方向进行论证。纺织服装学院组织相关教师深入用人单位调研，了解就业前景与社会需求，完善人才培养方案。同时，该校多次召开会议，听取并吸收多方意见，对规划方案进行调整与修改。

（二）服务于企业的需求

中彼得蒙特社区学院（Central Piedmont Community College，CPCC）是北卡罗来纳州最大的综合性社区学院，一直致力于为当地经济和社会发展培养合格的劳动力，服务于那些想要增强工作技巧、寻找新的职业、返回校园寻求文凭证书及相应学历的公众。要实现这样的使命，就必须走与其他州立大学不同的发展模式。该校确立了"服务于行业的特色战略"，并通过基于校企合作的职业技术教育来实现战略目标。该校重视同校外工业、商业及其他机构的合作及结盟，拓宽学校职业教育培训领域，重视同其他社区学院和各类工商业企业合作伙伴关系的建立，明确同校外力量合作的重要性。规划还鼓励校内各部门更积极地参与到市场、招聘、课程发展及设计、资源配置等一系列项目之中，不断开拓新的职业培训领域。

学院先后于1995年和2000年制定了两个发展规划：《规划将来：综合教

育规划报告（1995—2005）》和《集中在未来：对综合性发展规划的更新（2000—2005）》。后一个规划是前一个规划的延续，是在贯彻执行前一个规划的基础上，对学院发展目标调整之后提出的新发展目标，即将办学注意力和所有办学资源全力集中在推进学院可持续发展上。学院将办学使命定位于"在教与学方面争做地区一流"，而将愿景阐释为"在劳动力提供和训练方面争做国内社区学院的领头羊"。中彼得蒙特社区学院把办学特色定位在大力强化职业教育以进一步提升卡洛特-加龙省-麦克林伯格地区的就业水平，培养适应地区经济和社会发展的劳动力。中彼得蒙特社区学院将学院办学特色与市场发展最新动态紧密契合在一起，时刻关注市场发展契机，快步抢占市场先机，迅速适应市场需求。因此，中彼得蒙特社区学院培养出的劳动力是与市场发展脉搏紧密相连的。2000—2005年规划指出，学院要加大对信息技术、网络技术、林业、建筑业、制造业、医疗行业、客户服务、高级训练及光纤光学等领域熟练工人的职业培训力度。

  以上几个案例学校都具有鲜明的办学特色，它们分属不同的办学层次，都在自己层次定位中确立特色使命。艾奥瓦州立大学、南犹他州立大学和浙江师范大学等作为公立综合大学，都以服务地方为宗旨，并通过特色优势学科和人才培养等途径实现特色战略。绍兴文理学院和中彼得蒙特社区学院紧密结合市场发展最新需求，把为地区经济和社区发展培养符合市场之需的劳动力作为办学特色。这种办学特色强化了校企合作的重要性，充分借用校外力量，使学校在打造自己核心竞争力的同时，步入可持续发展之路。

第六章 组织设计与特色办学战略

组织设计反映了组织目标和战略实现的途径,是对战略计划的管理和实施。组织的目标和方向是通过与结构形式有关的决策来实现的,对大学组织而言,关键是设计学科组织,此外还包括人力资源政策、组织文化以及其他的组织联系等决策活动。本章重点研究组织结构设计,接下来几章将关注文化、人力资源政策等内容。组织战略本身是在现有的组织结构形式下制定的,因此现有的组织结构会影响战略的实施效果。而组织高层管理者制定战略的目的就是通过战略来引领组织的变革,并从根本上改进组织的绩效。大学组织领导者制定了特色办学战略,并采取措施改变组织设计,以便实现预定的战略目标。

第一节 组织战略与组织设计

高校实施特色办学战略要建立适切的组织结构,并对传统的组织结构进行变革。针对差异化特色战略、集中化特色战略和市场化特色战略3种不同的战略选择,组织设计应遵循不同的原则。

一、战略影响组织设计

高校实施特色发展战略,需要建立有效的组织结构,使组织结构与战略相匹配,并促进组织变革。从组织设计的观点看,传统的高校机构是一个机械型的组织,这种组织结构的特征在于:对环境的适应性差;比较封闭;过分强调明确的、相互孤立的职能和部门分工;组织权力结构是集中的,上下级之间等级森严,管理层级多;缺乏纵向的沟通和协调。高校实施战略管理可解决上述弊端,促进组织变革。因为战略管理强调外部管理,从外在环境的角度看组织问题,强调对环境的适应与改造;战略管理强调打破部门主义的限制,克服

"功能性短视",发展一种全局观,强调整合的管理用途;战略管理强调在战略决策和规划过程中提供广泛参与的权利与机会。

高校实施战略管理将对高校组织变革产生积极反响。它将为全员参与管理及决策提供理论与技术支持,从而使传统制度下教师和学生积极要求参与学校事务管理的愿望由可能变为现实,形成广泛参与学校事务的民主管理模式。它将改善传统的以科层化为特征的大学组织结构和组织模式,大学领导者从过去对科层化干部网络的依赖转变为对管理信息系统的依赖。这将对大学领导者的信息处理能力、预测和规划能力、迅速决策能力以及对复杂环境的适应能力等提出了更高的要求。它将大大改变传统大学科层化的行政权力配置方式,即改变自上而下、逐级授权的模式。[1]

大学根据学校类型、历史和区域位置可采取差异化、市场化和集中化3种不同的特色办学战略。不同战略选择的组织设计原则不同,具体见表6-1。

表6-1 特色战略类型与组织设计原则

特色战略类型	组织设计原则
差异化特色战略	学习导向
	灵活而有弹性的结构,建设各种非传统学科机构
	强化横向部门之间的协调,学科交叉融合
	注重研究、创造性和创新性
集中化特色战略	学科组织与行业紧密对接
	非中心学科围绕特色优势学科方向构建和运行
	学习导向
	结构灵活
市场化特色战略	效率导向
	较强的集权和控制
	注重管理标准化,高校ISO管理体系
	与市场部门类似的组织方式,类公司化运作

对于综合性大学,更适合采取差异化战略。而实施差异化战略从组织设计角度来看,其根本是要变革传统的学术系科结构,构建跨学科组织。大学最基

---

[1] 刘向兵,李立国. 高等学校实施战略管理的特点及效果 [N]. 中国教育报,2006-2-24:A4.

本的单位是学术系科，课程、学位点、教学活动、研究活动、价值观和职业生涯都是在此形成的。传统组织规划实施的基层单位也是学系，依靠学系的发展为大学整体实力提升创造基础条件。学系的细胞毫无疑问是学科，它决定了学者构成以及工作的方式。在伯顿·克拉克看来，学科明显是一种联结化学家与化学家、心理学家与心理学家、历史学家与历史学家的专门化组织方式。他认为主宰学者工作生活的力量是学科而不是所在院校，学术系统中的核心成员单位是以学科为中心的。❶ 学系则是学科建制化的产物。长期以来，学系作为大学基层学术组织，一直在大学组织结构中直接承担知识传递、知识发现和创造以及知识服务职能。此外，学系的声望与地位高度依赖依托学系的学科在各种专业评审、出版和本科生与研究生教育中的水平表现。学科本身的发展及其在排名大战中的位置往往会决定学系的命运。而特色办学战略的制定与实施对学系组织变革提出了新的要求，即如何通过传统学系组织的变革，实现学科的交叉化和综合化。

如前文所述，集中化特色战略主要适合于行业类高校。根据表6-1，集中化战略与差异化战略组织设计的共同点是都围绕学科建制展开，区别之处在于采取集中化战略的高校学科组织与行业的联系更为紧密，其他非属类学科组织也围绕行业类学科相关内容进行设计。例如，北京外国语大学作为单科类大学，集中于外国语学科。校长韩震谈道："对绝大部分高校来说，不能搞大而全。北外也是如此，搞大而全死路一条。北外目前所发展的语种和专业都要凸显'外'字特色，这就是我们的优势。"本书主要围绕学科组织如何构建以适应特色战略需求，重点探讨差异化和集中化特色办学战略组织设计。

二、组织设计原则

组织理论认为，组织设计可以在两个方案中选择：①按照传统以效率为中心的组织设计，强调纵向的沟通和控制。高校组织主要是传统的校—院—系结构，行政部门的设计更是遵循这样的纵向等级原则；②采取学习型组织设计，强调横向的沟通与协调。针对高校组织，主要是打破传统的学科壁垒，采取交叉融合型学科组织设计，行政部门采取大部制方式设计。可对两种组织设计做

---

❶ 伯顿·克拉克. 高等教育系统——学术组织的跨国研究 [M]. 杭州：杭州大学出版社，1994：34.

如图 6-1 的比较。

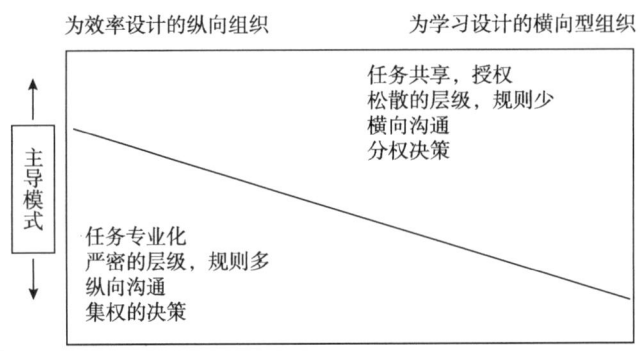

图 6-1　组织设计原则比较

当前大多数高校学术组织设计采取纵向效率原则，学术组织之间彼此割裂封闭，学术管理行政化问题比较普遍。伯顿·克拉克曾经指出，大学的"底层结构遵循的是学科、专门知识和专业化无序状态的逻辑"，言外之意是说大学基层学术组织是由基层教学科研自主管理的组织。尽管这种自主管理看似是无秩序的，但却是合理的。然而，这种情况在我国现阶段的大学基层学术组织管理模式中还不太常见。绝大多数情况下，这些大学仍然主要采取行政手段来对基层学术组织各项学术事务进行管理，基层教学科研人员的自主权还远没有得到落实。此外，学术组织之间仍然存在人事壁垒，不同学科之间的交叉和融合依然面临很多障碍。大学作为一个由学科和事业单位组成的矩阵，不同学科依附于一定组织是一个普遍规律。学科建制化常会使学科组织之间的界线成为事实上学科之间的界线，并在一定程度上成为不同学科实现相互交叉和融合的障碍。但是，简单对应学科目录设计学术组织，加上固定化的人事编制制度，严重阻碍了学科的创新能力。

当制定特色办学战略之后，高校必须对原有的组织进行变革，从纵向设计走向横向设计。这样的原则渗透在所谓的扁平化、去行政化、学部制改革思路之中。如浙江大学近期进行的学部制改革即体现了这样的思想。2008 年 6 月，浙江大学出台《学校内部管理结构和职能调整方案》，初步提出调整建设 9 个大学院，并拟在农业生物与环境、工学领域先行试点。后经学校组织各层面反复讨论与研究，最终否定了大学院制构想，将其调整为建立大学学部制度。

2008年7月,浙江大学以出台《浙江大学关于调整和加强学部功能的若干意见(试行)》为标志,启动浙江大学学部制改革。该意见正式决定调整原有学院,组建七大学部,并确定了学部、学院(系)的功能和职责,提出了改革的工作方案。随后,浙江大学成立了由校领导牵头的七大领导小组,分别牵头组织开展学部的筹建工作。2008年7月,《浙江大学工学部章程(试行)》率先正式出台,随后工学部等七大学部陆续成立,学部制建设正式付诸实施。学部的定位是:学术分类管理的平台、教授治校的重要组织形式、受学校委托协调所辖院系工作的机构、学校平稳发展的载体和学校权力下放的载体。

三、以跨学科为导向的组织设计

(一) 跨学科概念

1972年是跨学科活动发展历史上重要的一年。经合组织(OECD)的教育研究与创新中心(Centre for Educational Research and Innovation, CERI)在该年组织了一次专门针对跨学科活动的研讨会,研讨的成果结集为册,题为《跨学科:大学中的教学与研究问题》。书中总结了对"跨学科"的各种定义,指出跨学科旨在整合两个或多个不同的学科,这种学科互动包括从简单的学科认识的交流到材料、概念群、方法论和认识论、学科话语的互通有无,乃至研究进路、科研组织方式和学科人才培养的整合。在一个跨学科研究集群内,研究人员应当接受过不同学科的专门训练,他们不断地相互交流材料、观点、方法和话语,最终在同一个主题和目标下实现整合。2005年,美国国家科学院、国家工程院等单位联合发布的《促进跨学科研究》报告显然继承了OECD在30多年前所下的定义:"跨学科研究是一种经由团队或个人整合来自两个或多个学科(专业知识领域)的信息、材料、技巧、工具、视角、概念和/或理论来加强对那些超越单一学科界限或学科实践范围的问题的基础性理解,或是为它们寻求解决之道。"❶

重视交叉学科,是因为当今世界科学技术发展既高度分化又高度综合,学科建设也必须适应这一趋势。打破学科之间的界限,进行跨学科的交叉、渗透和调整,寻求在学科之间创建新的学科分支,正在成为学科发展的新动向。美

---

❶ NATIONAL ACADEMY OF SCIENCES. Facilitating interdisciplinary research [M]. Natl Academy Press, 2005: 3.

国科技信息研究所（ISI）的统计资料表明，在过去的15年，科学研究公开发表的研究成果主要体现在"工程+生物""计算机+生物""化学+生物""纳米生物+纳米医学""计算生物学"和"生物群组"等跨学科领域。纵观世界一流大学，可以发现它们在学科的交叉、融合方面往往具有组织制度上的保证，主要体现在以下3点：①重视学科交叉机构的设立，打破传统的单一纵向的校、院、系的体制格局，促进了院、系横向间的联系和合作。南加州大学2006年5月发布《美国南加州大学交叉学科研究发展规划建议》，提出设立交叉学科委员会、跨院联合聘任教授、完善评价体系、建立激励和经费保障机制、促进人才培养的系列举措；②加强建设优势学科主导的学科群，将若干具有密切联系的学科组织起来，以便形成多学科群体优势。1998年，斯坦福大学在诺贝尔物理学奖得主朱棣文教授的倡导下实施了"生物学交叉学科研究计划"（Bio-X Program），并为此建了一座大楼（The Clark Center）。该计划是基于生物学家、化学家、物理学家、计算机科学家、工程学家与医学家共同合作与相互交流的跨学科典范，涉及生物工程、生物医学和生物科学三大生物领域；③兴建跨学科大楼，把不同学科的科学家和不同实验室联合起来。2008年3月4日，斯坦福大学正式开放"杨致远 山崎秋子环境和能源大楼"，把生物学、地球科学、经济学、工程学以及法律和政策研究专家们汇聚一堂，为人类面临的环保和能源危机寻找解决办法。哥伦比亚大学在2010年完成一座14层、包含21个实验室的多学科科学大楼。❶该大楼是哥伦比亚大学在近20年内兴建的第一座科学大楼，本着"合作共享"的原则，容纳化学、生物、物理等诸多基础学科和化学生物、生物物理、纳米科学等交叉学科，并把它们与工程联系起来，从而提高大楼与校园其他设施的合作、大楼内部楼层之间的合作、楼层内部实验室之间的合作、科研人员与学生之间的合作。

（二）跨学科组织产生的推力

1. 外部资助政策的影响

美国是跨学科研究开展最早的国家之一。近年来，美国科研领导机构开展了广泛调研，在国家层面积极运用宏观政策，引导跨学科研究的发展，同时在

---

❶ 加快学科优化升级 推进世界一流大学建设［EB/OL］．http：//www.tju.edu.cn/fzzl/gxfz/gxfz-zlqy201310/t20131018_180393.html，2013-10-18．

研究资助上也给予倾斜。20世纪初，美国国家科学院、国家工程院和医学研究院（Institute of Medicine）等权威机构共同组成的促进跨学科研究委员会，在凯克基金会的资助下对美国科学界开展跨学科研究的状况进行了调查研究。其研究报告《促进跨学科研究》（*Facilitating Interdisciplinary Research*）于2004年出版。报告分为10章，围绕跨学科的定义、跨学科研究的驱动力、成功的跨学科工作的本质、跨学科的学生和学术研究人员的工作环境和任务、跨学科教育和研究的制度障碍以及推进政策、跨学科研究和教育的评估等问题展示了委员会的调查结果和相关分析，并在报告最后对研究结果和建议进行了综合，为所有与跨学科研究和教育有关的部门、人员提供了总体的指南。

除了上述战略性研究，美国国家科学基金会（National Science Foundation，NSF）等资助提供方也加大对跨学科研究的经费支持。2004年，基金会从国会申请到的用于研究和相关活动的41.1亿美元当中，有7.65亿美元（较之2003年增加了16.5%）是指定提供给4个重点研究领域的。这4个领域均为跨学科的领域，它们是：环境中的生物复杂性（Biocomplexity in the Environment）、信息技术研究（Information Technology Research）、纳米科学和工程学（Nanoscale Science and Engineering）以及人类与社会动态（Human and Social Dynamics）。与国家科学基金会类似，美国国立卫生研究院（National Institutes of Health，NIH）在2004财政年度当中为其新的进程计划（NIH Roadmap）做出了1.3亿美元的预算，而在之后5年中的计划预算是21亿美元，这笔费用用于支持其最新计划中的跨学科培训项目、研究中心以及以促进合作为目的的会议。除了公共资助之外，私人资金对于跨学科努力的支持也已经出现。如2003年4月，美国凯克基金会（W. M. Keck Foundation）投入4 000万美元，为美国国家科学院的"国家科学院凯克未来创新活动"（National Academies Keck Futures Initiative）提供为期15年的资助，该项活动的目的在于"刺激新的探索模式，打破跨学科研究的概念障碍和制度障碍"。除此之外，还有一些私人资助的中心也向大学的跨学科研究计划开放，为其提供经费等方面的支持。

美国国家科学基金会支持跨学科研究的一大举措就是资助科学技术中心（STC）、学习科学中心、工程研究中心等研究基地的建设。其中，STC的经验最值得借鉴。STC通常是由多所大学组成，以一所大学为主；中心一般还有政府实验室、公司及非营利机构等参与。STC 的工作包括三方面内容：从事以大学为基础的跨学科研究；开展创新性教育活动；鼓励知识向社会其他部门转移。

2. 组织内部的推动

在国内，近几年研究型大学关于跨学科研究的建制也非常多，如北京大学前沿交叉学科研究院和中国社会科学调查中心、浙江大学跨学科社会科学研究中心、清华大学认知科学创新基地等。这些机构的设立是研究型大学实施特色发展战略对学科组织的变革举措。

1987 年 8 月，NSF 的领导机构"国家科学委员会"（NSB）批准在美国研究型大学里建立科学和技术中心（STC）计划。按照计划，STC 一般由多所大学组成，其中一所处于领导地位，参与中心建设的还有私营公司、政府实验室以及非营利组织。NSF 对中心采用专项资助的方式，一般资助期限在 10 年左右。每个中心每年获得的资助金额在 150 万～400 万美元，另外还能从合作单位获得匹配的资金。1989—2005 年，NSF 分 5 批共支持了 36 个中心，其中 25 个已完成资助。1989 年和 1991 年分别支持第一、第二批。1996 年经过多方评估，NSB 决定继续资助 STC。2000 年、2002 年和 2005 年分别支持了第三、第四、第五批。经过多年的运作，实践证明：STC 采取的以问题为导向的研究模式不仅可以有效地解决复杂的科学问题，而且还促进了大学之间以及与工业和国家实验室之间的研究合作。

（三）跨学科组织设计

2004 年，美国国家科学院、国家工程院等单位联合发布的《促进跨学科研究》报告，对交叉学科组织设置提出了建议：①院校应该探索其他管理结构和有利于超越传统组织结构的工作模式；②资源分配权要从高层转向交叉学科组织，以进一步促进交叉学科单元的发展和可持续运作，此外还要考虑给交叉学科组织额外的资源；③从招募研究生到雇用教师等人员配置方式应该予以改革，应考虑院系之间相互借用人员的相关政策设计；④传统雇用教师以及决定终身教职的方式和规范应根据研究人员在交叉学科活动中的价值予以调整。该报告还提出了建立交叉学科组织的条件，如表 6-2。

表6-2 建立交叉学科学术机构的条件

内容	关键条件
最初阶段：建立桥梁	解决共同问题
	领导
	鼓励教师合作研究的环境
	建立团队哲学
	寻求资助
	学生和研究人员建立桥梁的习明纳
	不同机构之间合作探究的工作坊
	团队会议
	在开始即关注结果
项目支持	科学管理中的自然科学与工科博士生培养
	支持项目启动和团队合作
	无缝隙和灵活的资助
	愿意冒险
	识别潜在影响
	资助机构的参与
设施	共享设备
	提高科研人员会晤机会
组织管理	矩阵组织
	奖励促进交叉学科发展的领导者
	促进交叉学科发展的终身教职制度
	成功交叉学科中心的评价识别

资料来源：Facilitating interdisciplinary research.

伯顿·克拉克根据对欧洲大学的案例研究提出的创业型大学，即为典型的特色战略制定与实施案例。这些学校普遍采取了创业型组织结构，这种结构不再是传统的纵向型组织设计方式，而是非常开放和多样化的。支持学术创业的组织结构主要有：①技术许可办公室（TLO）。该办公室使自己与大学发展经济的使命相适应，且贡献突出。MIT每年与企业达成60~80项技术许可协议（不包括商标和软件），申请专利150项左右。②跨学科研究中心。MIT现有66个跨学科组织，在不同学科领域进行跨学科教育。我们对2000—2005年MIT机械工程系、材料科学与工程系的SCIE收录论文篇数的实证分析发现，属于多学科交叉的分别占总篇数的 98.3%（821 篇）、91.4%（925 篇）。③实施创业发展项目的组织机构。例如，科学与工程商业俱乐部、MIT 的 10 万美元创业大赛项目、企业家中心等。它们提供大量的资金，鼓励学生和科研人员兴办未来的领军企业。

伯顿·克拉克教授所提出的激活的学术中心地带（The stimulated academic heartland）也是特色战略组织设计的核心思想。所谓学术中心地带，是一所大学运行的基础——科研单位和教学单位，包括传统的以学科为中心的学术基层（如院、系）以及新的跨学科的研究中心，它们是从事学术工作最多的地方。由于不断拓宽的、发展周边的学术单位的出现以及学校财政资助的多元化，使得变革以强烈不均衡方式在学术中心地带产生影响，"科学和技术"方面的院系和研究中心更易获得主动特性。但是，创业型大学并不只是意味着"科学和技术"功能，"人文和艺术"院系一样拥有拒绝落后的理由。伯顿·克拉克通过对欧洲一些创业型大学的分析和研究指出，传统科学（如物理、化学、数学、经济、社会、文学等），在当前市场逻辑及"应用性"的需求中，虽然无法获得较多的资源，但是在"企业化精神"的刺激下，如果能改变价值观，采取有效策略，加强合作意识，也可以争取更多的资源，从而增强其竞争力和发展特色，强化其学术研究的地位。此外，为了激活学术中心地带，还应加强跨院系的合作，加强整合型研究。

第二节　差异化特色战略的组织变革案例

如上文所述，差异化战略和集中化战略的组织设计应以横向、学习和利于沟通为原则，而交叉学科组织变革则充分体现了这样的思想。本节以康涅狄格大学关闭地质系改建为交叉学科中心的组织变革为案例，分析差异化特色战略之下的组织变革特征。

一、学科组织变革的背景

随着学科交叉化趋势的出现，许多大学开始创新学科组织结构。经过几十年的交叉学科中心、研究所和学位项目的发展，学科交叉组织结构对原有的系科组织形成了挑战。但是这些并不能取代传统学系的位置，学系在各个研究型大学的数量处于增长状态。

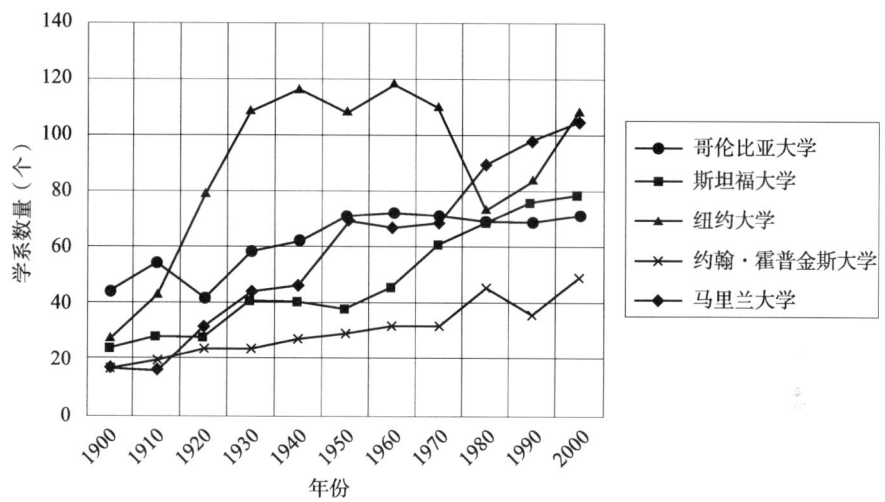

图 6-2 哥伦比亚大学等研究型大学学系数量变化

另一方面，各大学都在采取措施支持交叉学科组织发展。例如，哥伦比亚大学由于交叉学科组织没有列入学校的章程之内，无须评议会和校长批准，学院就可以自行建立，甚至有些交叉学科中心的影响超过了院系。厦门大学把学校有限的人财物资源投入到那些有基础、有水平、有特色、有前景、有人才的学科建设中去，重点建设一批能够增强原始创新能力、探索客观规律和理论发展的基础学科，一批与经济社会发展密切相关、对解决国民经济和社会进步有重大影响的应用学科，一批与学科发展趋势相适应，具有前瞻性和影响力的新兴、交叉学科。近年来，学校注重打破院系界限和学科壁垒，积极推动新兴学科、交叉学科的形成和发展，培植新的学科增长点，如创建了王亚南经济研究院、财务管理与会计研究院、生物医学研究院、海洋与海岸带发展研究院、海峡两岸发展研究院、厦门国际法高等研究院、材料学院等。

本节所研究的康涅狄格大学在 2003 年制订了新的战略规划，即《学术愿景 2003》(*Academic Vision*)，以应对州支付下降、生源减少以及在全美大学排名位置下降等危机，实现特色发展。在这样的背景下，该校文理学院下属的地质与地球物理系被改组为交叉学科中心。本节以该案例来分析如何对学系进行

变革，整合资源大力实施交叉学科战略，以进一步凸显学校特色。❶

二、从学系到交叉学科中心的变革

（一）文理学院的政策议程设置

康涅狄格大学是美国较早创办地质与地球物理系的旗舰大学之一，地质与地球物理系是该校文理学院下属的学系。2004年经学校董事会投票决定关闭该系，转而成为一个地质科学交叉研究平台，即综合性地球科学研究中心（the Center for Integrative Geosciences）。

2004年1月22日，该校文理学院院长麦克肯尼（MacKinnon）向广大教师发邮件宣布关闭地质系："我已经向地质和地球物理系教务长彼得森（Petersen）提议解散该系，并建议教师去其他系任教。教务长已经接受了我的提议。由于财务紧缩，近期的教师退休以及其他问题，包括该系很难形成一个战略性的前景，而且无法对外部评审做出积极回应，我认为学院不会支持该系教师继续维持在现有水平。因为资源稀缺，必须把有限的资源投入到前沿的研究与教学中去。我希望继续聘任的教师在下个学期继续发挥作用。学院向该专业本科生和研究生发送了提示信息，确保他们可以继续完成学业。我对这种对他们来说突如其来的变化感到歉意，但是希望他们能获得在本专业学习方面的帮助。"

他认为，停办地质系是个艰难的决定。由于不景气的预算，学生兴趣下降，加上科研影响力不足，最终招致了地质与地球物理学系的关闭。然而，"这个决定并不意味着康涅狄格大学不再有这个研究领域了。我诚挚地希望该系成员，尤其是想继续从事本领域研究的同事，可以考虑把研究领域放在地球科学相关交叉学科上。"他强调交叉学科还是有生长空间的，许多该领域的课程还将继续开设，教师还在相似的领域从事教学工作。有些系已经表达了吸收地理系教师的愿望，包括海洋科学、物理系、民用与环境工程、生物、地理和农业科学等系科。他说目前地质与地球物理系只有不足24个学生，对该系的评估报告显示：如果该系想成为一个卓越的系科，必须至少再招聘2名教授和

---

❶ 本节部分内容已经作为课题前期成果发表于《清华大学教育研究》2011年第2期。

其他技术人员。而如果增加人员的话，每年财务预算需增长 30 万美元，这在当前的拨款条件下是不可能实现的。在经费和入学都不足的情况下，加之最近环境研究机构（Environmental Research Institute，ERI）的发展、学校的规划、大环境科学本科专业，都让他不得不寻求其他方式提供环境科学研究与教学项目。他还说，他希望在秋季前期之前该系 8 名教师离开该系，该系的学生则可以获准完成学位。

在文理学院院长正式宣布关闭地质与地球物理系之后，该系校友及部分师生发起了网上签名请愿活动，反对其决定。2004 年 2 月 20 日，Hartford 网络报纸刊出了该系研究生罗伯特·斯诺芬斯基（Robert Sernoffsky）发起的请愿信，大约 3 300 名学生、教授和世界各地的地质系教职人员在电子请愿书上签名。请愿书中提到："康涅狄格大学是康涅狄格州唯一的授予博士学位的公立旗舰赠地大学。令人遗憾的是，康涅狄格大学文理学院最近公开宣称要解散地质与地球物理系。这种极端短视的行为不仅是对地质学作为一个专业的未来的轻蔑侮辱，而且这种轻浮的决定也将不利于本校的未来发展。实际上，基础课程的恶化，反映出在康涅狄格大学文理教育无处不在的障碍。不仅与当代的教育和行业发展背道而驰，而且与康涅狄格大学的使命和未来学术规划愿景相矛盾。"文理学院院长说他已经看过请愿书，但质疑请愿者是否真正了解事实。当年 3 月 23 日，文理学院将这一提议提交大学董事会。

（二）大学董事会会议上的辩论及决定

2004 年 3 月 24 日，该校召开了董事会会议，专门对撤销地质与地球物理系进行讨论。加里·罗宾斯（Gary Robbins）教授表达了对解散地质与地球物理学系提议的忧虑，要求董事会能够在做最后决定之前仔细评估事实、成本、收益和其他可行方案。他提醒不要贸然取消在学校已有很长历史的本科生和研究生地质学专业，并强调该系的每位成员都致力于为本科生和研究生提供最好的教育。尽管长期以来教学条件不佳，但是教职员仍为大学做出了巨大贡献。许多教师已经获得大学和专业研究方面的奖励，做了大量前沿和有价值的研究，获得了许多专利，并且积极服务政府和专业实践需要。本系教师对联邦政府、州政府和当地社区提供了许多帮助。教师的研究对本州、其他州和联邦政府的相关政策也产生了重要影响。本校学生也非常需要地质学方面的技能，许多毕业生在工程公司、企业和管理部门从事环境领域方面的工作。他认为变化是必要的,并且教师对学系的未来也有不同的观点。他要求董事会在采取决策之前做一个深入的评估。

安东尼·菲利普斯(Anthony Philpotts)教授对外部评审提出了质疑。他相信学系的主要功能是为它的学生提供最好的教育。评审委员会认为该系需要考虑课程吸收当代信息技术,如 GIS、GPS、数字模型等。他认为委员会明显没有注意到该系是美国第一个在本科生课程上介绍这些内容的学系。他建议委员会应由院长实施一个专门的评估,看看究竟应该开设哪些课程。如果委员会认为解散该系是对该专业最有利的方式,那么他可以支持那样的决定。

环境顾问罗伯特·斯诺芬斯基向董事会递交了一个请愿书,反对解散地质系的提议。请愿书大概有 4 000 多人签名,包括学生、教师和世界各地的专家等。他质疑最终决定解散该系所使用信息的准确性和完备性。他建议应该把焦点放在如何让该系变得更好。大学的学术规划表明把康涅狄格大学带入顶尖公立大学需要大量经费,强调学术卓越需要有效的战略规划。他认为这个建议并没有表现出康涅狄格州对该系的战略规划,并进一步强调该校必须继续扩大让本州和州公民感到荣耀的智力贡献。

研究生代表米希尔·菲斯派瑞克(Michele Fitzpatrick)表达了对解散地质与地球物理学系建议的忧虑。地质科学研究生承认康涅狄格大学地质科学专业需要前进,并且也完全支持地质学科规划委员会负责在整个文理学院"大伞"下提出建议。然而,他们非常忧虑的是地质学科规划委员会计划提出发展建议之前就要解散该系,此刻解散该系意味着下学期地质科学系的教师和学生不得不被分配到新的学系。一旦规划委员会提出这样的建议,这些教师和学生可能会发现自己不得不二次转专业。他们理解这种变化是必要的,而且这种断裂无法避免,他们要求董事会采取行动尽量延期提出决定,让规划委员会可以有时间为该系的未来提出建议,以便将这种断裂带来的损失减到最小。

校友理查德·海斯哈维(Richard Hathaway)毕业于 1975 年,在北港多样化技术咨询公司做环境项目经理。他强调康涅狄格大学毕业生是康涅狄格州企业的重要人力资源。他说代表该校另一个学士和硕士学位获得者里拉·萨拉沃特(Lila Salvatore)女士(一位石油地质学家,也是天然金块基金的创立者,该基金为地质系本科生捐助了大笔资金)对未来继续捐助表示不确定。他们都希望该系能够保持稳固,并且继续为学者提供在康涅狄格大学从事研究的机会。

该系主任雷蒙德·乔森(Raymond Joesten)教授告诉董事会,院长希望他能够与该系教师通力合作,一起积极地回应外部评审,并且为地质科学的未来努力工作。乔森教授强调关键的问题是地质系要充分依靠大量对地质科学有兴趣的教师的力量,集中发展现代化的专业,尽最大可能满足当代社会学生的需求。该系需要在继续生存下去并努力发展交叉学科地质专业,还是被解散之间做出选择。学系准备一个短期规划,但是并没有应对外部评审的长期规划。他强调他已经努力与规划委员会的同事一起合作。他要求董事会同意解散学系的建议。

2004年3月29日,董事会全体成员一致同意关闭地质系。董事会支持文理学院教务长和院长的建议。文理学院院长麦克肯尼说这一决策将有助于改进大学对地质科学的支持,通过一种全新的非系科管理实现对地质科学的支持。同时,他也告诉董事会:"做出这个决定很难……外界对地质系有许多批评。该系本该有2年时间采取行动应付,但是它却没有做出反应。根据该系的发展记录和大学所面临的财务困境,显然继续保留该系不是一个很合理的投资决定。"地球科学学术委员会主席、文理学院助理院长罗纳德·故瑞尼(Ronald Growney)承诺将寻求以交叉学科的方式继续支持相关领域的研究以及开设地球方面的课程。该校校长说:"我们不再因人设位,我们需要认识到学系应该能以哪种方式实现卓越。我们将采取新的方法发展地球科学,以此更好地服务学生的学习需求。"

三、交叉学科发展的必要性

该校地质与地球物理学在校内并不是排名最差的学科,但这仍无法成为该学科存留的理由。关闭该系之所以进入文理学院的政策设置议程,并且最终得到董事会的支持,背后有诸多原因。其中处于主导作用的包括财务压力、预算缩减、外部评审和缺乏远景战略,这些都是该系所面临的压力。

(一)外部评审压力

所谓的"外部评审"主要是来自政府机构和咨询顾问对院系所获合同数

量以及在面临合并或者获得资助方面的评价。另一种外部评审是求职者未来获得更好机会的有利信息。对学系的外部评审可以依据其评价结果确定可比目标：成功吸引外部资助，提高入学人数，或者作为赠地大学，学系能否为州社会经济发展提供广泛的服务。前两个因素，外部资助和学生入学往往会因不同的评价结果而影响到学系的社会服务和卓越水平。康涅狄格大学广大师生很可能通过地质系的两位教授罗伯特·托森（Robert M. Thorson）和加里·罗宾斯的工作而了解该系：托森博士偶尔为 Hartford 和新英格兰石墙（http：//stonewall.uconn.edu/）写作；罗宾斯发起的网站调查、污染物处理、交通方面的工作在康涅狄格大学以及其他地方也很有影响力。尽管公众对地质系的认知对于外部评审并不重要，但是公众的肯定态度对外部评审也不会造成负面影响。环保人士的继续教育也为该系教师提供了施展才能的工作机会，同时也会扩大学校的声望。

（二）外部资助方式

地质系的外部资助来自于各种机构的研究拨款，包括美国国家科学基金会、美国 EPA、州环境保护机构、私营公司等。大学需要外部资助，因为：①获得拨款可以转变为声望资本；②把大学所获资助的上限告知评审机构，可以改进大学的基准。获得外部资助也是大学在整体社会体系下市场化运行的必然选择，后果之一就是以牺牲像地质系这样的"单一"科学系的发展换取像环境科学这样的系的繁荣。因此，比较合理的设计是任何对地质科学专业的外部评审应考虑外部资助科研的"相关性"。

（三）课程结构的变化

现在的课程、研究以及 20 年前就已经取得终身教职的全职教授已成了环境科学范畴下的过去时。结晶学、火成岩岩石学、变质岩石学和经济地质学都是类似的例子，尽管这些课程和研究都与环境调查和其他地质实践工作有着密切的关系。在这种困境下，地质科学教师所面临的问题不是简单地改变教学和研究兴趣，去取得在外部评审人眼里所谓的必要相关性就可以解决的。美国专业地质学家组织东部新闻撰写了一篇文章，对康涅狄格大学的这一做法给予了评价。作者斯图尔特是一名编辑，同时也是专业环境地质方面的专家，他对于康涅狄格大学地质系的质量和价值的理解是比较现实和中立的。他说：

"我所在的Lehigh大学在20世纪90年代紧随环境科学的发展趋势,并且从已有的生物和地质科学中分离出一个独立的地球与环境科学系。这个新的学系提供环境科学学位,同时也为那些需要数学和相关高级课程学分才能毕业的学生提供独立学位。合并之前,地质系已就入学人数下降采取了措施。在北部岩石山的传统夏季野外实习扩大了规模,并在原来课程的基础上增加了一门野外课程。"他介绍了20世纪70年代他在本科学习过的地质学课程,包括3门必修课程,依次为岩石学、火成岩岩石学和变质岩岩石学。这3门课程是在介绍性的矿物学课程之后开设的。后来,3门必修课降格为一个岩石学的基础课,由于市场变化和教师退休,原来选修的矿物学也被砍掉了。他说:"我认为这种学系的变化在某些方面是不幸的,但在某些方面则又是积极的。但就像我以前的导师告诉我的,学位授予的变化反映的是学生所需。有意思的是,该系以同样的方式卷入,只是时间上比较靠后而已。就像美国地质调查,是在1994—1995年国会协议签署后遭受打击一样。现在包括生物资源学科也是山雨欲来,无疑这些变化都反映了国会在把环境科学作为交叉学科方面的利益。"

(四) 就业领域变化

地质系学生的就业像其他人一样不断发生着变化,自从《研究基金法》《资源保护和恢复法》在1980年颁布之后,学生就业就从传统的地质学方面(如石油、矿产)等转向了包括环境管理、水资源识别和保护、清洁能源等领域的工作。这种变化对就业造成了直接的影响,也在无形中影响了大学决策者对地质专业的认识,促使他们对大环境专业的热衷程度逐渐超过了实际上学生专业能力更强的地质学专业。

就如同其他商品一样,如果消费者不喜欢这个商品,他们就不购买它,尽管这种价值上的否定可能违背大学的使命。一个系要长盛不衰,就必须能吸引到学生,并且教师能找到途径传达该系胜于交叉学科的吸引力和价值。多年来,地质学一直被作为一个交叉学科,尽管不是大学管理者眼中那种时髦的交叉学科。生物学、化学和物理学都与地质学领域保持千丝万缕的联系,碳酸盐岩、碳氢化合污染物分解以及现代和古代冰都是具体的例子。正如某位教授所指出的,把核心学科(地质学、生物学、化学等)压缩和稀释为模糊的"环境科学",只能给学生提供一个缺少明确边界的专业。从环境调查顾问的观察角度来看，环境科学毕业的学生在地质技术知识方面有明显的欠缺。

（五）规划的缺乏

远景规划未做好的原因可能有：反对管理层对该系的看法，该系内部不统一等。不管是基于什么样的理由，缺少远景规划都会在外部评审时造成消极后果，尤其是某些该系没有处理好的因素（如州对整个大学的拨款），因而最终造成了被撤销的命运。

大多数私立和公立机构有先见之明的管理层都会做好远景规划，大学亦是如此。这意味着学系要么积极参与形成发展远景战略，要么紧盯其他超前于自己的利益相关单位。对该校地质与地球物理的教师而言，现在请求不要取消地质系无疑是太迟了，而且地质系成员做出的反应也太迟了。不过，对管理层而言，把地质专业继续作为环境科学的一个部分保留下去，这样的决定还不算迟。

目前，院系仍然是大学最为稳定的构成单位，它们大部分具有历史特征而不是战略特征。当大学迈向一个每天都在迅速变革的时期时，它们必须考虑现有的组织结构是否能够实现这个变革。许多证据表明，虽然传统的学术单位能够实现一般的内部变化，但一般而言，它们还是惧怕那些更为复杂的机构变化并强烈地排斥它。❶

大学的院系结构把学校和学院按照学科原则很好地组织起来。尽管这种院系结构在满足教学工作的需要和维持广泛接受的标准方面起着重要的作用，但它也是阻碍变化的主要因素。它们一直保持一个学科重点，这与快速变革的知识是相互矛盾的。最后，它们使战略性资源配置变得非常困难，从院系被取消的过程就可以看得出来。尽管地质学与地球物理学被终止了，但其过程受到多方面的质疑。可以说，项目终止政策仍比较艰难，有时候甚至根本无法实行。

实际上，高教系统基层单位中无序和有序的对应在一定程度上表现为学术研究的自然倾向和传授知识的要求之间的矛盾。学术人员往往根据个人的兴趣来选定课程、谋划专业发展，而学系的任务就是要在杂乱中理出头绪，制订出完整的课程计划，并且积极地应对外界的各种专业评审。这反映了高等教育系

---

❶ 詹姆斯·杜德斯达，弗瑞斯·沃马克. 美国公立大学的未来 [M]. 北京：北京大学出版社，2006：155.

统底层结构中的矛盾，而撤销学系的决定也正是这一矛盾激化的直接后果。大学上层（董事会）结构变化的手段是政治协调和官僚协调，而这种情况和下层（学系）中主要依靠专业的影响来促进变化的情况正好相反。由此，我们看到管理层对有序的追求最终战胜了基层学术人员无序化的安排。有趣的是，地质科学系的建立是康涅狄格大学与其他旗舰大学混乱竞争的产物，而管理层对有序的诉求最终又造成了其被裁撤的命运。

第三节 集中化特色战略的组织变革案例

集中化战略指的是高校针对行业进行战略布局和组织设计，围绕行业形成学科集群；如果针对非行业类院校，则指的是大学把学科集中在某些偏向技术类的学科领域，如本节案例院校米德塞克斯大学。该校自1992年由应用技术学院升格为大学后，开始向综合型大学转型，建立了哲学系等文理学科组织。但随着院校学科资助政策的变化，该校重新对战略进行调整，关闭了部分偏文科的学系，定位为技术类本科大学，实施新的集中化特色战略。本节以该校为案例，通过分析哲学系被关闭的过程，探讨集中特色化战略的组织变革原则。

一、组织变革背景

（一）学科资助政策变化

1992年，英国议会通过《继续教育和高等教育法》，同意多个技术学院更名为大学，并享有同传统大学相同的各项权利。这些于1992年以后升格为大学的学院被称为"1992后大学"。有38所新大学根据这一法规而升级为大学，英国大学的数量也从46所上升到84所。本文所涉及的案例学校米德塞克斯大学即为"1992后大学"。[1] 这些"1992后大学"比罗素集团大学实力要逊色，加之传统特色优势学科为应用技术类学科，虽然升格后逐渐发展为多科大学，但当英国大学学科资助政策调整后，使得一些"1992后大学"战略不得不发

---

[1] 本节部分内容作为课题成果发表于《清华大学教育研究》2015年第1期。

生变化。为强化竞争力,部分大学开始采取集中化特色战略,关闭非应用技术类学科和基础学科,把学校战略重心集中于技术类学科。

英格兰高等教育拨款委员会(HEFCE)作为学科资助政策的制定者,是一个非常典型的利益相关者,其影响体现在与 REF 相关的政策文本中。通过建立对教学与科研的评估标准,承担起大学教学与科研评估工作,进而对高校的教学与科研资源配置产生实质性影响。有时候这些利益相关者也被称为终端客户,或者"客户和研究收益人代表",或者是各种委员会组织、商业部门、公共部门和非政府机构等。如 HEFCE 召开卓越研究框架小组讨论会,向利益相关者征集意见以改进科研评估工作。

由于商业部门的介入,许多商业管理方法被引入高等教育政策之中,绩效文化在高等教育管理中大行其道。

HEFCE 指出:为维持一名医科学生,就要牺牲 6 名文科或社会科学学生;要维持一名科学和技术学生,要牺牲 2 名和 3 名文科或社会科学学生。该委员会根据所拟定的经费削减原则,对不同大学经费削减情况进行了大致估算,并于 1982 年宣布了 42 所大学 1980—1984 年预期经费削减比例。由于各个学校学科设置的不同,部分大学的经费不但没有被削减,而且还有一定比例的上升。如布鲁纳尔大学上升 3.04%,伯明翰大学上升了 0.3%,等等。总体来说,经费削减最多的大学主要集中在 1960 年后成立的新大学和 1992 年后由高级技术学院转变而来的技术大学。

从 1996 年开始,美国采用新的拨款方式来替代原有的拨款方式,这一新的拨款方法从 1998—1999 学年开始正式执行。新标准按照标准价格加部分学额投标(Standard price plus bidding for additional student numbers)(1998/1999)的方式。根据教学活动的相似性及其所花费用将所有学科分为 4 个价格等级,即:①临床学科,权重系数为 4.5,生均拨款为 11 700 英镑;②实验科学、工程和技术学科,权重为 2.0,生均拨款为 5 200 英镑;③艺术和部分实验学科等其他高成本的学科,权重为 1.5,生均拨款为 3 900 英镑;④以课堂教学为主的学科,权重为 1.0,生均拨款为 2 600 英镑。每一个等级都会设定标准价格。❶

---

❶ Review of funding method for teaching: Aims of the new method and progress of the review [EB/OL]. http://dera.ioe.ac.uk/5488/1105_21.pdf, 2005 – 05 – 21.

然而，HEFCE 已经发展成为大学科研的"利益相关者"，并且对科研影响评估施加了越来越广泛的影响。那么，它对人文科学的科研发展意味着什么呢？该基金会的文科英语语言与文学学科的科研评估小组由 16 名成员构成：4 位女士，12 名男士；没有少数种族成员；没有国际成员；分别来自 7 个高等教育机构和 9 个非高等教育机构；其中 2 个是杂志记者，1 个是 AHRC 代表，其他分别来自大英图书馆、英国广播公司、企鹅出版社、坎伯兰会议中心、布伦斯维克集团等。虽然成员来自的领域广泛，但并不能代表英国语言与文学所适切的社会领域，比如政治和公民社会、社会工作、艺术、文化遗产、翻译、多媒体和文化传媒等。因此，这种科研评估方式可能是有问题的。

（二）政府对大学职能的重新划分

有学者指出："科学研究系统与高等教育系统在过去从来没有过重大的重叠，也不乏理由在未来把它们分开。"约瑟夫·本－戴维在《学问的中心》中也指出："研究与教学并非自然地匹配。"这些研究的支持，加上外界对于高等教育绩效问责的压力，使得一些国家或地区的院校分离教学与科研，并分别向社会报告他们在这两个方面的业绩，进而赢取社会资源和政府的支持。英国 2003 年的《高等教育白皮书》就提出，要划分出"只教学"的大学和"只科研"的大学。

在政府的推动下，英国多数大学通过诸如使命陈述、学习和教学策略以及人力资源管理战略等文件强调努力提高教学工作的地位。《迪尔英报告》之后，大学已开始明显地宣传自己在奖励"教学优异"策略方面的努力，声称具有教学奖励机制的大学数目从 1998 年的 12% 上升到了 2000 年的 65%。[1]

英国国会也开始通过专案调查了解教学与研究经费分配的方式与效果。教育大臣查尔斯·克拉克（Charles Clarke）要求 HEFCE 针对 5 个学科领域（科学、中东研究与语言、远东文化与语言、某些职业学科和科技与通信）进行检讨报告，并确保有足够的大学系所提供这些学科的教学与研究，要求提供若干激励措施来保住这些重要的学科。

---

[1] PARKER J. Comparing research and teaching in university promotion criteria [J]. Higher Education Quarterly, 2008, 62 (3)：237-251.

二、组织变革过程

(一) 决策过程

2010年4月,学校批准了文理学院院长关闭哲学系的提议。从整个决策过程看,哲学系师生事先对关闭学系一无所知,仅仅收到一封邮件通知。邮件的内容是:在4月26日,文理学院院长爱德华·艾舍(Edward Esche)说学校行政部门已经采纳了他有关关闭哲学系的建议,取消哲学系的本科、研究生和博士项目。对此,文理学院院长给出了一个不太令师生信服的理由:该系被裁撤的主要原因是财务问题。校方认为按照当下HEFCE的教学经费拨款政策,把资源用到其他按照B档次和C档次拨款的学科上去会使学校得到更多的收入。但该系教师不认同这一理由,他们认为:该校要求每个院系把55%的收入上交给学校,按照学分总数作为计算方法,扣除学生入学成本后,哲学和宗教研究要把总收入的53%上交学校。从入学统计数据看,2010—2011年度,该系本科专业申请人数增长了118%。如果该专业继续开设的话,哲学和宗教专业给大学上交的经费比例可以提高到59%。在与教师会晤后,文理学院院长说尽管他也承认哲学系的研究声誉,但他认为该系对大学的贡献从"数据上"表现得不够。该系的教授彼得·哈利韦德(Peter Hallward)等人都表达了对大学决策的失望和遗憾。他们认为该系在英国有十分重要的影响,教师聚焦于批判理论、马克思主义、精神分析和批判哲学;说该系对大学没有直观的贡献显然是荒谬的,该系为伦敦和全英的学术生活做出了巨大贡献。哲学系是该校所有学科中研究排名最高的系,在2001年的排名中位列第5位,在2008年新版的学科科研排名中得分2.8分,65%的研究成果属于"世界前列"或"国际优异"级。哲学学术界普遍认为该系在英语世界中当属现代欧洲哲学研究最为重要的中心。它的硕士项目已经发展成为全英最大规模的学位项目,在2009年有42名新生入学,并且从人文科学研究理事会(the Arts and Humanities Research Council)获得了大量的研究资助。如果从公共标准看,该系的办学绝对是成功的。不幸的是,公共的标准往往和私人的标准是不一样的。大学领导者认为该系并不能自负盈亏,决定把资源集中在那些可以获得更大回报的项目上。显然这样的理由并不能得到哲学系教师的认同,他们认为至少在该校还有很多系不能收支平衡。

该系系主任说,当他在 1997 年被任命为哲学系系主任时,当时的财务状况一般,但考虑到规模因素,它也算得上是该校收益最高的学系:"当时我并没有沾沾自喜,我更加努力去吸引国际学生和研究生,并且也千方百计吸引资助从事高水平研究。"他在接受记者采访时认为:"我们教师队伍的稳定性和职称晋升状况是比较好的。我们系很多老师已经处于职业生涯中后期,薪水支付额度较高。这时,我们又不可能多收学费来补贴教师的工资。更重要的是,HEFCE 频繁改变拨款公式,而且几乎都是对我们不利。我们的生均教学收入不断下降,而且几乎没有什么机会堵住缺口。这是许多人文学科所面临的大问题。在 HEFCE 拨款模式中,我们是位列最低级别的 D 档次,而且额度一减再减。相反,B 档次和 C 档次的学科(有工作室、实验室或者田野工作)日子则好过得多。这样的拨款模式促使米德塞克斯大学决定要减少按照 D 档次拨款的学科,增加 B 档次和 C 档次的学科……或许今后 B 档次和 C 档次的学科要面临被关闭的命运。但如果每个人都按照米德赛克斯这样考虑问题,将使处于 D 档次的学科无法在大学立足。幸运的是,HEFCE 对学生拨款的方式是一回事,而大学如何选择分配资源则是另外一回事。在此情势下,其他大学看起来已经决定保护那些比较容易受到威胁的学科领域,抑或是他们要比米德塞克斯这样急切的大学行动缓慢。"[1]

(二)利益相关群体反对关闭哲学系

有许多人提出该校应保留哲学系,有力的理由包括该系专攻现代欧洲哲学。在哲学学术界内部看来,英国哲学不属于欧洲哲学范畴,而更多属于盎格鲁-美国哲学,或者属于分析哲学领域;而欧洲哲学则主要由法国和德国哲学构成。换句话说,该系是英国少有的不聚焦法国和德国哲学的学系。分析哲学指责欧陆哲学家只是关注烦琐的无关意义,认为他们所述内容空洞无物,只不过是人为从中抽离出意义而已,完全与现实无关。因此,米德塞克斯大学哲学系的学者们怀疑有人嫉妒该系的成功。许多分析哲学家在请愿书上签名,要求大学保留哲学系。但是该校不可能为了全国哲学学科的利益而牺牲学校自身的

---

[1] JONATHAN WOLFF. Why is middlesex university philosophy department closing [N]. Guardian Monday, 2010-05-17.

利益。也许该校要做的是向 HEFCE 请愿给哲学系以特殊资助，但毫无疑问这样的请愿不会得到 HEFCE 的任何同情。

事件被披露后，大约 60 多名国际知名学者写信呼吁该校修改关闭哲学系的决定。著名学者乔姆斯基（Chomsky）说他对这一决定感到困惑，他希望学校决策层不仅要为这一古老而且不可替代的学科考虑，更要为了整个大学和英国的学术生活考虑。北卡的杜克大学教授米歇尔·哈德特（Michael Hardt）说，美国、英国和澳大利亚很多大学的哲学系远不及米德塞克斯大学在欧陆哲学研究方面的实力。该校通过邮件告知学生关闭哲学系事宜。学生要求与文理学院院长爱德华·艾舍（Edward Esche）、副教务长玛格丽特·豪斯（Margaret House）会晤，但二位取消了会议，说会议安排与学生的课程论文截止日冲突。一位一年级本科生说："我完全被惊呆了，我对这个专业是如此有热情，我为之努力学习，但突然告诉我说要关闭这个系。我已经付了学费，但现在我们不能完成课程，我不知道下一步该去哪儿，应该做什么。"大学发言人说这并不影响在学学生，学校会保证他们完成课程。

由于对大学关闭哲学系的决定不满，众多学生占领了特伦特公园（Trent Park）校区的大楼，占领活动持续了 12 天，最后由于高等法院的介入停止。占据教学楼的学生谴责大学把教育放在收益的位置之下，呼吁保卫人文学科。此外，学生建立了网上请愿系统，大约 1.6 万人在系统上签名，呼吁大学重新考虑关闭哲学系的决定。5 月 13 日，学生们认为他们的占领活动已经产生效果，可以促使校方和他们谈判并重新考虑关闭学系的决定。然而到 14 日，学生们收到邮件说，高等法院下达命令要求学生停止占领活动，并且对学生收取诉讼费用。紧接着，校方发表声明称学生的占领活动是非法的，并且点名批评一些学生。这让许多学生感到害怕。5 月 15 日，学生占领校园活动结束。

社会媒介也聚集起来试图改变大学的决定，脸书（Facebook）拯救米德塞克斯哲学系群人数达到了 10 000 多人。学校发言人说是因为受到哲学学位需求量不足的影响和缩减预算的考虑而决定关闭哲学系："近年来，哲学专业就业不景气使得学生不愿意报考这个专业。该系下学期只有 6 个学生申请入读哲学本科专业。"尽管该系在研究水平方面享有较高声誉，但是该校的现代欧洲哲学研究中心并没有得到外部科研机构的任何资助，而且其从 HEFCE 获得的相关拨款只占到总体收入的 5%，而这些收入并不能应付哲学系教师们的研究开支。

决策者提出，哲学系高职称教授和学生规模不成比例，相对其他院系，该系的教授比例最高。而且哲学系是唯一需要其他学科获得收入作为补贴运行的科系。尤其是在公共拨款进一步缩减的背景下，大学更加没有其他可选方案，只能强调哲学系经费不足问题。但是系主任驳斥了这些理由，他说："管理者说这是一个财政方面的决策，并且是因为需求不足才做出这一决定。但这不是事实，2010年本科生申请人数增加了18%，而2011年3月份暂停招生申请工作了。"哲学系有6位教师，他们从HEFCE获得的研究资助占大学所得资助的5%；该校共733位教师，这意味着哲学系教师所获得的资助为全校平均值的6倍。

关闭哲学系是此前英国工党政府削减教育经费预算政策的一部分，工党政府总共削减了5亿英镑的教育经费预算。教育机构管理者把责任转嫁到员工和学生身上，主要通过减少工作职位、增加学费、关闭院系甚至是整个机构等方式来应对。该系教授认为，由于哲学系科研表现较佳，他们从HEFCE获得的科研经费也用于补贴商业和管理学院系。而且由于理事会的拨款完整周期还没有结束，这意味着即便哲学系不存在了，大学仍然可以从大学拨款理事会获得100多万英镑本该给哲学系的拨款。有教师提出，该校管理人员人数为890人，明显高于学术人员的733人，而且私人咨询费用也在快速增长。关闭哲学系的决定过于武断，甚至该决定没有遵循既定的程序。

20世纪80年代末，"市场概念"在高等教育管理中越发清晰，而绩效评价以其不可忽视的导向功能对市场化的趋势起到推波助澜的作用。政府更多使用财政上的激励而非直接行政干预的手段来影响高校运作模式。许多大学正采取内部市场机制，各系之间相互买卖服务或各系和学校中心管理机构进行服务交易。❶绩效评价连同市场的力量也使很多高校掀起一股裁撤和改组经营不善或市场前景不好系科的风潮。很多基础性学科、缺乏经费来源以及难以与工商业界开展合作的系遭受严重威胁，尤其是像哲学系这样传统的人文学科学系更是受到明显的冲击。当然，关闭学系的理由不单单是经费配置的影响，学术标准、学科发展趋势也会对大学学系的命运产生一定的影响。比如美国康涅狄格

---

❶ J. 布伦南·T. 夏赫. 英国的高等教育政策［G］//［荷］弗兰斯·F. 范富格特. 国际高等教育政策比较研究. 王承绪，等，译. 杭州：浙江教育出版社，2001：389.

大学地质系的关闭是因为受到了学科交叉和综合化的影响，加之国家自然科学基金会对大科学和交叉科学研究资助的热衷，促使环境科学系成为众多大学系科调整设置的方向。2007年5月，纽约州立大学奥尔巴尼分校同样关闭了地质系，2009年密歇根州立大学也开始考虑关闭地质系。

绩效评价以测量代替信任，用管理控制代替学术自治，在大学内形成一种注重竞争的氛围，深刻地改变着高校内部的组织文化。一些人文学科学者抱怨，在20世纪90年代初期人文科学系科先后经受了一系列的绩效评价活动；第一年是学系审计（Academic Audit）；第二年是对科研成果进行竞争性排名的科研评价；第三年则是教学评价。他们切身感受到各种评价对他们权力形成的威胁以及对他们职业生活造成的破碎❶，受这种组织文化影响最大的还是教师的教学工作。学者斯蒂芬·戈德曼（Stephen Gudeman）不无遗憾地指出："在以前对学术工作进行考核的年代里，我认为好的教学可能发生在办公室或休息室里，在课余喝咖啡或吃饭的时候，可能只需几分钟或畅谈数小时。但是，这种场景和情况很难测量，而且在经费分配中也绝不会被考虑。"❷

本案例呈现了在院校绩效政策影响下，学校对特色战略进行重新定位后的组织结构变革过程。该校从一所涵盖人文社科的综合型大学转向偏技术类的大学，是一种集中化办学战略设计，而哲学系被关闭的过程其实是战略的执行结果。

---

❶ CRIS SHORE, SUSAN WRIGHT. Audit culture and anthropology: Neo-liberalism in British Higher Education [C]. the Fifth EASA Conference. Frankfurt, 1998: 565.

❷ STEPHEN GUDEMAN. The new captains of information [J]. Anthropology Today, 1998, 14 (1): 2.

第七章　组织文化与特色办学战略

大学文化对战略实施具有重要作用，有效的大学战略管理过程在一定程度上应适应于大学的组织文化。大学文化通过组织的使命和愿景来引导大学战略的方向。大学战略的选择和战略目标的确定则需要发挥大学文化的凝聚和协调功能，大学文化能够使组织成员对组织愿景和战略目标达成共识，进而实现组织内部的整合，有助于战略目标的实现。

第一节　组织文化的分析维度

一、组织文化

（一）组织文化概念

组织文化是一个组织所有成员所共享的，并且作为标准传承给新成员的一系列价值观、信念、看法和思维方式的总和。组织文化存在于两个层面，一个是可以看到的行为层面，另一个是组织成员思想深处的价值观。因此，观念和行为是分析组织文化的根本路径。观念又分为有意识的和无意识的两种。有意识的观念可以观察到，对目标、政策和程序有直接的、明显的影响，属于成文规则所记录的观念；无意识的观念是隐藏的、无目的的，对非正式的规则有间接的影响，不太容易改变。所以我们注意到，有些学校在官方的文本中强调办学特色战略，但实际上特色战略并没有进入成员的观念，也未得到真正的落实。观念包括两个要素：第一个是参照系框架，体现了人们感知情境的方式；第二个要素是各种选择的相对重要性和价值。在组织中人们对情境的判断是有差异的，而组织文化的作用是凝聚共识，使大家产生相同的信念。第二个要素体现了优先性问题,当面临不同的选择时,应如何处理各个事项,引导组织成员的决策行为。文化即共享。组织要为成员提供大量的沟通交流机会,并且要有正式、公开的规则,要有奖罚制度体系等。文化也是组织的一种自我巩固。文化为成员提供了理解重要决策的路径,在理解的基础上使人们对组织的特色战略制定和执行有了进一步的期待,而这些期待丰富了整个组织的形象,对组织未来的变革是非常有利的(见图7-1)。

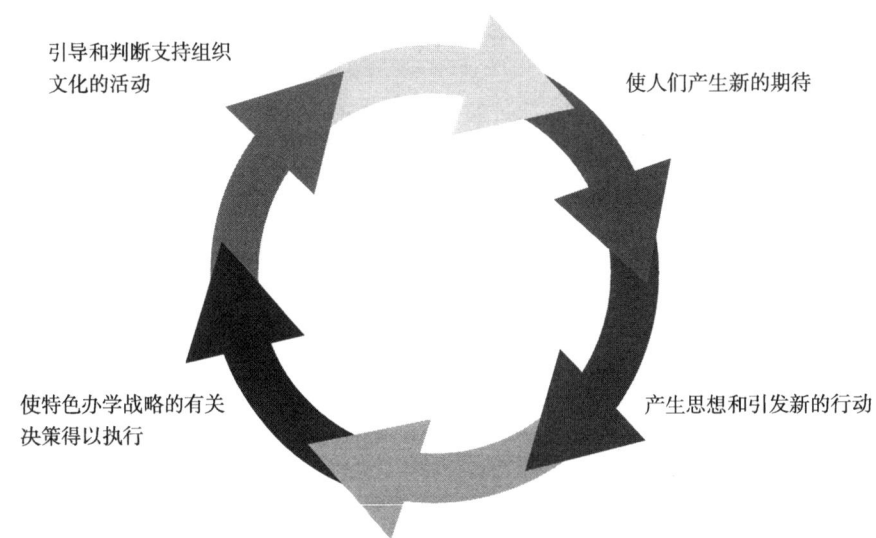

图7-1 组织特色办学战略制定与实施过程中的组织文化模型

(二)战略选择与组织文化

战略类型与组织文化的关系是什么呢?如前文所述,战略类型是组织运作和应对变化的策略选择,战略制定的正确与否、恰当与否直接影响组织运行活动的成败。目前,学者运用制度理论和资源依赖理论对战略选择研究得最多,认为制度转型、来自制度环境的压力与限制、任务环境(组织可利用资源与能力)都会影响组织战略类型的选择。组织文化同样影响组织面对外界制度压力和资源限制时的工作氛围和决策方式,从而使组织选择不同的战略。面对同样的制度环境,为什么有的组织可以形成特色化战略,而有的组织选择高度模仿其他大学组织呢?伯顿·克拉克对创业型大学进行了多案例研究,归纳出特色型学院的 5 个关键特征：①有强化的运作核心；②可扩张的发展腹地；③多元化的财源；④受激励的学术志向；⑤整合的企业精神文化。而谈到政府在大学转型的角色时，克拉克强调：虽然政府可以透过一些方式，如财政与政策的松绑来影响大学的运作，但大学转型的发生不是透过意外或偶然事件就可促成的；它必须是在大学的有心与刻意（deliberately）计划与努力下实现，因此政府在大学转型的过程中成为一种助力的情况只有在大学能主动采取转型的必要行动后才会出现。由此，我们可以看到，尽管大学面对相同或相似的制度环境，但实际上大学的战略选择并不一定要完全相同，而能不能有特色，关键在于有没有勇于追求特色的组织文化。

二、大学文化的作用

大学文化对大学组织运行发挥着基本价值取向的作用。牛津、剑桥、哈佛、耶鲁等世界名校都有各自的文化特色。无怪乎埃米尔·涂尔干感言："很少能找到一种机构，既是那么统一，又是那么多样。"在行动层面上，大学文化像一个"泡菜坛子"，浸泡出大学成员的院校品性，内在主导着对大学战略的选择和实施。若雷（Daniel Rowley）等就将院校主导哲学作为分析和制定大学战略管理的一个重要纬度。❶ 因此，有效的大学战略管理过程在一定程度上应适应于大学的组织文化。大学文化通过组织的使命和愿景来引导大学战略的方向。大学战略的选择和战略目标的确定则需要发挥大学文化的凝聚和协调功能，使战略过程能够有效处理民主与效率的关系，把各方面的意见集中起来，经过协商、组合、调整、筛选，使大学战略具有前瞻性、竞争性和可行性。❷

（一）大学组织成员对战略的认同度关系着战略能否实现

组织变革的战略实施过程是一个面临利益重新分配的过程。这就意味着人们所熟知的、所信任的、可预知的工作方式或基准体系可能不再发挥同样的作用，战略实施过程的困难也相应增加。如果文化能够使组织成员对组织愿景和

---

❶ ROW LEY, D J SHERMAN, HERBERT. From strategy to change: Implementing the plan in higher education [M]. San Francisco, CA: Jossey-Bass Press, 2001: 31-32.
❷ 魏海苓. 适应与协调：大学战略管理与大学文化的关系探讨 [J]. 辽宁教育研究，2008（2）：20.

战略目标达成共识,那么就可以实现组织内部的整合,否则将影响战略目标的实现。

例如,某师范学院确定了转型为综合大学的战略,在战略实施初期,教师对这一变革感到不适应。从学校内部看,教师对学校的飞速变化感到些许困惑,而且对"我是谁"产生了新的追问。尽管有少数人认为"改名似乎失去了原有的师范特色",如一些校友仍对原校名保持比较高的认同,但许多教师对这种变化是比较认可的,"我觉得成为大学对我们来说是件好事,毕竟大学比学院听起来更加有地位"。某位教师谈到学校的转型时说:❶

从学院改名为大学,我们就可以和省内其他几所师范学院区别开了,改名也给了我们重新定位的机会。在师范院校的名称下,要提高学校的实力和影响力是不太容易的,但(改为)大学就不一样了,我们能名正言顺地增加新专业和扩充研究生学位点。

学校转型为综合大学,也意味着对教师的科研工作量和质量提出了新的要求。职称晋升和考核都与高级学位挂钩致使许多没有高级学位(硕士和博士)的教师不得不加入考研和考博的队伍中。该学院自1998年提出转型以来,有356名博士、硕士毕业后返回学校工作,而且学校也划拨资金专门资助教师进修高级学位。

随着转型,学校内过去教师紧密互动的文化也渐渐受到影响。某老师认为:

以前我来的时候,学校还是很小的……老师都在一个办公室里面……大家碰到就会谈论一些学生。感觉大家对学生比较了解,彼此之间的交流也比较多一点。现在转型以后,老师人数增加,而且大家不怎么坐办公室了……所以我觉得在交流方面比较少,更别说和其他院系的交流了。

有教师认为学校转型为综合大学以后教学质量并没有实质的提升,学生并未提高对本校课程学习的热情,这无疑影响到了老师的教学热情。有受访教师表示:

---

❶ 王占军. 高等院校组织趋同的机制研究 [M]. 北京:北京师范大学出版社,2012:154.

规模扩大了，非师范专业增多，学生的学习热情不像以前。考研也是因为没有其他选择了。上课不好教，学生爱逃课，考研也影响了教师上课。

但也有老师认为，学院转型和自己关系不大，认为：

我觉得没啥影响，转型的决策是领导做出的，领导说怎么就怎么，我们没有话语权。我还是像以前一样上课备课，工资也是一样的。

无论是学校转型战略动员的整体性，还是多种机制一起推动了X学院获取合法性的整体性，都不等于说组织或个人的利益与升格战略是完全一致的。从整个校园来说，许多教师在为"变成一个大学"后教师聘任和考核的适切标准而挣扎。对长久生活在小型教学学院环境下的教师，强调科研的综合性大学的定位和标准显然是一种挑战。同时，也由于学校对科研产出给予较高的奖励，无形中拉大了教师之间待遇的差距。[1]

这样的变革压力之下所出现的组织内部战略实施困难，要求大学文化发挥相应的作用。大学文化作为一种长期积淀的思维范式和价值理念，具有导向、约束、凝聚、激励等功能。大学文化使大学成员对大学产生一种认同感，并会激发大学成员对超越于他们自身的信念和价值观的承诺意识，继而会产生有助于实现组织目标的功能性行为，从而增强大学战略实施的有效性。大学文化使大学形成共同愿景，使成员形成共同的规范和价值观。共同的价值观、行为规范和信念等大学文化方面的措施在战略控制方面发挥的作用可能更有效。

（二）大学特色战略也可能成为大学文化的一部分

"大别山道路"是安徽农业大学在发展过程中形成的、独具魅力的特色战略，该特色办学战略是服务于老区农业发展的集中化战略，这一战略已经成为学校组织文化的一部分。该校是一所有着80多年办学历史的省属重点大学，源于1928年成立的省立安徽大学。1935年，该校成立农学院；1954年独立办学；1995年更名为安徽农业大学。它是一所以农林学科为优势，农、工、理、医、经、管、文、法、教等多学科协调发展的教学研究型大学。

1984年9月，中共中央、国务院下发《关于帮助贫困地区尽快改变面貌的通知》，要求各地要帮助"贫困地区人民首先摆脱贫困，进而改变生产条

---

[1] 王占军. 高等院校组织趋同的机制研究［M］. 北京：北京师范大学出版社，2012：154.

件,提高生产能力,发展商品生产,赶上全国经济发展的步伐"。安徽农学院(安徽农业大学前身)积极响应中央和国家号召,派出200多名专家、教授和科技人员,带着"我为老区人民做点事"的使命感,走进大山深处,深入田间地头,走村串户,调查研究,传授科技,指导生产,开辟了"安农人"走"大别山道路"的先河。2009年,安徽农业大学召开了第五次党代会,确立了坚持走"大别山道路",注重内涵发展、特色发展、创新发展、和谐发展,努力建设特色鲜明的先进水平农业大学的发展目标。在实施特色办学战略过程中,各种特色学科发展速度加快。生物学科快速发展,森林保护学、茶学等优势特色学科不断加强,一大批与安徽农业主导产业和优势产业密切相关的学科,如作物遗传育种、植物保护、环境工程、动物遗传育种等也得到迅速发展。学校的发展必须彰显特色,而特色发展离不开学校外寻合作、内求和谐的制度保证。安徽农业大学在坚持走"大别山道路"的实践中,不断更新服务观念,完善服务手段,拓展服务领域,搭建服务平台,强化激励政策,促进学校与地方经济社会互动发展,形成学校内部和谐竞争机制,为实现学校和谐发展营造了良好的内外环境。学校先后与省内20多个市(县、区)签订了新农村建设产学研全面合作协议;与100多家农业产业化龙头企业签订了产学研合作协议;与省科技厅、省农委、省农科院等多家单位整合部门优势资源,建立了农科教协作联席会议制度,合力推进农业科技进步,提高农业综合竞争力。为调动广大教师的积极性,学校积极推进校内职称评聘制度改革和科技管理体制改革,对在科技推广方面有突出贡献的教师给予政策上倾斜,积极推动教师多层次、多渠道、多形式开展产学研合作,积极组织专家服务团围绕相关县、市、乡的新农村建设情况,开展联合攻关、综合服务。❶

(三) 战略的实施要求大学具有支持战略的组织文化

卡迪夫大学苏伊说:"我认为在形成和执行战略这一过程中必须要有一种企业文化和创业精神支撑,否则会抑制着眼于未来的创造性。卡迪夫大学就是这样做的。如果没有一种创业文化就不能进行战略规划,因为官僚化会使大学受到很多束缚。但是文件的制定本身和决定那些行政公务类的事情需要一点官

---

❶ 赵良庆,朱立军.大学的责任与使命——以安徽农业大学走"大别山道路"为例[J].高校理论阵线,2010(4):36.

僚性的文化，当你监控事物的时候，更倾向于用官僚方式来做事。如果你只有企业文化，就可能忘记监控和检查你的进步。因此，我认为这两种文化在比例适度的情况下才是健康的。最佳的战略计划是通过企业文化来开发的，但也需要另一种文化来确保战略计划可以实施。"❶

伯顿·克拉克对于创业型大学概念的理解是建立在对欧洲的5所大学个案研究基础之上形成的。他强调：一所创业型的大学，凭它自己的力量积极地探索在如何干好它的事业中创新，它寻求组织特性上的实质性转变，以便为将来取得更有前途的态势。因而，面临外部环境的改变，大学需要以一种更为灵活的方式和更加积极的态度进行创业型的回应。扎哈里亚（Sorin E. Zaharia）和厄内斯特·吉尔伯特（Ernest Gibert）更多地强调大学与社会的互动态度以及企业化管理的运用。他认为：依靠"创业型反应"，欧洲大学被分为不同种类。例如，一个积极主动的大学以一种动态的、互动的态度对待社会，它在影响环境的同时也受环境影响。因此，科学和管理的调和是界定创业型大学的基础。在这种背景下，知识的系统转移补充着大学研究和教学的传统职能，包括技术转移、继续教育和针对劳动力市场进行的不断调整。为了发挥大学的功能和作用，它们必须采取企业的方式管理人员、知识和发挥自身的能力。因此，是教育使命和企业管理界定了"创业型大学"。❷ 斯劳特（Slaughter）认为创业型大学是指高校在变化的形势下采取一些企业的运作方式，表现出市场的行为，特别是对外部资金的竞争。本研究认为，这是一种非常典型的特色办学战略，具有创业型特征的大学都采取了创新性的变革战略，具有非常强的企业式文化。

第二节　大学文化与特色战略执行

大学组织文化是一个可以测量的概念，本节借鉴奎恩（Quinn）和巴赫对组织文化的分类，即家族型（Clan）、目标型（Adhocracy）、层级型（Hierar-

---

❶ 周巧玲，赵文华. 大学战略规划在英国高等教育管理中的作用 [J]. 高等教育研究，2006（6）：103.

❷ SORIN E, ERNEST GIBERT. The entrepreneurial university in the knowledge society [J]. Higher Education in Europe, 2005, 31 (1): 31 - 34.

chy）和市场型（Market）4种类型。结合高等院校组织的实际特征，将大学组织文化分为学院型、目标型、科层型和市场型4种文化，开发了专门的测评工具对案例大学进行实证研究。

一、大学文化概念操作化

上节我们对组织文化进行了界定，那么组织文化是不是可以进行操作化测量呢？对此，许多组织研究者认为，学校作为组织的一种形式，必然存在组织的一些共性，因此他们认为组织文化测量表同样可以运用于学校中。如凯蒙（Cameron）和弗里曼（Freeman）以美国334所大学的3 406名工作人员为样本进行了测量，为组织文化评价量表（Organizational Culture Assessment Instrument，OCAI）的效标关联效度提供了较有力的证据，说明组织文化测量表同样可以适用于学校组织中。❶

奎恩和罗赫巴赫（Rohr Baugh）于1983年创建了竞争价值框架（Competing Values Framework，CVF）模型。他们通过大量研究发现，有两个主要的维度可以用来描述组织的有效性：第一个维度与组织对内部和外部的关注程度有关；第二个维度与组织的稳定性和灵活性有关。这两个成对的维度划分出4个象限，每个象限代表不同类型的组织文化，分别以它最显著的特征命名：家族型、目标型、层级型和市场型（见图7-2）。

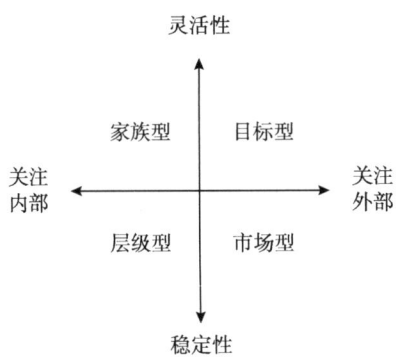

图7-2 竞争价值框架简化模型

---

❶ CAMERON K S, QUINN R E. Diagnosing and changing organizational culture：Based on the competing values frame-work [M]. New York：Addison-Wesley Press, 1998：221.

每种文化类型有不同的特点，家族型文化的主要特点是企业内部有非常友好的工作环境，强调组织凝聚力和团队士气，重视客户和员工，鼓励团队合作、参与和协商。这个模型放入高等教育组织的背景之下，符合学院模型特征，认为大学是个社区，是知识共同体。在《大学如何运行：学术组织的控制与领导》一书中，马里兰大学教授伯恩鲍姆分别以5所大学（学院）为个案，讨论了5种大学管理模型（科层模型、学院模型、政治模型、无政府模型和综合模型）。其中，学院模型是一个由管理者、教师和学生构建的共同社区，其目的是满足高质量的教育需求。伯恩鲍姆以建校已有150年历史的赫里蒂奇学院为例来说明学院模型的组织特征。这所学院充满了沟通的文化，教师之间相互尊重，通过协商的方式达成一致。管理者本身也是教师群体的一分子，并不高人一等，于是管理者与教师之间也能经常互动，营造出相互尊重的氛围。[1]

目标型文化的主要特点是组织内部有充满活力的、有创造性的工作环境。员工勇于争先、创新和承担风险，鼓励个体的主动性和自主权。目标型文化关注组织外部事务，强调灵活性和组织的创新变革。最近兴起的创业型大学在这方面比较典型。在目标型组织文化中，组织学习是建立战略支持性文化的一条重要途径。组织学习是指一个学习过程，在这个过程中，善于学习和创新的个体知识通过组织内部的知识传播机制，最后转化成为组织共有的知识。经过这样一个过程，个体的认知模式在互动中达成共识，进而形成组织共同的认知模式，并最终导致组织行为的改善。创业型大学很像高科技行业中的企业，开发一种追求创新的文化。这种新的文化可能开始是作为相对简单的制度变革的理念，后来经过详细的说明而形成一系列信念。这些信念在学术中心地带广泛传播，最终变成整个校园的文化或灵魂。也就是说，强有力的文化根植于强有力的实践，观念和实践相互影响，大学的文化和价值体系在培育大学个性和具有特色的声誉中相当重要。伯顿·克拉克认为，良好的文化可以产生对组织的认同，并形成最大的决心来实现组织的目标。而一种新的企业文化精神的产生是学校中有形与无形的因素、正式与非正式关系的综合，需要在管理人员、广大师生当中普遍存在创业精神。

---

[1] 林杰. 美国高校组织理论中的学院模型［J］. 高等教育研究，2006（7）：94.

市场型文化的主要特点是组织内部有一个竞争性十足的工作环境，关注声誉和成功，关注富于竞争性的活动和可度量目标的实现。市场型是控制导向，聚焦外部事务，注重组织的竞争能力和产出率。英国的高等教育在这方面非常典型。由于商业部门的介入，许多商业管理方法被引入英国高等教育政策之中，绩效文化在高等教育管理中大行其道。科研拨款依据科研评估结果，这种拨款方式对院系的直接冲击是非常注重在市场竞争中的绩效表现。

层级型文化的主要特点是组织内部有着非常正式的、有层次的工作环境，各级员工的工作行为活动都有章可循，关注的长期目标是企业运行的稳定性和有效性。在大学里主要是一种科层模型。罗伯特·斯托普在《高等教育中的科层》一书中指出，大学具有以下科层特性：技能是大学聘用的标准；校长和其他一些管理人员是任命的，而不是选举产生的；教职员工的工资是固定的，由所在的组织支付；级别得到认可和尊重；职业具有排他性；组织成员的生活方式以组织为中心；"终身制"是职业保障的措施之一；在个人财产和组织财产之间有严格的区分。❶ 在高等教育组织中，经常被提到的3种科层特征是：①扩大行政人员队伍；②充满繁文缛节和公文工作；③部门设置利益化。

二、研究设计

（一）战略执行

许多组织运行不佳往往是因为战略执行不善。约翰逊（Johnson）2004年的研究论文发现，66%的企业组织从未执行过战略规划。❷ 洪堡（Homburg）等认为，战略执行是非常关键的，组织领导者要制定合适可行的战略，并对战略的执行高度关注，要分配足够的注意力和资源确保战略得到有效执行。❸ 诺

---

❶ 马文·彼得森. 大学和学院组织模型：历史演化的视角 [J]. 阎凤桥，译. 北京大学教育评论，2007（1）：115.

❷ JOHNSON L K. Execute your strategy – without killing it [J]. Harvard Management Update, 2004 (12): 3-5.

❸ HOMBURG C, FASSNACHT M, GUENTHER C. The role of soft factors in implementing a service – oriented strategy in industrial marketing companies ISBM Report 18 – 2000 [R]. Pennsylvania University, 2000.

贝尔（Noble）提出了促使战略执行的链条，包括沟通、解释、采用和颁布。另外，对战略制定的定义是：由领导者所指导下进行的程序，用于安排组织的特定变革过程。❶ 战略执行对组织目标的实现起着关键作用。克雷登（Crittenden）提出，执行是构建卓越绩效组织的基石，是组织成长与发展的关键力量。科特勒（Kotler）认为，战略执行是将战略计划转化为具体行动任务并确保它们的实施能够实现既定计划目标的过程。艾利（Seyed Ali）等人的研究，把战略执行分为5个维度：政策形成、政策执行、资源配置、激励和制度要素。❷

（二）理论框架

诸多研究者都探讨过组织文化与组织效能、组织承诺和工作满意度、组织变革、组织创新与学习之间的关系。麦哈（Mehta）和克瑞斯娜（Krishnan）发现强组织文化可以帮助领导者建立更大的影响力，对组织战略有相当大的影响。组织执行战略时要考虑到组织文化强有力的影响。❸ 建立在以往研究基础上，我们提出如下假设。

H1：组织文化与战略执行之间存在相关关系。为了弄清楚每种文化类型与组织战略执行的关系，我们使用了凯蒙和奎恩模型，调查了每种文化类型与战略执行过程的关系。另外也考虑了灵活性与战略执行的关系。

H1a：学院型文化与战略执行有显著的相关关系。

H1b：目标型文化与战略执行有显著的相关关系。

H1c：市场型文化与战略执行有显著的相关关系。

H1d：科层型文化与战略执行有显著的相关关系。

因此，我们建立了如图7-3的理论框架。

---

❶ NOBLE C H. The eclectic roots of the strategy implementation research [J]. Journal of Business Research, 1999 (45): 119-134.

❷ AHMADI S A A, SALAMZADEH Y, DARAEI M, AKBARI J. Relationship between organizational culture and strategy implementation: Typologies and dimensions [J]. Global Business and Management Research: An International Journal, 2012, 4 (3/4): 286-299.

❸ MEHTA S, KRISHNAN V R. Impact of organizational culture and influence tactics on transformational leadership [J]. Journal of Management and Labor Studies, 2004, 29 (4): 281-290.

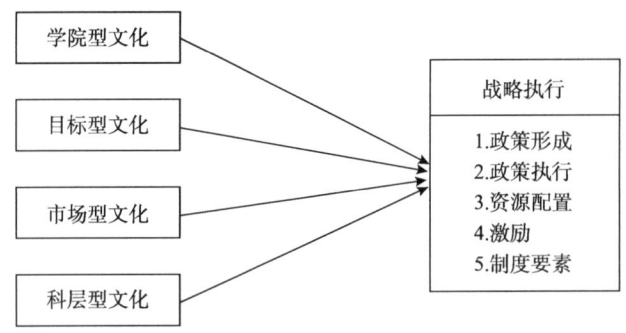

图7-3 大学文化与战略执行关系框架

假设2：所有的组织文化的表现维度都与组织战略执行存在显著的相关关系。

在竞争价值框架（CVF）基础上，奎恩和凯蒙开发出了组织文化评价量表。OCAI从影响组织绩效的因素中提炼出6个方面来评价组织文化：主导特征、领导力、员工管理、组织凝聚、战略重点和成功准则。OCAI曾以美国334所高等教育机构中的3 406名工作人员为样本进行测量，这些样本代表了整个美国的大学和四年制学院。结果发现不同文化类型的大学其组织有效性差异显著，不同文化类型的大学对应着相应的有效性指标。该研究同时发现不同文化类型的大学有着不同类型的组织战略、决策过程和结构。用以上6个维度来评量组织文化，可以提出如下模型（见图7-4）。

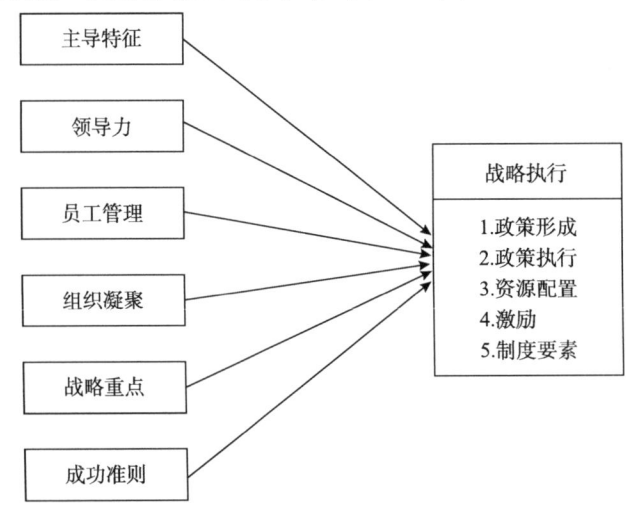

图7-4 组织文化维度与战略制度要素关系

（三）研究方法与资料收集

我们使用组织文化测量问卷（根据大学组织特性进行了修订），该问卷包括6个问题，每个问题有4个选项，每个选项对应一个占主导地位的大学组织文化类型。对于战略执行，我们设计了19个题目进行自我评估，包含政策形成、政策执行、资源配置、激励和制度要素5个方面，采用里克特量表技术（1-完全反对；5-完全同意）。

我们在案例大学依照方便取样原则，共选取中层干部（包括行政部门和学院）46人，教师90人，回收有效问卷共101份。使用K-S分布检验，发现数据呈非正态分布，故使用非参数斯皮尔曼相关检验组织文化与战略执行两个变量的关系。

三、研究结果

根据统计结果，假设1被支持，所有的类型组织文化都与战略执行存在相关关系；但是不同文化类型影响的强弱不同，其中学院型文化影响最大，科层型组织文化影响最小（见表7-1）。

表7-1　组织文化类型与战略制定相关关系

组织文化类型	斯皮尔曼等级相关系数	战略执行
学院型文化	Correlation coefficient	0.656**
	Sig. (2-tailed)	0.000
	N	101
目标型文化	Correlation coefficient	0.645**
	Sig. (2-tailed)	0.000
	N	101
市场型文化	Correlation coefficient	0.540**
	Sig. (2-tailed)	0.000
	N	101
科层型文化	Correlation Coefficient	0.495**
	Sig. (2-tailed)	0.000
	N	101

该统计结果进一步说明，学院型组织文化所具有的分享和灵活性对于组织

战略实施是非常重要的。本研究可以从统计上说明高校去行政化和实行教授治学对于执行特色办学战略而言是意义显著的。

进一步分析组织文化类型与战略执行各个要素之间的相关关系可以发现，组织文化类型与战略执行各个要素之间存在显著相关关系，但关系的强烈程度是不同的。灵活型的组织文化（学院型和目标型）与政策形成和制度要素相关关系最为显著。学院型文化与政策形成的相关系数达 0.653（Sig = 0.000），目标型组织文化对政策形成也有较强的影响，相关系数为 0.619（Sig = 0.000）。灵活性组织文化同样与制度维度相关显著，其中来自目标型组织文化的影响最大，相关系数为 0.621（Sig = 0.000），其次则为学院型文化，相关系数为 0.613（Sig = 0.000）（见表 7-2）。

表 7-2 组织文化类型与战略执行维度之间的相关关系

组织文化类型	斯皮尔曼等级相关系数	政策形成	政策执行	资源配置	激励	制度要素
学院型文化	Correlation coefficient	0.653**	0.562**	0.496**	0.569**	0.613**
	Sig. (2-tailed)	0.000	0.000	0.000	0.000	0.000
	N	101	101	101	101	101
目标型文化	Correlation coefficient	0.619**	0.543**	0.485**	0.536**	0.621**
	Sig. (2-tailed)	0.000	0.000	0.000	0.000	0.000
	N	101	101	101	101	101
市场型文化	Correlation coefficient	0.499*	0.539**	0.422**	0.593**	0.442**
	Sig. (2-tailed)	0.000	0.000	0.000	0.000	0.000
	N	101	101	101	101	101
科层型文化	Correlation coefficient	0.363**	0.387**	0.380**	0.471**	0.324**
	Sig. (2-tailed)	0.000	0.000	0.000	0.000	0.000
	N	101	101	101	101	101

表 7-3 表明组织文化维度与战略执行存在相关关系。该数据证明了假设 2，也说明战略重点因素与战略执行的相关最为显著，相关系数为 0.716（Sig = 0.000），其次影响最大的因素是组织凝聚力，相关系数为 0.684（Sig = 0.000）。图 7-5 显示了变量之间的关系。

表7-3 组织文化维度与战略执行的相关关系

组织文化维度	斯皮尔曼等级相关系数	主导特征	领导力	员工管理	组织凝聚	战略重点	成功准则
战略执行	Correlation coefficient	0.582**	0.585**	0.600**	0.684**	0.716**	0.659**
	Sig. (2-tailed)	0.000	0.000	0.000	0.000	0.000	0.000
	N	101	101	101	101	101	101

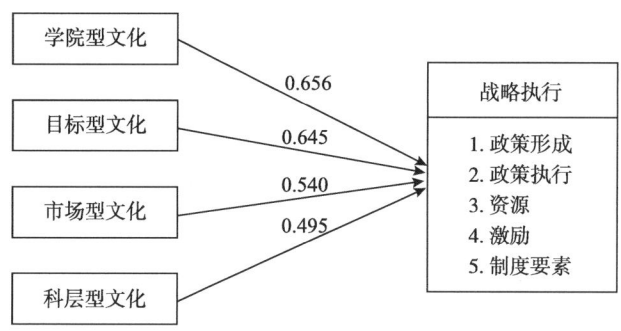

图7-5 组织文化类型与战略执行相关系数

以上实证研究表明大学组织文化与战略执行之间存在密切关系。根据研究结果，学院型和目标型文化对战略执行的影响最为明显，市场型和科层型文化对战略执行也有作用。研究也发现，灵活性的组织文化与战略执行过程有更多的关联。这可能是因为大学组织在面临不确定性的制度环境时会通过灵活性调适来提高组织绩效。当然组织的稳定性对战略执行仍具有价值。本研究通过对战略执行概念进行操作化，发现组织文化与战略执行的各个维度具有相关关系，特别是在政策形成维度与学院型和目标型文化相关关系显著。

第八章　人力资源政策与特色办学战略

实施高校特色战略需要制定适切的人力资源政策，人力资源政策与组织绩效存在密切关联，不同的特色战略对人力资源政策设计具有不同的要求。

第一节　高校人力资源政策现状

虽然高校在制定发展规划时都强调相应的教师队伍建设任务，但是高校现行的人力资源政策与特色战略关系并不密切。究其原因在于，现行的人力资源政策改革正处于从单位体制转向开放的市场体制过程中。而本书认为特色办学战略需要高校面向院校市场，自主进行战略选择。本节对20世纪90年代以来的人力资源政策变革简要回顾和梳理，并分析现行高校人力资源政策的问题。

一、教师聘任制度

自20世纪90年代以来，学术职业聘任方面的重要改革措施是教师的聘任从论资排辈到以质量为依据。聘任制主要是根据是否符合岗位所要求的资格和是否能够履行岗位职责来聘任教师，强调教师的实际能力。聘任制允许院校根据实际的财政状况聘任所需要的、相应等级的教师。

1998年，北京大学和清华大学被教育部列为重点建设的大学，旨在不久的将来建成世界一流大学。2000年，教育部分别给这两所大学拨款18亿元，分3年发放。其中，25%的资金用于教师发展。这两所大学建立了9个等级3类（每一类又分为3个等级）的教师聘任等级。每个等级的津贴由各院校自主决定，最高的津贴等级是每年50 000元，最低的津贴则每年不到3 000元。每月只有70%的教师津贴发到教师的手中，其余的津贴要等到每年年底教师评审之后才能发放。这一改革有以下主要目标：①打破"终身制"和铁饭碗；

②区别职务和聘任职位，以使那些没有职务的、有能力的人员被聘任到一定的岗位；③将薪水和受聘任的职位相联系，增加不同人员之间的薪水差距；④精简教师人数，将多余的人员分配到其他岗位。在这一聘任制度下，即使是正教授，如果缺乏能力也不能保留在其所在的职位上，只能获得其职务的基本工资（每月1 000元），而没有岗位津贴。2000年，65名北京大学的正教授没有被聘任为正教授，而有71名副教授则被聘任为正教授。仅有60%的教师获得岗位津贴，其余教师只能拿到基本工资。

其他大学都学习北京大学和清华大学的做法，实施此类改革。2000年，复旦大学和上海交通大学分别从教育部及上海市人民政府获得12亿元的资金。其中，有1/3的资金用于聘任制下的教师发展。上海交通大学的顶尖教授每年可以获得20万元。2000年，在山东农业大学废除"终身制"后，124名党政干部和管理人员失去其学术职务。约37%的正教授和12%的副教授没有获得聘任职位，大学的人事开支从1998年占大学总预算的94.6%降低到2000年的70%，省下的资金被用于支持受聘教师。2006年，华中师范大学25名正、副教授，2名讲师，共27人"落聘"；29名包括正、副教授在内的高级职务教师被解聘。聘任标准制订后，开始对全校教师5年内教学和科研情况进行考核。考虑到是首次进行教师聘任，对于考核不合格的落聘人员，实行缓聘措施。缓聘人员若在一年内达到学校规定条件的，可考虑聘任；一年后达不到条件，将会采取转聘、待聘或低聘等措施。

二、教师定岗定编

以教育部直属高校为例，2007年5月22日正式印发了《教育部直属高等学校岗位设置管理暂行办法》（教人［2007］4号）。暂行办法对岗位设置管理的基本原则、工作程序、岗位总量与结构比例、岗位聘用、岗位设置审核与管理等方面做出了明确规定，尤其对岗位总量的确定、专业技术高级职务结构比例、岗位内部结构比例、职员职务职级制度等方面做出了规定。自此，岗位设置工作开始在直属高校实施。

1. 确定岗位总量

根据《教育部直属高等学校岗位设置管理暂行办法》规定，各直属高校一方面按照教育部审核批复的本校岗位设置方案，确定并严格控制学校岗位总量，使学校岗位总量不超出核定编制数；现有正式工作人员数超过核定编制数的部分学校，暂以现有正式工作人员数为基础核定，待新的编制标准出台并重新核编后再做调整。另一方面，依据"总量控制"的要求，进行编制规划，并对自我发展规模制订长远规划，避免出现在短时间内职工队伍的急剧扩张导致的超编现象及年龄结构、职称结构的不合理，使得人事调控在以后的几年内无法发挥作用；同时避免因过严控制人员编制而造成严重缺编，使教师忙于重复的教学工作，忽略教学改革和科学研究，管理人员忙于日常事务，疏于调查研究。

2. 划分岗位类别及其所占比例

各直属高校从本校实际和发展需要出发，将岗位设置与自身办学目标紧密结合，科学定位，对学校的功能、水平、办学方向进行认真研究，结合学校定位合理确定相应的结构比例，将提高学校教育质量置于不断提高教授水平和质量的基础之上，不断提高学校教授的"含金量"，而不是一味在增加数量、提高比例上做文章。例如，华中科技大学在岗位设置管理工作首次聘任中严格按照教育部规定，专业技术二、三、四级岗位按现有正高人员 1∶3∶6 的比例聘任。除一级岗位和学校保留的机动岗位外，所有岗位（含教师与非教师）根据学科发展状况和需求设到各院系。学校在设岗中充分体现对国家级平台、基地的倾斜，根据国家级实验室和国家级科学工程项目的发展需要设岗。同时，在设置二、三级岗位时，各院系按现有正高人数的 10% 设置二级基本岗位，首聘按现有正高人数的 5% 设置；按现有正高人数的 15% 设置三级基本岗位。无博士点的院系原则上不设二级岗位。2008 年，该校本部教职工共有 7 801 人（不含附属医院），其中专业技术人员 5 602 人，占 71.81%。专业技术人员中正高级人员 886 人，占 15.81%；副高级人员 1 516 人，占 27.06%；中级专业技术人员 2 469 人，占 44.07%；初级专业技术人员 731 人，占 13.04%。

3. 聘用岗位人员

依据暂行办法规定，各直属高校结合本校实际，合理制定本校各类和各级岗位的任职条件，并在核定的岗位总量和结构比例内聘用人员。同时，为了进一步加强高层次人才队伍建设和学科发展需要，各直属高校统筹协调自然科学、工程技术、社会科学等领域的关系，合理制定并严格掌握专业技术高级岗位任职条件，并将其作为人才水平的标杆。

西安交通大学在聘用岗位人员工作中，严格把关各类各级人员的任职条件（见表 8-1）。任职条件分为资格条件和业务条件。各类岗位的资格条件为：应聘专业技术岗位须具备相应的专业技术职务任职条件；应聘管理岗位须具备相应的职员职级；应聘工勤技能岗位须具备相应的工人技术等级。各类岗位的业务条件为：专业技术岗位要求有相应的学术经历、学术贡献、学术影响及岗位责任等；管理岗位要求有相应的任职资历、工作业绩等；工勤人员岗位要求有相应的技术水平、工作业绩等。

表 8-1　西安交通大学教师二级岗位任职基本条件

学术资历	任教授职务年限：12 年以上、6 年以上、5 年以下
学术贡献	1. 获国家自然科学奖、技术发明奖、科技进步奖一等奖前 3 名
	2. 获国家自然科学奖、技术发明奖、科技进步奖二等奖前 2 名
	3. 获国家自然科学奖、技术发明奖、科技进步奖三等奖第 1 名
	4. 以第一、第二或通讯作者在 Nature Science 上发表学术论文，或按 SCI、SSCI 统计，以第一、第二或通讯作者所发表的学术论文 H 因子达到 10，或以第一、第二、通讯作者所发表的论文单篇 SCI、SSCI 他引达到 100 次
	5. 获国家级教学成果特等奖前 2 名或一等奖第 1 名
学术影响	6. 国务院学位委员会委员，教育部科技委员会委员，教育部高等学校教学指导委员会主任、副主任
	7. 国际性学会、协会所主办的学术杂志主编、副主编
	8. 中国青年科学家奖获得者
	9. 国家级突出贡献专家（含中青年专家）
	10. 国家级教学名师奖获得者
岗位责任	11. "973" 计划（包括国防 "973" 计划）首席科学家、"863" 重大专项负责人、国家自然科学基金和社会科学基金重大项目负责人
	12. 国家自然科学基金委员会优秀群体负责人、国家杰出青年基金获得者（A 类）、教育部长江学者、教育部创新团队负责人

各高校的岗位设置方案大都初具雏形。这些方案在政府宏观调控和定编定员的基础上，从各自学校的自身实际出发，充分考虑人才培养、学科建设及服务社会的需要，按不同专业、不同系列、不同类别确定了各级岗位的结构比例，制定了各类各级岗位的任职条件、岗位职责和考核办法。应该说这些方案

具有很强的科学性和可操作性。但是,也有一些方案仅仅关注各类各级岗位的结构比例和任职条件,因为在目前这些问题似乎显得更迫切、更实际;而对与任职条件紧密相连的岗位职责和考核办法,由于目前还不是那么迫切或需要而缺少关注或关注不够。这不但会削弱方案自身的逻辑性和可操作性,还会给以后的岗位聘任、岗位管理带来无法预测的障碍。

机制和政策性障碍主要体现在高校人事制度还不能满足现代大学制度的需要。尽管党的十六大以来,教育部直属高校按照中央要求积极推进事业单位人事制度改革,在转换用人机制、科学设置岗位、深化职称改革、促进人才交流、搞活工资分配等方面进行了深入探索。但是,由于这次岗位设置与聘用工作是在新的编制管理还没有出台的情况下实施的,致使改革并没有完全取得预期的目标,直属高校岗位设置与聘用工作面临很大困难。根据中央教科所高教中心的调查❶,问题最突出的是合理设置岗位。有25所学校选择该项,占71所高校的35.8%。通过收入分配制度改革调动积极性、不同级别岗位人员任用以及落聘人员安置也是这次岗位设置难度较大的工作,见图8-1。较为明确地划分行政人员与专业技术人员的岗位种类、对"双肩挑"人员的规范、促进高级人才引进及中青年教师的晋升,通过收入分配制度改革调动工作积极性、提高工作稳定性等一系列制度、措施的制定和完善,是岗位设置工作迫切需要的。

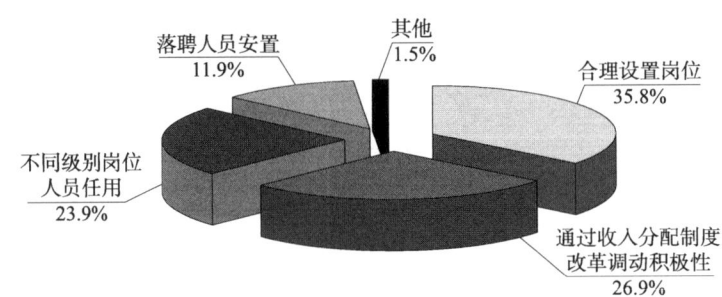

图8-1 岗位设置工作中难度最大的工作

在当前的高等教育办学格局下,各院校具有多样化使命,展现出完成其目

---

❶ 原中央教科所高教中心对直属高校发放问卷75份,回收71份,回收率为94.7%。

标的各种战略,同时每所院校也有各自的需求。在竞争日益激烈的环境中,院校需要对社会需求做出快速反应。在被赋予更多正式自主权的同时,院校也应回应社会的呼声,对使用稀缺公共资源承担问责。

在每所院校中,人力资源管理是院校决策中最重要的领域。从国际来看,许多国家政府规定限定了院校人力资源管理方面的自主权以及灵活性,限制了院校应对挑战的能力。如果院校在人力资源管理方面有充分的自主权,会在实现其使命的过程中更加有效。这一自主权包括以下5个方面:①教师和员工是第三级教育机构的正式雇员;②院校有广泛的工资决定权;③院校有在其战略原则下设立学术职位的自由;④院校有决定职业生涯结构的权利,这一职业生涯结构要充分反映学术人员在其中承担的不同职责,包括教学与研究的平衡;⑤院校有制定晋升、评价职业发展战略的职责。

在院校享有充分的人力资源管理自主权的前提下,全国性立法应该关注原则问题,而不要插手具体细节程序问题。立法应该包括要求院校须遵守(并证明已经遵守了)职位公开竞争的原则,规定院校要在招聘过程中遵守以绩效为依据和程序透明的原则,但不用规定具体如何实现。同样,在公立院校中的续聘要达到绩效标准的原则应该明文纳入立法,但不用详细说明在具体事件中如何实施。当前所进行的定岗定编工作很大程度上限制了院校的自主性。尽管从国家政策角度设计整个教师管理制度,体现了集权管理的连续性。但是,弱化院校自主性所导致的后果也同样值得关注。

三、教师评价政策

(一)教师绩效评价

随着新的聘任制度的实施,教师质量问题成为院校管理和评估的首要问题。高质量的定义是什么?如何制定高质量的标准?如何评估高质量的教师?这类问题引起院校和政府部门官员的重视。目前中国学术界与国际潮流同步,在评价教师过程中重视研究甚于教学。的确,评估和衡量教学工作很难,院校通常的做法是仅仅以"有效的教学和充足的教学工作量"的模糊标准评价教学工作的业绩。"出版或死亡"的说法也适用于中国,教师本人也更重视研究,相对来说不太重视教学。教育部发起了通过财政对教学进行奖励的做法,但是其范围太小,不足以对绝大多数教师的教学产生影响。

许多院校对教师质量的评估主要依据是统一的量的标准,在同一院校中不同学科的标准没有区别。为了评估教师的研究工作,以国际引用索引的数目为依据(SCI 检索、SSCI 检索和 AHCI 检索等)。其他在教师晋升中要考虑的因素包括:在某些国内期刊上发表的文章、参加国家会议的次数、获得的奖金、科研项目以及其他一些标准。评估教学涉及教师教学的工作量、指导的研究生的数量、管理服务和获奖情况。从政府的管理部门到每一个研究机构均引入了文献计量指标为主要指标的整套数量化的评价指标体系。过分僵化的评价方法对科研人员造成的评价压力已经成为一种负面效应。所有科研人员几乎人人每年要排队,进行末位淘汰。其评价方法往往是单纯以发表论文多少、影响因子点数以及专利数量来排队。现在,中国的科学家们甚至将这种做法称为"愚蠢的中国指数"(Stupid Chinese Index SCI)。金碧辉说,所谓"愚蠢的中国指数"不是指 SCI 本身的愚蠢,而在于它的使用方式。"在中国,SCI 基本上是被本末倒置地使用了。"❶ 另外,评价过多过细,十分烦琐,使得科研小组要拿出极大的精力和时间来对付频繁的检查和评估,科研小组和团队压力过大,耗费精力过多。这样的评价活动不符合科学研究的规律。

(二) 绩效评价的影响

当前教师评价注重绩效,并与个人薪金和研究资助挂钩,这与国际的潮流似乎同步。这种变化给教师带来了许多挑战。图 8-2 展示了对学术职业产生冲击的潮流概览以及学术人员所面临的潜在挑战。虽然没有完全反映出目前的发展趋势及挑战的复杂性和多样性,但也提供了一个重大变革的概况。图 8-2 表现了目前的发展趋势可能给学术人员工作带来的负面影响。❷

提及最多的、对学术人员工作环境产生影响的因素之一,是第三级教育向大众化的转轨。学生人数的增长导致了学生群体更具多样性,包括学生学术准备的多样化和社会经济背景的多样化,造成了学生需求和兴趣的多样性、师生

---

❶ 王丹红. 中国科学院文献计量学专家金碧辉专访:"质量:中国科学永恒的主题"[N]. 科学时报,2008-05-28.

❷ 图 8-2 没有描述同样的发展趋势所带来的积极影响。如学生群体的多样性所带来的好处,由私人资助所带来的更多研究和实践机会,因学术人员能够产生更多利润而不断提高的学术自治等。

比的变化、教师和学生之间的关系不断疏远等结果。这些都对学术工作产生了影响。同时政府也面临着压力，虽然第三级教育在不断扩张，却不能把更多的公共经费投入其中。因此，一些国家的生均第三级教育经费开始下滑。最后，很多国家的高等教育体系开始转型。它们从过去那种均一、中央集权的体系，转变为权力更加分散、院校类型更加多样的体系。这种转变自然也会对学者的工作产生影响。

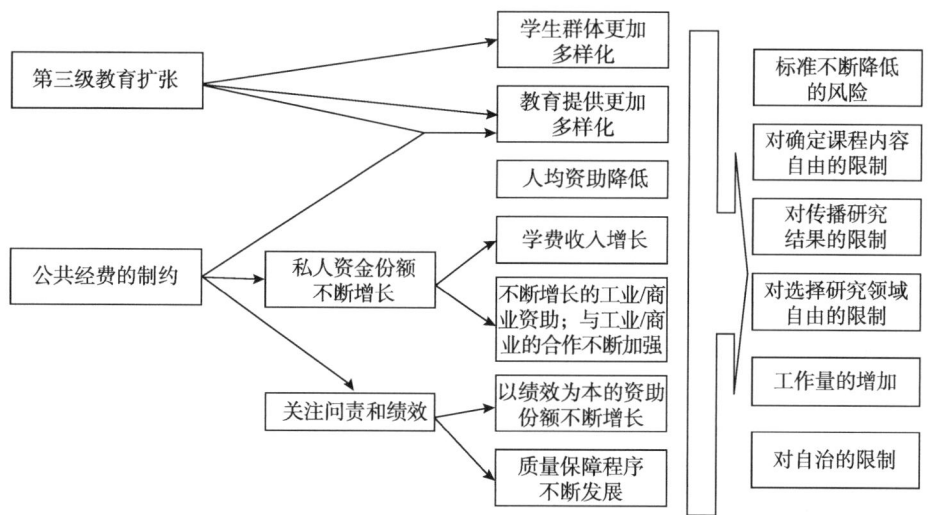

图 8-2 目前的发展趋势对学术工作的影响以及潜在的挑战

第三级教育的财政机制也发生了演化。首先，对非公共来源资金的依赖性加强。科尔德雷克和斯德曼（P. Coaldrake，L. Steman）研究了澳大利亚的学术工作，指出对非公共资金依赖性的增强造成了不同系所之间收入来源的差异，并且由于私人资助不会考虑教学和科研这两种活动之间的密切联系，研究和教学资金来源更加复杂。分散的资金流已经出现，尤其是对研究而言。此外，第三级教育公共资金的分配越来越具有如下特征：指向性增强、以绩效为基础、要通过竞争性程序获得。所有这些都是学术工作得以展开的背景，他们的变换都会对学术工作产生影响。对于问责制和绩效的不断关注对学术职业也产生了影响。例如，许多国家已经实施了将绩效与研究资金和薪水挂钩的政策。第三级教育机构和学术人员不仅面临着绩效的压力，也必须面对问责制的压力。根据北京师范大学教育学院刘慧珍副教授的一项全国调查，科研课题和发表文章是被调查者认为"难以完成"的项目。❶该调查回收 4 890 份问卷，此项回答率为 94.0%，缺失率占 6.0%。该调查显示，教师对完成教学、指导论文以及校外兼职工作的困难感受程度要低些；而对科研和论文发表方面感受困难者所占比率较高；而这两项中以感觉稍微困难者所占比率为最高。由于各层次院校对科研产出都非常重视，即便是普通本科院校甚至是专科学校教师也要承担繁重的科研工作。从研究型大学、普通本科院校和专业学校教师从事课题研究和学术写作投入时间看，普通本科院校和专科院校在周工作 40 个小时以上水平的教师比例明显高于研究型大学。

第二节　特色办学战略与人力资源政策

战略利益相关者理论认为，战略制定和实施需要利益相关者的参与。高校特色战略归根结底需要教师在教学、科研和社会服务实践中贯彻落实。特色战略的核心是组织结构的变革，特别是突破传统的学科组织设置，促进学科交叉和融合。那么，现行的人力资源政策对此的制约是什么？实施特色办学战略需要什么样的人力资源政策？

一、人力资源政策对特色战略实施的影响

（一）院系固定编制的制约

跨学科合作涉及多个院系，而传统的管理模式多数以院系为实体单位。学校把教师编制放到各个二级单位，编制与人员一一对应。再加上目前所推行的院校二级管理体制，学校对学院进行总体绩效考核，并与绩效工资分配挂钩。在这种体制下，教师更加被牢牢绑定在固定编制上，以完成个人和学院绩效考核任务。因此，很难有条件到其他学院任职，从事跨学科活动。

大学要打破教师单一学科组织所有制的身份，允许教师在全校范围内自由流动、在不同学科组织内兼任实职，鼓励教师在学院和跨学科组织工作。跨学

---

❶ 对全国教师工作量调查的数据来自北京师范大学教育学院刘慧珍副教授主持的教育部人文社会科学规划基金项目"高校教师工作现状及发展问题调查"。

科组织可以采用全员聘任制和定编不定人的动态用人模式,对研究人员采用专职和兼职相结合的模式:专职研究人员主要从事周期较长的国家项目的研究,其人事考核在跨学科组织内部;兼职研究人员主要从事研究周期较短的项目,其人事考核在原学科。比如,密歇根大学实行了联合聘任制度,一名教师同时与学校内两个或两个以上的学术部门签约,接受这些部门的考核,保证教师从事的交叉性学术工作都能得到承认。伯克利大学2002年专门为跨学科学术活动增加教授岗位,受聘的教授根据协议从事相应的跨学科研究和教学工作。这样既能避免人事纠纷,又能减少对原有校内活动特别是本科教育的冲击。在斯坦福大学、哈佛大学和加州大学,面向问题的独立跨学科研究组织遍布校内,这种独立于院系的基于合同管理的运作模式使大学内的跨学科研究组织能够与传统的院系组织之间相安无事,同时也保证了经费资助项目的正常研究运转。❶

(二) 教师晋升制度的约束

要促进跨学科研究可持续发展,大学需要采取策略改变当前的教师聘任和晋升制度。特别是对于未获得终身职的教师来说,岗位晋升是最大的激励。美国国家科学总院2005年发布的《促进跨学科研究》指出,传统的教师聘任与晋升问题是跨学科研究的实质性障碍。不过,教师聘任与晋升制度是学术系统的核心制度,它的变革相当敏感和困难。所以,许多大学在推进跨学科研究时,主要采用了增量式的方式。例如,浙江大学为四大研究院和基础科研平台增设专职的科研岗位,从而可引进校外人才或者从校内院系聘来教师作专职的科研人员。

近年来,美国交叉学科发展促使一些高校开始实施新的教师聘任和评价体系,以有利于教师从事跨学科研究。宾夕法尼亚州立大学跨学科研究所的岗位聘任采取"共同资助"模式。如果一个新的教师岗位能够促进学院间的合作,那么跨学科研究所将会支持由学系所建议的这个岗位的一半经费。当学系启动这些岗位聘任时,就必须使该岗位的目标和跨学科研究所的使命相一致。不过,教师在人事关系上仍属于学系。研究所根据设定这些岗位的初衷,定期对

---

❶ 刘凡丰. 研究型大学跨学科研究组织模式初探[J]. 中国软科学, 2008 (3): 84.

共同资助的岗位进行评估,以确定是否持续资助。6个研究所已经与学系共同资助大约150个教师岗位。❶ 南加州大学自1994年明确跨学科研究是学校的一大战略以来,不断调整教师聘任与晋升的标准与程序,以期相对公平地评价教师的跨学科研究工作。2008年该校的教师手册规定,各个学术部门在开展岗位聘任和晋升的评审工作时,如果申请教师有从事跨学科学术活动的,那么该部门的负责人必须邀请其他院系的专家参加评审委员会。同时,考虑到跨学科研究比起单学科研究需要更长的"创业时间",该校还允许从事跨学科研究的教师可以申请延长获得终身教职之前的试用期。❷

(三) 科研评价制度的限制

大学的跨学科研究制度是保证大学学者在学术研究中与其他学科的学者相互联系、共同合作的相关规范、条例等政策性规定,能够对大学的跨学科研究发挥鼓励、指导和规范作用。大学的跨学科研究制度不仅要保证各学科人员的自由流动和资源共享,还要保证跨学科研究人员的科研成果能够得到公正而充分的认可。

应将其在学院和跨学科机构两处的工作累加,对其参加跨学科研究的工作量设定一个较高的换算系数,以消除院系和学者的后顾之忧。有学者就曾提出,"重复计算"是一种有效的方法,可以有效地激励院系支持教师到跨学科研究中心从事研究,同时它也是促成跨学科研究中心真正向学者们开放的有效机制。也有学者指出,跨学科活动的评价不能采取以结果为导向的绩效考核方式,而应该更注重对过程的评价和对阶段性工作的考察。所以高校的跨学科评价体系应该采用层次分析法,建立一个多层次的分析结构模型。

大学应当在职称评审、项目审核、工作量设置、津贴和奖励等方面采取多种方法调动跨学科研究的积极性。①在职称评审上,对于参加跨学科研究成绩特别显著的学者,经专家委员会推荐,可以主要依据经费、论文、成果及其产业化等科研业绩晋升职称。②在项目审核上,为了给跨学科研究创造有利的条件,应当适当允许跨学科研究项目延期完成;应允许失败,而不能武断地要求高产、多产。③在工作量设置上,在学者参加跨学科研究期间,可以适当减轻

---

❶❷ 跨学科研究系列调查报告选登之五——关于人文社会科学推进跨学科研究工作的认识和建议 [EB/OL]. http://www.npopss-cn.gov.cn/GB/220182/227704/15319062.html, 2011-11-8.

其在原学科的工作量，必要时可以暂时免除一些教学任务等。④在津贴和奖励上，对于跨学科组织成员，可以考虑以团队岗位津贴的方式增加创新平台岗位津贴；对跨学科组织学科带头人实行年薪制或协议工资；必要时还可以按学术评价委员会的评价结果，对成果卓著者予以单独奖励。在科研工作评价的具体内容方面，伊利诺大学贝克曼研究所做出调整。该所每隔几年都会聘请校外专家评审研究所的各个研究项目，评价教师的科研工作完成情况、团队资源利用情况、跨学科合作情况等。通过这项评审，使研究项目和学者保持较好的流动性。

二、人力资源政策对组织绩效的影响

（一）人力资源政策的影响

许多研究战略人力资源管理的专家已经证实，人力资源管理最佳实践对组织绩效有显著的正向影响。罗森等人（Russen，Terborg，Powers）的研究证实教职员工培训计划显著促进组织绩效。刘永梅分析了92个科学的调查研究，研究了13个人力资源管理实践的绩效，研究范围涉及19 000多个组织。研究结果证明人力资源管理实践会对组织绩效产生影响，并描述了影响人力资源管理实践效能的3个主要因素，评价了对提高组织绩效有着深远影响的10个普遍的人力资源管理实践。❶ 第一个因素是教职员工的知识、技能和能力，包括3个提高教职员工的知识、技能和能力的实践，即人员的甄选配置、薪酬水平、培训。第二个因素是教职员工激励，包括两个提高教职员工激励的实践，即激励薪酬、内部晋升。第三个因素是授权机制，包括4个提高教职员工授权的实践，即职业安全、弹性工作时间制、参与机制与投诉渠道。

班姆伯格与麦休拉姆（Bamberger，Meshoulam）的研究进一步表明：一个最佳的人力资源管理实践测量将可以评估仔细挑选的人员配备、广泛的技能培训、宽广的职业通道、来自于内部的晋升、工作安全的保证、以结果为导向的评估、无上限的奖励、全面的工作描述、弹性的工作任务、鼓励的参与机制。因此，人力资源管理最佳实践是由单个实践的组合共同影响组织绩效而确定。❷

---

❶ 赵曙明．人力资源管理研究［M］．北京：中国人民大学出版社，2001：15.
❷ 邢周凌．高校人力资源管理对组织绩效的影响［D］．南昌大学，2009：48-49.

（二）高校最佳人力资源实践设计

参考刘永梅的研究中描述的影响人力资源管理实践效能的 3 个主要因素和对提高组织绩效有着深远影响的 10 个普遍的人力资源管理实践，以及 Li Yunsun 等人所建立的最佳人力资源管理实践量表和邢周凌的研究，其中 8 个因素分别是员工甄选、培训、内部晋升、职业安全、工作描述、以结果为导向的评估、激励奖酬、参与机制。

尽管以往的描述和实证研究都没有精确地定义最佳人力资源实践系统，但是目前对于什么是最佳人力资源实践有了大致相同的看法：主要是指组织通过对员工的培训与开发和利用，诸如员工参与决策、内部晋升和激励性薪酬等实践来提高组织绩效。高校的目的和任务是培养具有创新精神和实践能力的高级专门人才和从事高水平科学研究，并为社会发展服务。教师是高校的主要人力资源，据此要求教师不但具有学者素质，而且要研究自己的教学个性，形成独特的实践操作体系、教学思想、教学风格和流派；还要求教师具有强烈的职业意识。可见，首先教师的选拔与配置对高校而言非常重要，"人岗匹配"是高校人力资源管理中的首要因素。其次是激励机制，已有研究表明培训、内部晋升和激励性薪酬都是激励机制的不同表现形式。因此，高校的激励机制主要由培训、内部晋升和激励性薪酬 3 个方面构成。再次，大学组织主要的治理理念是共同治理，即把学术事务的管理权力交予教师，通过学术委员会、教授会等机制吸纳教师参与学校学术事务评议、决策与管理。因此，在做管理决策时要积极鼓励教师们参与，增强教师的主人翁地位和归属感，教师只有在激励性的、开放性的、民主性的氛围中才能发挥其最大潜能。最后，现在大学处于绩效时代，大学教师的绩效评估更是质量管理的应有内容。大学教师的工作绩效关系大学组织的整个绩效状况，因此需要对教师进行绩效评价与管理。综上所述，高校最佳人力资源管理实践是指高校首先运用科学的方法对教师进行选拔与配置，然后利用培训、内部晋升、激励性薪酬的激励机制以及参与机制激发教师的工作热情和潜能，再运用绩效管理帮助教师改进和提高个人绩效，从而对组织绩效产生积极的影响。因此，一般可以从员工选拔与配置、激励机制、参与绩效管理等方面研究高校最佳人力资源管理实践。

三、不同特色办学战略的人力资源政策

（一）特色办学战略下的人力资源政策

特色办学战略的实施需要以完善的人力资源制度为保障。我们从"基于特色战略的人力资源规划""教职员选拔与配置""绩效管理"和"参与机制"4个领域提出基于特色办学战略的人力资源政策设计（见表8-2）。

表8-2 基于特色战略的人力资源政策设计

领 域	编号	内 容
基于特色战略的人力资源规划	1	根据特色战略目标，建立绩效目标准则
	2	依据学校特色办学目标，制定人力资源规划
	3	学校人力资源规划符合学校特色战略的要求
	4	学校人力资源规划符合学校学科建设的要求
	5	各个学院制定人力资源规划有利于特色办学战略实现
	6	制定基于学校发展战略的人力资源规划
	7	根据一学年的人力资源计划指导各单位人力资源管理工作
	8	根据学校的发展战略采取灵活的教师聘任方式
	9	根据学校的发展战略为教职员工提供专业发展服务
教职员选拔与配置	10	学系间共享教师
	11	建立机制解决资源共享配置，以利于教师跨系使用
	12	从编制管理到跨部门岗位管理
绩效管理	13	教职员工个人岗位津贴与个人工作绩效紧密相连
	14	每一位教职员工都有绩效目标，且每一年根据绩效目标考核一次
	15	工作岗位的工作职责包括跨学科工作
	16	每位教职员工根据个人的业绩支付岗位津贴
	17	每位教职员工的绩效评估与其跨学科工作成果关联
参与机制	18	教师有途径参与人力资源政策制定
	19	教师有途径参与课程与教学评价方面的政策制定
	20	教师有途径参与科研评价方面的政策制定

（二）不同特色战略选择与人力资源政策

一所高校的师资队伍是提高人才培养质量的关键，是形成学校特色和优势的根本，是实现学校可持续发展的保证。表8-3列出了不同类型特色战略的

人力资源政策选择。

表8-3 不同类型特色战略的人力资源政策选择

高校特色办学战略类型	教职员角色行为	人力资源政策选择
差异化特色战略	高度的创新行为； 较长期的行为导向； 跨学科合作交往； 中度关心产出	教师队伍政策要有利于个体间的紧密合作与相互交流； 绩效评价更多反映长期业绩和团队业绩； 多样的师资类型与标准要求，使教师可以选择不同的职业路径； 以团队为单位进行资助和奖励考核
集中化特色战略	长期或中期的行为导向； 中等水平的相互合作与依赖； 高度关心学科质量； 中度关心产出； 与行业产业合作密切	相对固定且明确的工作职责描述； 绩效评价以短期和结果导向为主； 评价标准既包含个人标准，也包含群体标准； 向员工提供密集、持续不断的与行业生产和科研活动有关的培训与开发活动
市场化特色战略	短期行为导向； 教师自主创业行为多； 高度关心毕业生表现； 主要关心结果	相对固定且明确的工作岗位描述； 工作设计和职业路径设计边界清楚； 鼓励专业化和高效率； 短期、结果导向的绩效评价； 制定薪酬政策时密切关注市场工资水平； 按照市场原则设计师资管理政策，并按照市场原则聘任考核教师

第三节 特色战略人力资源管理创新案例

本节以威斯康星大学分校集群聘请计划为案例，分析大学在实施特色办学战略过程中，如何对传统的人力资源政策进行变革，以适应校际竞争和创建特色优势的需要。

一、威斯康星大学分校集群聘请计划

(一) 威斯康星大学特色战略

威斯康星大学作为一所综合性研究型大学,主要通过推动交叉学科发展来实施差异化特色战略。这种战略选择是提高大学竞争力的重要手段。1995年该校制定了"愿景规划",强调大学需要考虑现有的学科组织结构和活动是否能应对当前所面临的挑战。该校校长沃德(Ward)提出:"为了应对知识生产方式快速变化的时代,我们的大学组织需要变得更加灵活以应对这一挑战。我们需要变革已有的政策和实践,推动院系之间的合作,而不要受制于传统的院校结构。我们需要再造一种意识,大学要支持教师、职员和学生跨学科、跨系交往,以解决传统学科划分带来的现实挑战。"[1] 该校培育交叉学科的历史较为悠久,早在1927年就建立了实验学院,随后又建立了综合文科研究项目、非洲裔美国人研究、环境研究所和女性研究项目、艺术研究所、人文与生物技术中心、大学全球中心、分校集群项目等跨学科组织。

近年来,该校新建的交叉学科组织包括微生物科学中心、医药和公共健康学院以及2007年投资1.5亿美元的生物能源研究中心。大学通过建立新的机构并给予拨款,把公共经费集中到与市场和私营资本关系密切的研究领域,以生产符合地区经济发展需要的成果。这样的努力改变了学术机构和商业部门的合作关系,以及专利知识产权的功能。在州政府不断加大对交叉学科投入、美国自然科学基金会和国立卫生院对交叉学科资助的作用下,交叉学科战略得到持续推进。

(二) 分校集群聘请计划简介

分校集群聘请计划(Cluster Hiring Initiative, CHI)就是在以上背景下出台的人力资源政策。该校在20世纪90年代制定并执行这一政策,其目的是为了帮助保持该校在科研和知识生产方面的领先地位,推动州经济发展,解决跨

---

[1] WARD D. A vision for the future—Priorities for UW - Madison for the next decade [R]. Madison, WI: University of Wisconsin - Madison, Office of the Chancellor, 1995.

学科群的制度障碍问题。这种独一无二的计划聘任将近 150 名新教师从事交叉学科研究工作，并由教务长办公室为各个集群拨付专门研究经费。该计划的实施也是为了扭转该校长期以来教师聘任数下降的趋势。❶ 从 1998 年计划实施到 2008 年 1 月，教务长办公室经过 5 轮聘任，共批准了 49 个集群，增设 147 个教师岗位。❷

该计划有 7 个主要目标：①学校组织一些有实力的学院对某一知识领域进行研究，而不是由现有的相关部门对其进行研究；②提供新的研究途径和合作机会；③处理复杂的社会问题；④通过跨学科研究、教学和服务，满足社会需要，发展威斯康星思想；⑤鼓励和促进有实力的学院、教职员工进行合作；⑥为本科生和研究生开设新课程；⑦协助大学履行其他使命，特别是要增加校园的多样性。

CHI 围绕某一思想而形成研究集群。集群本身是一个虚拟的实体，不隶属于任何组织机构，集群成员可以根据自己的意愿自由地开展活动。因此，它也被称为"自然实验"集群。虽然没有特定的研究中心、研究所或部门结构，但通过定期举行会议，与会议/活动赞助商联系、协同教学、研究与服务，促使不同学院的教师群体之间就某一共同感兴趣的跨学科问题开展合作研究。威斯康星大学试图通过一些内部评估与会议，掌握集群的跨学科研究经验，促进跨学科研究的合作与发展。参与 CHI 的教师被称为集群教师，集群教师具有双重甚至多重身份。除非在集群建议和聘用书中有具体说明，集群教师一般都要履行其作为所在学院一员的职责，如教学、研究和公众服务。

自 CHI 实施以来，由于威斯康星大学教务长办公室对其进行重点的财政支持，这一独特的计划形成了一些研究集群，如生物医学工程研究集群、计算机工程研究集群、美国比较研究集群等，为跨学科和跨机构合作提供了新的思想。目前，全美各地的多数大学都在复制或采用这一创新性的举措。如 2007 年 11 月，密歇根大学宣布投资 3 000 万美元鼓励聘请 100 名教师，其目标就是扩展跨学科教学与研究。

---

❶❷ Report of the Cluster / Interdisciplinary advisory committee to evaluate the cluster hiring initiative [EB/OL]. http：//www.provost.wisc.edu/2008cluster report.pdf，2008.

二、分校集群聘请计划的管理体制

(一) 设置专门的跨学科研究管理机构

为了在管理上给予跨学科研究以大力支持,威斯康星大学教务长办公室在 CHI 中发挥了至关重要的作用。教务长办公室在 CHI 中的主要职责包括:负责对 CHI 进行整体规划、对 CHI 进行监督和评估、为集群和跨学科研究提供咨询和政策指导等。负责教师与职员的副教务长直接管理 CHI,并对教务长负责。每3~5年有新的跨学科教师成员进入教务长办公室工作,担任副教务长并直接负责管理集群招聘工作。教务长办公室因此需要关注集群的可持续发展以及其他跨学科和学院的集群管理问题。当前为保障集群工作的可持续,由学术人员担任助理副院长,他(她)不需要几年轮换,因此可以保障政策实施的稳定性。2004 年建立了咨询委员会,教务长任命的学院咨询审查委员会由 6 人组成。其中4人来自4个不同部门的研究委员会,另外2人由校长指定。学院咨询审查委员会依据 5 条标准对集群建议进行评估:①计划的质量和价值;②威斯康星大学的使命与愿景的相关性;③适时性;④成功的潜能;⑤教师多样性的潜能。2004 年秋天,教务长办公室组建了集群聘请/跨学科咨询委员会,为集群和跨学科研究提供咨询和政策指导,确保对跨学科研究的投入具有价值性。威斯康星大学通过设置这种专门的跨学科研究管理机构,从组织和人员配备上保证了跨学科研究的顺利实施。教师薪水由大学支付。行政副校长负责分配州政府拨款,威斯康星校友会研究基金和大学基金则由研究生院分配。每个集群的院长负责为每个集群的教师协调交叉学科研究和教学工作岗位。❶

(二) 创建跨学科文化与研究平台

CHI 为威斯康星大学创建了跨部门、跨学院沟通与交流的平台。超过 2/3 的研究集群是大型研究中心、大型研究计划或团体的组成部分,主要进行教学或研究活动。威斯康星大学许多部门在其报告中指出,通过跨越部门之间的障碍,为各部门建立桥梁,研究集群发挥了它最大的优势——为研究主题提供了

---

❶ CRESO M SÁ. Strategic faculty hiring in two public research universities: Pursuing interdisciplinary connections [J]. Tertiary Education and Management, 2008, 14 (4): 285-301.

多方的解决方案。许多部门已经营造了更为广泛的跨学院文化氛围。而且，CHI 也使它们聘请到了一些新教师，而这在传统的文化与部门管理体制中是无法做到的。一些聘请的集群教师现已成为某一部门的主席或大学委员会的成员，他们将跨学科文化进一步融入现有的体制文化中。此外，CHI 还通过消除组织、管理和人员障碍，建立了跨越部门与学院的联系，甚至在许多不同的研究集群成员之间建立了广泛的联系网络。更为重要的是，大多数研究集群已与当地、区域、国家和国际网络建立了联系，创建了跨学科研究平台。

（三）支持教师路径

通过 CHI，威斯康星大学认识到一些教师致力于追求重要的、新的、更具实验性的、尚未成熟的项目研究或偏离单一学科核心的跨学科研究，而现有的工作制度及学院的治理可能会限制部门在教师聘用方面寻求新方向的机会，各部门可能无法聘请到这些教师；同时，主流的学术文化和学术结构往往复制现有的专门知识领域，对个人取得的成就进行奖励，而忽视对团队合作进行奖励。在大学或学院，这种学术文化和学术结构对激励和奖励跨学科研究和合作的行动产生了明显的制约。为了革新原有的实践理念，教务长希望各学院提出一些建议与意见，并确定一些有前途的合作项目。自 1998 年以来，各学院提出了数以百计的建议以支持教师路线，使教师追求和发展新的、有前途的跨学科领域和进行合作研究。威斯康星大学已经进行了 5 个阶段的集群鉴定和资金资助。截至 2003 年，49 个集群中 137 条学院新路线获得了权威机构的主要资助，学校也配套增设了 6 个集群教师职位。从 1998 年 CHI 实施以来至 2008 年 1 月，教务长办公室批准资助了 49 个集群中的 142 条教师路线，学校在 2003 年的基础上配套增设了 5 个集群教师职位，以促进研究集群的发展。❶

（四）集群教师的评估

2003 年 11 月，教务长特别咨询委员会对集群聘任计划的评估报告表明，集群教师的教学任务总体上和那些非集群教师的教学任务相当。启动资金方面，1999—2003 年，集群聘任教师的平均启动资金为 265 390 美元，几乎是非

---

❶ 陈艾华，邹晓东，陈勇. 美国威斯康星大学麦迪逊分校的跨学科研究实践［N］. 科学时报，2010-8-17：B3.

集群教师的两倍（非集群教师只有134 749美元）。以该校纳尔逊环境研究所集群教师评估为例，评估时教师向纳尔逊环境研究所提交自评报告。报告书不仅需要陈述教师在研究中发挥的作用，而且也评价其在参与活动中发挥的领导作用及与机构使命之间的契合度。研究所对教师的评估实行"双管齐下"的策略：既参考教师在单学科领域的表现，按照传统的从教学、研究和社会服务等方面进行评估，也考量教师在跨学科研究领域的成绩。在跨学科教学方面，主要参照教师在培养和指导跨学科学生的实践、在一个或者多个跨学科课程中发挥的作用、跨学科教学法的创新；在研究方面，考核教师在跨学科中的创新成果、为促进跨学科长期合作所做的努力以及为跨学科研究活动引进的资金数量等；在社会服务方面，考核教师跨学科研究与实践的整合度。最后，研究所把教师单学科和跨学科领域的考核结果"归一"为综合成绩。2006年，学校对从事跨学科研究教师（包括集群教师和从事跨学科研究的一般教师）的一项工作生活调查表明：与非跨学科研究教师相比，跨学科研究教师对科研资源的获得、终身职位的评定程序、学系的氛围、工作和职业都更加满意；比起其他教师，他们的孤独感要少得多。❶ 另外，5轮集群聘任中，集群教师聘任初期获终身职位的比例分别为35%、34%、35%、23%、20%，平均为29.4%；而根据2007年秋的数据统计，集群教师中拥有终身职位的比例已达54%。❷

威斯康星大学每5年对CHI进行一次评估。2003年，教务长特设咨询委员会对CHI进行了第一次评估，认为研究集群是新研究、新课程和新服务活动的孵化器。2008年，集群/跨学科咨询委员会通过为期两年的定性与定量研究，对CHI进行了第二次评估。在研究方法与研究能力上，CHI建立了威斯康星大学跨学科研究方法，使其具备了跨学科研究能力。CHI自实行以来，为跨学科合作和打破体制壁垒提供了新的思想与观念，促进了跨学科合作的发展。现已发展成熟的研究集群在积极创建跨学科环境方面取得了显著的效果，同时也已成为新发现、新过程、新应用的一个重要催化剂，为跨学科研究新方法的发展和理论建构改善了条件。在教学上，CHI取得了一项显著的成就，即对现

---

❶ 刘凡丰，项伟央，谢盛艳. 美国威斯康星大学麦迪逊分校集群聘任模式剖析［J］. 清华大学教育研究，2001（1）：104-105.

❷ Report of the cluster / Interdisciplinary advisory committee to evaluate the cluster hiring initiative［EB/OL］. http：//www.provost.wisc.edu/2008clusterreport.pdf，2008.

有的本科生和研究生跨学科课程和计划进行了更新和开发。CHI 中几乎每个研究集群都开发了新的课程，一些研究集群甚至已经开发出新的跨学科计划。❶此外，由于集群教师获得了几个大型的研究生培训项目，威斯康星大学已成为一个在多个领域为研究生提供培训的国家或国际中心。其他先进的教学经验包括：把生物科学技术融入本科生化学课程的实验部分中、为私营部门员工实习和培训创建新的跨学院竞赛、为跨学科实验室和个人获得实践经验创造新的机会。一些研究集群通过提供专门的夏季学术计划和机会，为少数民族高中生和具有本科水平的高中生开发其跨学科技能提供新机会。在公众服务和公众参与上，几乎每个研究集群都有一些服务活动。一半的研究集群已开展了新的服务活动，如会议、研讨会或系列讲座等都对公众开放。将近 2/3 的研究集群在威斯康星大学、其他大学和教育机构、企业、政府机构及其他团体之间建立了校内校外伙伴关系，以促进 CHI 的进一步发展。❷ 可见，该计划不仅在跨学科研究上发挥了作用，对教学、社会服务等大学职能发挥都起到了显著作用。该计划的实施推动了威斯康星大学的特色化发展，有助于该校履行其服务州社会经济发展的使命。

---

❶❷ 陈艾华，邹晓东，陈勇. 美国威斯康星大学麦迪逊分校的跨学科研究实践 [N]. 科学时报，2010-8-17：B3.

第九章 特色办学战略评价模型的建立

战略绩效评价是监控战略实施并对战略实施的绩效进行系统性评估的过程。从战略管理整体来看,它着重建立一种反馈机制。由于高校的内部和外部环境因素往往会发生快速而剧烈的变化,战略评估的后果可以作为调整、修正,甚至终止战略的合理依据。战略绩效评估主要有两种方法,第一种方法是战略效果权变评价法,第二种是战略效果的平衡评价法。

第一节 特色战略效果权变评价法

组织战略效果测量的权变方法注重考察组织的各个不同部分。就战略实施而言,需要从环境中投入资源,然后将这些资源转化为产出,再输出到环境中去。这种权变方法关注战略的资源投入、战略运行过程(组织内部活动及过程)以及战略的产出结果。有时候这3个过程可以单独进行,分别为战略资源评价法、战略过程评价法和战略目标评价法。大学组织战略效果评价往往将3个环节综合考量,主要是通过建立关键绩效指标评价投入(资源)和结果(目标评价法)。

一、效果权变评价法

战略效果权变评价法从战略投入、过程和结果进行评量,关注战略资源投入、组织内部活动过程以及产出状况(见图9-1)。

高等院校可以从环境中获得输入(包括教师、学生和其他资源),而且又可以反过来对环境进行输出(研究成果、毕业生和咨询服务等)。开放系理论强调系统从环境获得资源的输入,而后产生输出。从这些互动过程中可以了解系统或组织的结构、过程与表现。基于这个角度,高校绩效评价指标应涵盖

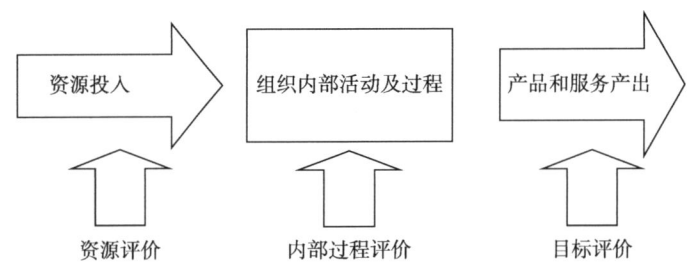

图 9-1 衡量战略效果的权变方法

输入、过程和输出3个环节，体现大学组织与环境的互动关系。以英国为例，英国副院长、校长协会和大学拨款委员会（CVCP/UGC）在1986年提出，绩效指标体系的结构和具体指标可能会有差异，但是必须包括投入、过程和产出指标，否则高校战略的效率和效益就难以测评，并规定了这3个指标的内涵。

（1）投入指标：反映高校为了获得产出而动用各种资源的指标，包括资金、人员、财务、时间，等等。

（2）过程指标：反映高校为了获得产出，对投入的资源进行组合、分配、安排、使用和努力的指标，包括资金使用去向和比例、人力配备和人员比例、物资消耗、课程安排、教学方式和质量，等等。

（3）产出指标：描述高校成果产出状况的指标，包括学生完成学业、就业、院校非政府拨款收入、研究成果、咨询成果、学术、经济及社会影响，等等。

战略效果权变评价法实施的关键是建立绩效指标，指标包括战略资源投入、过程性指标和产出类指标，在战略规划管理实践中，往往称之为关键绩效指标。

二、关键绩效指标

关键绩效指标模式起源于企业管理，是通过对组织内部流程的输入端、过程和输出端的关键参数进行设置、取样、计算、分析，衡量流程绩效的一种目标式量化管理指标，是对企业运作过程中关键成功要素的提炼和归纳；是把企业的战略目标分解为可操作的工作目标的工具，是企业绩效管理的基础。该模式被多伦斯（Michael G. Dolence）、若雷（Daniel James Rowley）、赫尔曼

（Herman D. Lujan）等引入高等教育战略规划领域。他们将商业管理理论与高校管理实践相结合，探索高校战略规划的有效模式与方法。他们认为，大学有其独特性，其战略规划的模式与方法也应有别于企业界，应体现高等教育机构独有的特点。该模式认为，分析大学的战略规划就是回答"如何做"的问题。这一过程是帮助高校进行决策的一个周而复始的循环过程，主要由10个阶段组成：①制定对组织特定活动结果或组织状态进行评价的最重要指标，即关键绩效指标；②评估外部环境并将其与关键绩效指标结合进行矩阵分析；③评估组织内部环境，并将其与关键绩效指标结合进行矩阵分析，了解组织优势与劣势；④采用SWOT法分析组织的机会、威胁、优势与劣势；⑤初步提出战略建议，将战略与关键绩效指标结合进行矩阵分析；⑥以关键绩效指标为基础分析战略建议的可行性；⑦制定每一类绩效指标的发展战略；⑧选择战略；⑨形成书面文稿；⑩修订战略规划。❶

无论是大学战略规划的制定者还是战略监控组织，都应该对规划实施的绩效设定考评标准，两者的考评标准在实质上应该趋于相同和一致。如果没有一定的绩效参考坐标，那么战略监控就无从谈起，在实施的过程中就流于形式。实际上并不是所有的实施结果都可以用量化标准来衡量，结果的多样性与复杂性决定了指标方法的采用，具体可以采用质化评价、量化评价、质化评价与量化评价相结合、标杆比较法和质量评估法等一些较为科学的方法。监控和评估的指标是根据战略规划的既定目标而设置的，它可以反映战略规划的实施进度，那么指标就应该是具体的、可测量的、行为化的和操作化的。指标的重要性在于它是观测点，同时又是测量点。战略规划的实施离不开学校的师生员工，战略规划只有细化为工作计划方可实际运作。在日常管理上，可以将师生员工的绩效考核同战略监控的绩效考评相结合来激励师生员工积极努力地实施战略工作计划。绩效指示器是监控规划目标实现状况最有效的工具。

三、关键绩效指标案例

（一）艾奥瓦大学案例

以艾奥瓦大学为例，该校被誉为"公立常春藤大学"之一。该校战略规

---

❶ 徐小洲，黄艳霞．美国高校战略规划过程模式评析［J］．高等教育研究，2009（1）：102．

划所确定的组织目标,即:①教育。加强本科生、研究生和专业教育,使学生在校期间及离校后获得更大的成功;②项目。增加优秀的研究生、专业教育和研究项目的数量,尤其在增强大学实力和满足地方和全球迫切需求的领域;③经济影响。将发明转化成可行的技术、产品和服务,发展艾奥瓦州与世界的经济;④艾奥瓦生活。增强艾奥瓦州生活、学习、工作和娱乐的吸引力;⑤大学生活。确保艾奥瓦大学是学习和工作的理想场所。❶ 每个战略目标确定若干个关键绩效指标,形成了24个战略绩效指标,见表9-1。

表9-1 艾奥瓦大学2005—2010年战略规划绩效指标体系❷

指标	2000年实际值	2005年实际值	2010年目标值	指标说明
本科生注册人数(人)	22 087	20 732	20 500	秋季开学在册人数
研究生注册人数(人)	4 758	5 009	5 500	
美国有色人种学生比例(%)	7.3	9	10	美国有色人种指美国公民、移民或难民中的美国黑人、印第安或阿拉斯加原住民、亚洲或太平洋岛民、拉丁美洲或西班牙血统居民
终身和任期资格教师人数(人)	1 377	1 312	1 400	教师规模
有色人种教师比例(%)	11.9(1999年)	15.4	18	教师多样化的要求
女性教师比例(%)	24.9	27.6	33	
一年级保留率(%)	83.7	85.5	90	一年级学生第二年继续在本校学习的学生比例
六年毕业率(%)	63.7	68	72	各种类型、背景的学生在6年内取得学位的学生的比例
生师比	16	14.8	15	兼读制学生按1/3折算成全日制学生;兼职教师按1/3折算成全时教师

❶ OFFICE OF INSTITUTIONAL RESEARCH. Fact Book 2005 – 2006 [G]. Iowa State University,2006:2-5.
❷ OFFICE OF INSTITUTIONAL RESEARCH, THE OFFICE OF THE PRESIDENT. Progress Report:Forward thinking [DB/OL]. Iowa State University. (2006 – 04) [2006 – 08 – 12]. http://www.iastate.edu/~strategic plan/2010/indicators/06data.pdf.

续表

指　　标	2000年实际值	2005年实际值	2010年目标值	指标说明
50人以下班级所占比例（%）	81.2	83	85	师生互动的质量一般通过降低班级人数提升
20人以下班级所占比例（%）	36	36.1	40	
学术挑战（分）	50	52	55	来自NSSE，艾奥瓦大学2001年参加NSSE
学习的主动性和协作性（分）	46	47	49	
学生教师互动（分）	39	39	41	
学习环境的丰富性（分）		39	41	
有利的校园环境（分）	52	53	55	
外部资助科技活动资金（百万美元/年）	211.2	286.9	300	反映大学科研和学术活动的能力
教师论文及其引用（篇、次）	7 719篇，36 780次（5年平均值）		新指标	数据来自美国科学信息研究所（ISI）。2000年数据为1998—2002年平均值，2010年目标需监测几年后确定
授予博士学位（人/年）	238	246	275	反映大学提供的学习项目的质量对学生的吸引力，以及大学指导学生获得成就的能力
教师工资（%）	99	85	102	与同等级大学平均值对比，数据来自美国大学数据交换协会（AAUDE）
版税/许可费收入（百万美元/年）	2.7	4.8	10	艾奥瓦州立大学是美国应用新技术造福社会的最成功的大学之一。2003和2004年分别为750万和720万美元
辅助项目（如继续教育）服务艾奥瓦州公民人数（人）	727 370	754 546	800 000	为艾奥瓦州公民提供信息、服务和项目，从而使青少年、家庭、成人、企业和组织受益
教师/职员工作环境			新指标	正在进行调查，帮助学校了解和改进工作环境
艾奥瓦大学资助经济困难学生比例（%）		85（2003年数据）	新指标	艾奥瓦大学通过（外部）奖学金和助学金资助的经济困难学生占申请财务资助学生的比例

（二）北亚利桑那大学

北亚利桑那大学是一所快速发展的综合性大学，吸引了越来越多的国际学生、研究经费，并且获得了较高的学生满意度，本科生获得学士学位数量增长迅速。该校以较低的成本投入获得了较高的产出。尽管州经费在下降，但是研究和服务收益正在弥补州拨款下降的空额。该校2010年制定了新的战略规划，并提出通过特色化办学提升吸引力和竞争力，该战略规划所确定的关键绩效指标如下。

1. 以学习为中心的大学

成为以学习为中心的大学，提高学生的学业进步、参与和成就水平。具体的战略是：①丰富本科生学习经历，促进学生学习和取得成功；②丰富研究生教育经历，促进学生参与探究和实践，以取得学术成就；③建立促进和支持学生取得成功的机制。

关键绩效指标：①学生参与情况。卡内基教育基金会曾于2010年做了全美大学生就读调查，数据显示北亚利桑那大学本科生一年级师生互动数据较好，高年级学生在以下数据表现较好：学习挑战性、积极合作学习、师生互动、丰富学习经验。②通识教育表现。③课程完成情况。2003年以来，该校本科生和研究生课程完成比例变化不大，较低组完成率在82%，较高组完成率在89%，研究生课程完成率在94%。④学习经历。该校学生学分要求中有实践学习学分。各学院学生参与实践学习情况差异较大。实践学习形式包括田野调查、合作教育、实习、本科生科研、独立研究等。⑤学生毕业成就。指最近毕业生就业、参军、读研究生情况。根据2011年该校情况数据，2009—2010年毕业生中92%的学生就业、读研或从事其他活动，只有9%报告失业（美国劳工部2011年全国失业率的数据是9.0%）。

2. 学生成功、进步和支付能力

为亚利桑那州居民提供针对性强的教育项目。具体的战略是：招收和留住学生，确保学生多样化和参与；提供多种模式和学习场所满足学习者需要。

关键绩效指标包括：①入学情况。2006年以来，学生入学数量保持增长，大部分增长数来自主校区和在线注册入学学生；②学位授予数。2009年以来该校学位授予数开始增长，随着本科生入学数量持续增长，这一数据预计将会进一步增长；③一年级保持率。前 10 年，该校一年级保持率开始缓慢增长，仍有 28%的新生第一年离开该校；④6 年毕业率。1994—1997 年该数据有较大增长，2000—2003 年该数据也有一定增长，其他年份则稍有下降。可见，这一数据变化不稳定；⑤学生贷款。指欠贷款学生比例和累计数。该校至少有 60%的学生在学期间借贷款。根据全美中学后教育学生贷款援助研究调查，在 2007—2008 年，公立博士型大学至少有 72%的学生贷款求学。该研究估计，2009 年毕业生平均贷款为 24 000 美元。在北亚利桑那大学，学生平均贷款额为 19 241 美元。

3. 充满生机的可持续社区

促进大学社区环境、经济、社会和文化活力。具体的战略是：①支持充满生机的学者社群；②推动管理设施建设以支持研究活动；③加强科研项目管理；④成为关心环境、可持续运行与教育的典范。

关键绩效指标：①本科生科研活动。全美大学生参与调查数据显示，参与科研本科生数在增长之中。2003 年以来，报告曾参与教师课外学术工作、高级别活动以及负责解决真实问题活动的比例分别是 9%、11%和 12%；②科研支出。2004 年以后，该校科研投入增长了 31%，全国平均水平是 12%；③学者产出。自 2003 年以来，该校学者科研成果产出数增长了 41%，2009 年达到全国高校科研产出中位数水平。自 1981 年，该校 5 个顶级学科（生态学、动物学、历史、林业和多学科地球科学）产出增长迅速。《科学》网站所记录的该校论文数达 11 000 篇；④经济影响。该校每年对州各种直接和间接的经济回报大约 10.5 亿美元，已经成为经济发展的推动器，而 2003 年这一数据只有 1.5 亿美元。

4. 全球参与：推动大学国际化

加快国际化进程，把学生培养为全球公民。具体的战略是：①培养关注多元和不断变化世界的学术共同体；②扩大与全球大学科研与教学合作；③撬动人力资本，满足 21 世纪美国和世界的需求；④寻找发展机遇，提高服务于全球学习所需要的能力。

关键绩效指标：①国际学生入学数。注册入学的国际留学生数增长迅速，自 2003 年增长近 159%；②海外学习数。自 2007 年，本科生具有海外学习活动经历的比例在 6%左右浮动；③国际化课程。2010—2011 学年，该校有 27%

的本科生和研究生课程具有国际化内容。

5. 包容、和谐和尊重

培养包容性文化，为丰富学习社区文化做出贡献，帮助学生养成参与社会和全球事务的能力和意愿。具体的战略是：①促进多样性；②培养包容性；③支持学生参与复杂的历史、社会、政治和经济事务，理解人类的差异；④为教师提供发展工作坊、定向和教学技能培训服务。

关键绩效指标：①教师多样性。全职教师队伍变得越来越多样性，2/3 的教师是终身教职或终身教职轨教师；②职员多样性。多样性职员比例有了一定增长，在 2010 年女性职员比例达 59%；③学生多样性指数。学生多样性指数测量方法是随机测量 2 个来自不同种族的学生的概率。该校这一数据目前低于亚利桑那州总人口多样性指数；④不同学生学位获得情况，指不同民族比例和分布情况。多元文化学生获得本科或硕士学位的比例缓慢增长。在 2010 年秋季学期，超过 27% 的学生来自多元文化背景，其中比例最高的是西班牙裔，其次是美国土著和亚裔。研究生获得学位者的多元文化群体主要来自非洲裔和亚裔学生；⑤包容性文化，指教育实践。根据全美大学生就读经验调查数据，自 2003 年后，该校在培养包容性文化方面进步显著。相比 2003 年，2010 年有超出 2003 年数据 18% 的学生报告说大学鼓励来自不同背景的学生交往，有超出 16% 比例的学生报告大学帮助他们理解不同种族和背景的人群；⑥教师发展，指参与教师专业发展的人数。参与聚焦文化包容性的工作坊、报告和其他专业发展形式的教师数量有下降趋势，但仍高于 2007 年的人数。

6. 对美国原住民承诺

具体的战略是：①创设一种大学氛围和文化，加强原住民学生、教师和职员的体验；②促进原住民学生的招生、保持率和进步；③支持与原住民社区有关的合作服务和拓展项目。

绩效指标：①原住民学生入学人数；②原住民学生保持率；③原住民教师；④原住民学生获得学位数排名；⑤该校原住民学生就读经验。

7. 创新、效率与问责实践

具体的战略是：①持续改进院校效能和组织绩效；②执行课程与教学计划，加强对学生的服务，并增加院校效能；③通过全体教职员的工作和服务，强化所有教职员的承诺，以更好地服务于大学的长久生存。

关键绩效指标：①学位完成情况。每百位全日制学生学位完成情况差异较大。在线注册学生3年来增加很多，每百名学生毕业人数达53人；②薪水比较。该校教职员薪水竞争力前几年有显著提升，但后来职员、服务型教授和管理人员薪水低于或维持在2003年的水平。学术型人员和教师的薪水竞争力要高于2003年；③课程供给能力。随着入学人数增加，该校开设了更多的课程供学生选择；④延期维持费。该校设施整体尚佳。设备条件指数是预期延迟维护与预期建筑维护成本之间的比值。该系数低于0.05表明设备条件是"好"的。最理想的目标是0.02，如果系数超过0.10，表明设备条件非常差；如果系数超过0.15，表明设备基本不能发挥作用；超过0.40表明几近报废，必须重新建设或更新。

四、定性过程评价指标

如上文所述，内部过程指标可以采取定量指标，以衡量战略实施的效率。但除了定量指标外，过程模型还倡导定性指标，可以作为战略过程监控的指标系统。根据本研究所关注的特色战略，并参考国内外相关研究与实践，我们发展出如下过程监控指标，见表9-2。

表9-2 用于高校特色战略规划过程的监控指标

序号	自查问题	自查评价
1	学校主要领导在整个特色凝练中是如何发挥领导作用的？	
2	学校是否有一个清晰和有特色的战略？	
3	学校的使命描述和战略规划如何反映学校的办学特色？	
4	如何扫描学校进行特色办学所处的外部环境？	
5	学校与兄弟院校的相对特色位置是如何分析确定的？	
6	学校是如何激励教职工参与特色战略凝聚的？	
7	对学校的特色战略相关活动是如何分析与监控的？	
8	学校如何确保拥有用于特色战略规划与监控的必要技能？	
9	学校是否考虑公开与特色办学有关的行动计划和年度进展报告？公开范围多大？	

续表

序号	自查问题	自查评价
10	学校是如何确保其特色办学的任务与目标被校内相关单位认可和执行的？	
11	学校是否确保将特色办学战略转化为具体行动的过程？如果是，需要操作性行动计划吗？同时考虑了资源需求吗？	
12	学校是否协调并认可了专项规划的操作性行动计划？是否考虑了特色战略与专项规划的协调一致性？	
13	学校是如何保证专项规划为特色战略服务的？学校是否将战略规划与专项规划的财政与资源支撑一并考虑？	
14	学校是否有要求校内单位证明其贯彻学校特色战略的方法？	
15	特色办学战略目标与总体规划目标之间是什么关系？	
16	学校在认可特色办学规划时是否充分考虑了实施规划所需的资源？	
17	学校采取什么措施来保证各个专项规划之间的协调？	
18	学校是如何保证主要的专业设置与特色战略规划相符合的？	
19	学校如何改革管理体系以使操作运行更好地为特色战略目标服务？	
20	学校如何在高级管理层中落实规划项目的责任分工？	
21	学校是否把操作性行动计划监控作为一项重要管理职能？	
22	党委会、行政是否定期进行操作性行动计划监控？	
23	监控过程是如何反馈到战略规划过程的？	
24	不同行政部门对相应的规划是否都进行了监控？	
25	行政部门如何向党委会保证其中短期行动能确保战略目标的实现？	
26	学校如何确保操作性行动计划的任务和目标是有针对性的、可测的、可达到的、可行的和及时的？	
27	操作性行动计划是否将任务、目标和指标落实到个人？如果是，这些任务、目标和指标是否被用于个人考核评价？	
28	是否已建立实现任务与目标的可行的时间表和标志？	
29	是否对各级监控所需的信息进行了明确界定？	
30	监控过程是否包含一定的质疑成分而不是简单的被动接受信息？	
31	是否定期提供操作性行动计划的监控报告给党委会和校长？	
32	学校如何确保财务监控与战略目标监控的协调？	
33	学校是否制定了特色战略目标的关键绩效指标？	

第二节　特色战略效果的平衡评价法

组织平衡评价法均衡地关注组织的各个部分，而不是仅注重某一部分。这些对组织效果综合和平衡的评价法，认识到组织所做的许多事情和取得的许多结果之间的关联，主要包括利益相关者评价和组织平衡计分卡法。

一、利益相关者评价法

利益相关者评价法是一种综合考虑组织的各种不同活动的方法。利益相关者是组织内外与组织绩效有利害关系的团体、组织成员等。一般用利益团体的满意度作为评价组织战略绩效的尺度。

（一）利益相关者的定义

利益相关者并没有一致公认的概念和定义。弗里曼和克拉克逊的定义应该是目前公认最具代表性的定义。弗里曼认为，利益相关者是"那些能够影响企业目标实现，或者能够被企业所影响的任何个人和群体"。[1] 这一定义突破了早期从"是否影响企业生存"的角度来界定"谁是利益相关者"这一问题的局限性，同时也突破了股东利益至上的传统观点。克拉克逊认为："利益相关者在企业中投入了一些物质资本、人力资本、金融资本或一些有价值的东西，并由此而承担了某些形式的风险，或者说，他们因企业活动而承受风险。"[2] 在某种程度上，这一定义与布莱尔（Blair）所提出的企业是"一种治理和管理专业化投资的制度安排"的观点是有相通之处的。[3] 就高等教育组织而言，联合国《21世纪的高等教育：展望与行动》指出："高等教育的重大改革和发展及其质量的提高，以及战胜其所面临的重大挑战，不仅需要各国政府和高等院校的积极参与，而且需要所有权益者，包括大学生及其家庭、教师、

---

[1] 弗里曼. 利益相关者理论的现状与展望 [M]. 北京：知识产权出版社，2013.
[2] CLARKSON M. A stakeholder framework for analyzing and evaluating corporate social performance [J]. Academy of Management Review, 1995, 20 (1): 92–117.
[3] BLAIR M M, STOUR L A. Response to peter c. kostants exit, voice and loyalty in the course of corporate govemance and counsel's changing role [J]. Journal of Socio - Economics, 1999, 28 (3): 251–253.

商业界和企业界、公共和私营的经济部门、议会、传播媒介、社区、专业协会等的积极参与。"张维迎教授在《大学的逻辑》中指出，大学作为一个非营利组织，也是一个典型的利益相关者组织，每个人都承担一些责任，但没有任何一部分人对自己的行为负全部责任。大学的利益相关者包括教授、校长、院长、行政人员，还有学生以及毕业了的校友，当然也包括社会本身（纳税人）。❶ 大学由追求自身价值实现的学者和管理者、获得未来生存与发展所需知识和技能的大学生所构成；经费由政府、学生家长、校友和社会捐赠者、银行等提供；大学因承担为社会培养人才、科学研究、社会服务、文化传承与创新等的社会责任，而受到政府、各用人单位、媒体、社区等社会各界的广泛关注。作为非营利组织的大学，意味着其主体由不同诉求的利益群体所组成，没有严格意义上的股东。在这个组织里，没有人拥有这个组织的所有权及剩余索取权与控制权，而只有法人财产权，其产权主体是"虚"的。❷ 这说明，大学是由不同诉求的利益相关者组成的社会机构，是典型的利益相关者组织。

（二）利益相关者的分类

对大学的利益相关者，许多学者从不同角度加以研究。胡赤弟利用米歇尔（Mitchell）评分法对大学的利益相关者进行了界定，分为权威利益相关者（教师、学生、出资人、举办者政府）、预期利益相关者（校友、捐献者、管理者政府）、潜在利益相关者（社区、市民、媒体、银行、企业界、服务商）。❸ 张燚、李福华等将大学的利益相关者分为内部利益相关者（教师、学生、管理人员、股东等）和外部利益相关者（用人单位、校友、家长、政府相关部门、相关高校、合作单位、中学、媒体、社会公众、社区等）。也有的学者将大学利益相关者分为 4 个层次：核心利益相关者（教师、学生、管理人员）、重要利益相关者（校友、财政拨款者）、间接利益相关者（与学校有契约关系者、科研经费提供者、产学研合作者、贷款提供者）、边缘利益相关者（社区、社

---

❶ 张维迎. 大学的逻辑 [M]. 北京：北京大学出版社，2004：19.

❷ 洪彩真. 利益相关者理论及其在高等教育中的应用之展望 [J]. 广东工业大学学报：社会科学版，2008（1）：17.

❸ 胡赤弟. 教育产权与大学制度构建的相关性研究 [D]. 厦门：厦门大学，2004：188.

会公众等)。❶ 从学者的大量研究结果可以总结出，大学的利益相关者主要是教师、学生、管理人员、政府、校友、用人单位、家长、捐赠者、贷款者、项目合作者、中学、社区、公众（媒体）和其他高校等。

王保华等分析了高校品牌形成的内部品牌驱动机理和利益相关者认知驱动机理，提出了高校品牌塑造过程与塑造方法模型，最后从高校品牌定位和大学精神、内部品牌定位与培育工程、利益相关者体验与满意度工程、高校品牌整合营销与传播、高校品牌塑造的组织与管理5个方面对高校品牌的塑造方法进行了探讨。❷

王连森指出，大学声誉的形成是关于大学的信息经编码、扩散，最终在人们的思维空间中收敛成一个能够代表大学的、有较高清晰度的信号的过程，涉及信息创造者、信息传播者和信息接收者等角色；大学核心的、外围的、潜在的利益相关者在这一过程中分别对应着各自特定的角色；在利益相关者视角下，大学领导者应该分层面、按角色、因人而异地实施大学声誉管理。❸

二、特色办学战略利益相关者评价

（一）特色战略利益相关者

对特色战略进行评价，需要考虑不同利益群体对特色的各种诉求。

（1）政府部门。教育部和地方教育主管部门都高度重视高校特色办学问题。从1993年《中国教育改革和发展纲要》到2010年的《国家中长期教育改革和发展规划纲要》，都强调高等学校要办出特色。《国家中长期教育改革和发展规划纲要（2010—2020年)》明确提出，要"引导高校合理定位，克服同质化倾向，形成各自的办学理念和风格，在不同层次、不同领域办出特色，争创一流。"教育部组织的"普通高等学校教学工作水平评估"将"办学特色"作为一项重要指标，以引导高校重视学校的办学定位，总结创建本校特

---

❶ 张燚，张锐，高伟. 高校利益相关者理论的研究现状及趋势 [J]. 高教发展与评估，2009 (6)：16-28.

❷ 王保华，张婕. 重新划分高等教育管理阶段：范式的视角 [J]. 教育研究，2007 (10)：29-32.

❸ 王连森，栾开政. 大学声誉形成机理与管理策略——基于利益相关者的分析 [J]. 现代大学教育，2007 (5)：66-70.

色，走特色发展之路。根据《教育部财政部关于实施高等学校本科教学质量与教学改革工程的意见》，建设高等学校特色专业是优化专业结构、提高人才培养质量、办出专业特色的重要措施。

（2）行业企业。行业企业对特色行业类大学办学战略影响巨大，对其他综合型大学特色办学战略也正在产生广泛影响。

（3）教职员工。在高校发展中，学校发展主要体现为学生的发展和科研水平的提升，而这两者离不开两个重要的条件支撑——管理队伍和教师。把配置和扶持培育优质的师资队伍以及优化管理、保障学术优异的达成和教育公众可支付性作为其战略支柱之一，不断提升学校职员的知识和能力素养，以便其能协助学校学术发展目标的实现。例如，美国圣母大学在战略规划的前言中明确把管理和外部参与作为实现保持和提高学校实现战略发展使命的主要手段。学校不断建设和拥有优秀的教师队伍、管理者和职员以及良好的设施设备条件，此外还提出要扩大学校的外部参与范围和力度，提高学校的知名度。通过多种方式来使圣母大学为高等教育以及整个社会做出更大的贡献，同时也提升自身的影响力。

（4）学生。重视学生的发展，创设促进学生全面发展的教育环境，是形成办学特色学校的一大共同特点，彰显了学校战略发展中以学生为本的理念。❶ 例如，美国俄亥俄州立大学在学校战略规划中明确坚持以学生为中心的办学理念，高度重视本科教学，提出一些本科教育优先的措施。弗吉尼亚大学在战略规划中，一是强化其住校文化的育人功能，发展学生自我管理能力和领导力，为学生提供学术、职业和社会交往的全方位的指导服务；二是优化教育方式，提高学生的参与水平。通过学生参与教师的研究项目、自主创业、社会志愿服务、全球化的活动以及推行实践性教学，来促进学生对所学知识的内

---

❶ 美国大学在制定战略规划时，非常重视办学传统、办学特色的总结和传承，以及对学校愿景、使命和价值的表述。弗吉尼亚大学创办者杰弗逊所提倡的学术村思路一直影响至今。在制定战略规划时，该校定位于一流公立研究型大学，同时特别强调住校文化对学生发展的影响。亲密合作和多样化并存，以荣誉、服务和自我管理为核心的共享价值观，师生亲密互动等构成了该校住校文化的内涵。而圣母大学是一所教会大学，在制定战略规划时，该校定位于具有鲜明天主教特色和以优异本科教育著称的一流研究型大学，强调天主教价值培育、公民教育特别是学生的同情心、社会责任培养的重要性，目标是将学生培养成为集高水平的学识素养、高尚的道德取向和强烈的社会责任感于一体的未来领袖。从三所高校看美国大学战略规划 [N]. 中国教育报，2014－08－13.

化，并实现知识为我所用。圣母大学专门把本科生教育作为其战略规划的5个目标之一，提出要提供优质的本科教育，来滋养受教育者的思想、身体以及精神，实现人的全面发展，并致力于严谨的智育、道德品性的滋养以及精神信仰的形成（见表9-3）。❶

表9-3 特色战略利益相关者评价

利益相关者团体	组织战略效果评价标准
大学所属政府部门	对政府分类和特色发展规划和政策的执行
学生	第一志愿报考率
	学习满意度
	就业率
教职员工	工作满意度
	薪酬
行业企业	毕业生质量
	产业研合作项目
大学所在城市社区	服务多样化
	对地方社会经济发展贡献度
校友	声望
	校友社会贡献

（二）满意度调查

1. 学生满意度调查

学生是战略实施的重要利益相关者，学生满意度调查成为目前高校绩效评价的新趋势。以英国大学生满意度调查为例，英国全国大学生满意度调查所使用的《大学生满意度量表》由英国高等教育学会（the Higher Education Academy）与 Ipsos MORI 共同设计。❷ 由于是面对全国大学的应届大学生，且主要调查课程学习情况，量表中的调查项目不多，2005、2006年的调查量表都一样，由23个项目组成，涵盖大学生课程学习经历。被调查者根据要求对每个项目的满意度打分，分为5个等级：①完全同意；②基本同意；③一般；④基本不同意；⑤完全不同意。量表中的23个项目经过统计学和概念化分析，被总结

---

❶ 从三所高校看美国大学战略规划［N］. 中国教育报，2014-08-13.
❷ http：//www.thestudentsurvey.com/.

归类成 6 个指标体系：①分课程教学；②评估与反馈；③学术支持；④组织与管理；⑤学习资源；⑥个人发展以及一个主观性、概括性的教育经历问题。各大学自己的调查量表没有统一固定的版本，主要针对各自学校的具体情况，一般会涉及学校的各个方面。调查量表的项目也比较多，每年的指标体系可能会有所不同。例如，利莫瑞克大学（University of Limerick）2004 年满意度调查，指标体系有 5 个大类：①校园生活；②服务设施；③课程计划；④教学及教学实践环境；⑤注册与引导咨询。调查项目只有 60 多个，而牛津布鲁克斯大学（Oxford Brookes University）2005 年满意度测评内容的指标体系有 9 个大类：①校园生活；②学习与教学；③课程组织与评估；④后勤服务设施；⑤图书馆服务；⑥计算机及信息服务；⑦住宿；⑧学生社团；⑨运动设施。调查项目接近 200 个。此外，问卷还包括一些主观性、概括性的问题，包括对教育经历的总体满意度、对学校期望的满足水平等。❶

2. 教师满意度调查

特色战略实施离不开教师这一核心利益相关者的支持，该群体满意度测量可以反映特色战略实施绩效。以英国华威大学为例，华威大学建校之初，就以长远发展为着眼点发展重点学科，走强势发展之路，建立差异化特色办学战略，把学科集中在应用型学科上。校长范得莱德介绍说："我们的学科设置和规划不是看这个学科有多时髦，没有长久生命力的学科我们不会考虑，华威大学开办的学科是过很多年之后看依然有用的学科，这种预见性是我们着力强调的。"❷ 学术与企业结合的特色战略使华威大学成为引领者。华威大学在适应外部环境方面表现出极大创新性。在政府对大学投入日益缩减的状况下，华威大学利用学校一切可利用的资源增加收入；成立了跨学科研究中心和研究所，推动跨学科研究和注重应用开发研究，同时与金融界、商业界以及制造业的企业有密切联系，走产学研相结合的办学之路，建成享有"世界研发中心"美誉的制造集团和在英国占有一席之地的科学园区。最终，华威大学迅速成为英国大学中的后起之秀：在泰晤士报和卫报的全英大学综合排行榜上连续几年排名前十，不但是英国罗素大学集团成员，还是全球 TOP 50 的大学之一。

---

❶ http://www.brookes.ac.uk/brookesnet/student_satisfaction.
❷ 迅速崛起的秘诀何在？——访英国华威大学校长范得莱德教授 [N]. 中国教育报, 2004-8-1.

该校历经 40 多年的发展和 4 任校长的领导，一直坚持一种企业家的创新精神。

该校从 2005 年起开始采用教师满意度 PULSE 调查模式。调查由学校和第三方咨询公司 ORC 国际公司合作开展。ORC 国际公司代表学校组织实施调查，调查问卷结果不通过学校，而直接反馈给 ORC 国际公司，以保证结果的公平性。调查的内容集中在管理改革、交流沟通、领导力、教师贡献、教师满意度等方面。该调查广泛地调查了每一位教师的意见，给予每一位教师参与华威大学未来发展的机会。调查的结果将用于学校和部门的未来发展。华威大学认为，PULSE 调查能够反映学校教师的整体敬业度。面对不断变化的外部环境和挑战，学校可以通过 2005 年以来 PULSE 调查的结果趋势判断学校当前的状况。

2010 年起，华威大学根据学校发展现状采用了新的关键三因素，即领导力、沟通、变革管理。每一个关键因素都由一组问题构成，通过对问题的反馈了解教师对关键因素的看法，也能反映出关键因素对学校整体发展的影响。问题为单选客观题，大部分问题是对一句客观描述的评判，答案由非常同意、同意、中立、不同意和非常不同意组成。

（1）在领导力维度。领导力的关键因素是针对学校战略层面提问的，目的在于广泛征询教师对学校管理层领导能力和战略执行力的看法。这一因素的调查对象由高层管理和部门管理两个指标群构成。具体问题有"学校高层领导具有很强的领导力""学校高层领导对学校未来发展具有清晰的规划""学校的管理改革有效""我与我的主管领导能够经常沟通""我的主管领导支持我追寻发展机会""我可以定期从我的主管领导那里得到建设性的意见"等。❶

（2）沟通维度。近年来，加强教师个人、部门、学校三者间的沟通成为华威大学的重要战略措施，学校认为有必要在 PULSE 调查中检测这些改革措施是否有效。调查中设计的问题包含学校的信息公开、教师个人与学校和部门间的沟通渠道等，是对学校建立开放而有效的内部沟通机制的评价。具体问题有"我认为学校的相关部门能够将关键信息有效地传达到我的部门""我可以

---

❶ 英国华威大学教师工作满意度 PULSE 调查模式探析［N］．中国教育报，2013-12-20．

方便快捷地找到学校的相关信息""我认为学校管理工具（如校园网、邮箱等）有助于我的工作""学校内各部门间能够有效地进行沟通""在影响我工作的决定做出前，我能够有机会向主管领导表达想法""我认为我对学校中进行的事情能够自由地向相关部门表达想法和意见"等。❶

（3）变革管理维度。近年来，华威大学越来越重视内外部环境变化对管理和发展产生的影响。变革管理也作为关键因素进入 PULSE 调查的视野范围。在这一关键因素的问题设定中，针对学校面对挑战采取的管理改革的方式方法和平稳有效程度进行评价。具体问题有"我认为学校对环境变化做出了相应变革""我认为学校在衡量改革成效时考虑了教师个体贡献""我认为学校有能力应对未来的挑战"等。❷

参考华威大学的教师满意度调查，并结合本课题组对部分教师和管理人员的访谈，我们设计了调查问卷。课题组对 A 校进行了问卷调查（见表 9-4）。发放问卷 100 份，回收有效问卷 85 份（见表 9-4）。

表 9-4　A 校教师对特色办学战略满意度调查表

调查项	非常同意	同意	中立	不同意	非常不同意
学校领导层对特色战略思考清晰	18.80%	43.90%	3.70%	19.20%	8.40%
学校领导层对特色战略有长远的规划	24.20%	21.50%	12.80%	5.50%	15.30%
学校推动特色办学的改革富有成效	26.60%	20.30%	12.40%	4.80%	18.70%
学校特色战略与教师个人发展密切相关	17.10%	31.50%	5.80%	8.70%	8.70%
我的工作对特色战略实施有价值	8.10%	14.80%	10.70%	10.40%	5.70%
学校相关部门能将特色办学信息传递到我所在部门	25.00%	30.40%	9.70%	7.10%	13.80%
我可以查询到学校特色办学的相关信息	24.30%	19.80%	15.10%	5.30%	17.20%
我认为学校的管理工具（教代会、邮箱和网站等）有助于传递特色办学信息	23.20%	18.70%	10.50%	4.60%	12.70%
我有机会向主管领导表达我对特色办学的看法	24.20%	21.50%	12.80%	5.50%	15.30%

---

❶❷ 英国华威大学教师工作满意度 PULSE 调查模式探析 [N]. 中国教育报，2013-12-20.

续表

调查项	非常同意	同意	中立	不同意	非常不同意
学校各部门对特色战略的理解有共识	29.9%	26.3%	9.4%	5.2%	16.3%
我对特色战略执行中的问题可以向有关部门表达意见	25.5%	19.4%	14.4%	4.8%	20.6%
我认为学校为实施特色战略对环境做出相应变革	26.5%	17.9%	10.5%	4.6%	16.4%
我认为学校为实施特色战略对组织结构进行了适切的变革	26.6%	20.3%	12.4%	4.8%	18.7%
我认为学校在实施特色战略中考虑了教师的作用	13.5%	29.8%	4.9%	4.0%	38.3%
我认为学校对未来特色发展的挑战有能力应对	4.5%	16.8%	11.5%	1.4%	55.9%

注：表中数据未列出缺失比例。

三、平衡计分卡

（一）平衡计分卡简介

平衡计分卡（The Balanced Score Card，BSC），是根据企业组织的战略要求而精心设计的指标体系。按照卡普兰和诺顿的观点，"平衡计分卡是一种绩效管理的工具。它将企业战略目标逐层分解转化为各种具体的相互平衡的绩效考核指标体系，并对这些指标的实现状况进行不同时段的考核，从而为企业战略目标的完成建立起可靠的执行基础"。[1] 二人创造该方法的目的在于找出超越传统以财务量度为主的绩效评价模式，以使组织的"策略"能够转变为"行动"。

平衡计分卡被《哈佛商业评论》评为 75 年来最具影响力的管理工具之一。它打破了传统的单一使用财务指标衡量业绩的方法，在财务指标的基础上加入了未来驱动因素，即客户因素、内部经营管理过程和员工的学习成长，在

---

[1] 卡普兰，诺顿. 组织协同：运用平衡积分卡创造企业活力 [M]. 北京：商务印书馆，2010.

集团战略规划与执行管理方面发挥着非常重要的作用。平衡计分卡主要通过图、卡、表来实现战略的规划（见图9-2）。

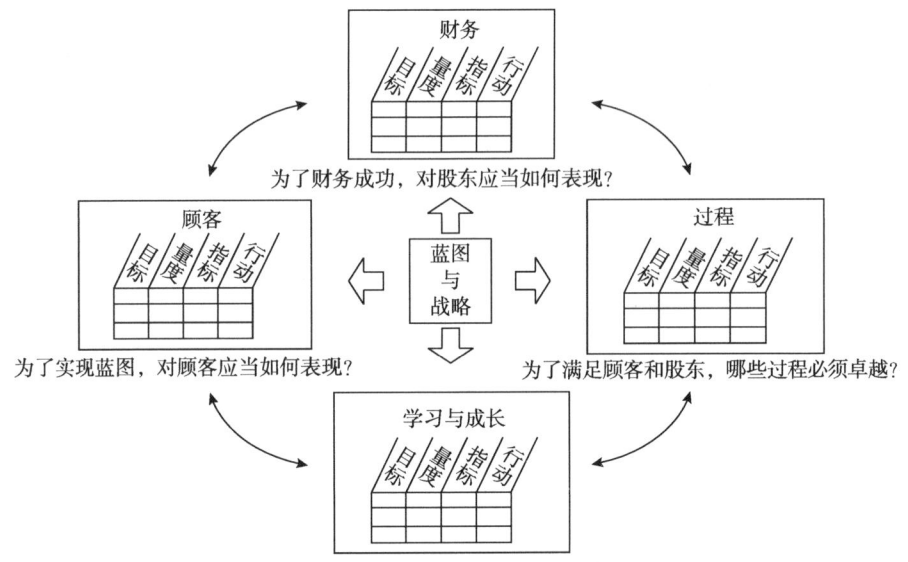

图9-2 平衡计分卡模型

（二）高校战略管理中的运用

虽然平衡计分卡最初主要运用于商业管理领域，但许多非营利组织也开始采用该方法评价战略绩效。高校作为一种非营利组织追求的是社会公共利益，但高校的组织性、生产性、竞争性与企业无异，在发展问题上与营利组织有许多共同之处。①高校的组织结构、组织行为、组织环境、组织意识的本质决定了企业平衡记分卡可以用于高校绩效评价；②平衡记分卡的理论与高校的特殊使命和终极价值取向（开放性、责任性、公益性）是一致的，可促使高校以"顾客"为导向，实现优化业绩的目标；③平衡记分卡的内涵与高校的办学理念、发展道路、发展战略等内涵是一致的，会对高校的发展实践产生根本性、全局性的重大影响；④平衡记分卡追求的"平衡"又切合了高校全面、协调可持续发展的需要。例如，位于美国亚特兰大市的富尔顿学区共有77所公立学校，在运用平衡计分卡的一年内，该学区系统通过标准化数学考试的学生人数提高了22%（从66%~88%）；两年后，该学区在高级学位考试中获得3分以上的学生比例提高了39%（从37%到76%），比当地平均水平高出了17%。这一实践充分说明，在作为一类特殊的非营利组织的高校中引进平衡计分卡，有着非常突出的现实意义。

刘好在《平衡计分卡在大学学院绩效考核中的应用》一文中，对学院的绩效考核使用平衡计分卡进行了可行性研究，并建立了核心指标和关键指标体系。卢青在《BSC信息法与高校科技绩效评价》中提出了高校科技管理采用BSC信息法衡量科技绩效的一些构想，将平衡计分卡与个人绩效管理联系在一起。吴丽萍的《平衡计分卡于我国高校之应用》通过对平衡计分卡进行修正和改造，建构出适合高校的平衡计分卡框架体系。杨诚在《平衡计分卡案例研究——基于广西大学梧州分校平衡计分卡的实例分析》一文中通过对广西大学梧州分校平衡计分卡设计的探讨，尝试将平衡计分卡这种先进的绩效管理工具引入高校绩效管理中，从而为高校在未来的发展中明确绩效方向、提高战略执行力、实现科学发展观提供理论和技术上的支持。张珂在《平衡计分卡在我国重点综合性大学绩效考核的应用研究》一文中依据某重点综合性大学的目标学校S校的基本资料和获得的调查问卷统计资料，使用平衡计分卡，按照层次分析法得到了平衡计分卡4个层面的权重以及4个层面下的关键指标的权重；从而建立了S校绩效考核体系，达到了对重点综合性大学S校的考核目的，得出了平衡计分卡可以适用于高校，尤其是重点综合性大学绩效考核的结论。

平衡计分卡的战略导向有助于高校创建战略中心型组织，并有效提升战略执行力。平衡计分卡无疑是少数最有效的管理工具之一，因为它可以从战略制定、实施和调整这3项基本的战略管理活动来帮助高校建立战略管理的基础架构。平衡计分卡从组织的愿景、使命和战略出发，并在此基础上定义关键成功因素，其4个维度的评价内容和相关指标与战略目标紧密相连。❶高校运用平衡计分卡，可以将战略置于中心地位，并通过财务、客户、流程、学习与成长4个角度的剖析，将自身管理系统的每一个部分都重新整合到战略重点上。在更为关键的战略执行层面，高校通过平衡记分卡能够推动对战略和目标的理解，并将战略化为可衡量的目标，以及联合高校各部分的行动来获取战略实施所需要的支持（见图9-3）。

---

❶ 胡建波．平衡计分卡在高校战略管理中的应用［J］．高等工程教育研究，2008（5）：94．

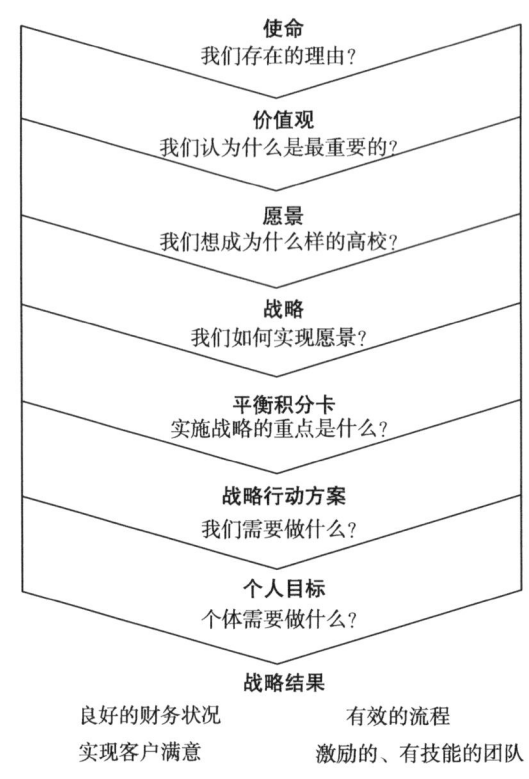

图9-3 利用平衡计分卡提高战略执行力

高校可以按照6个步骤来应用平衡计分卡：①分析高校内外部环境及自身发展状况；②构建高校的战略目标体系并开发战略图；③根据战略开发平衡计分卡，将高校战略转化为4个业务维度紧密结合的系统，并设定各个角度的战略绩效目标；④在高校内传达战略，并把绩效目标逐级落实到各级单位甚至个人，实现战略的纵向分解及横向协同；⑤把平衡计分卡与高校其他管理流程进行链接；⑥定期汇报绩效结果，进行评估分析并适时做出调整。[1]

（三）特色办学战略平衡计分卡流程

1. 建立高校愿景与特色办学战略

这是高校平衡记分卡的核心。愿景与战略必须是高瞻远瞩的，具有现实

---

[1] [美]毕意文，孙永玲. 平衡计分卡中国战略实践[M]. 北京：机械工业出版社，2003：21-23.

性，又有未来性。高校可以根据其发展历史、区域位置和类型，选择不同的特色办学战略。

2. 构建特色办学战略目标体系，并形成战略图

高校要基于特色使命、愿景及战略目标构建特色战略目标体系。组织的目标体系包括使命、愿景和战略目标。使命是关于"我们为什么而存在"的回答，是组织为利益相关者所能创造的价值。愿景是关于"我们要成为什么"的回答，是组织肩负使命而趋向的未来图景。战略是组织为了适应未来环境的变化，寻求长期生存和稳定发展而制订的总体性和长远性谋划。例如，浙江农林大学确立了建设生态创业型大学的特色办学战略，是一种集中化特色战略。学校中长期发展的战略目标：到2020年，把学校初步建设成为国内知名的生态性创业型大学。其具体的战略指标包括以下3个。

（1）国内知名。名教授、名校友、名学科、名成果、名事件、名校园等是大学声誉的标志。其内涵则体现在学校的核心竞争力：在不同学科领域，拥有若干国内领先水平的学科，甚至是国际先进水平的学科；拥有一批国内领先水平的标志性成果；拥有若干走在国内前沿的学术和学科带头人，为政府决策提供咨询的智囊人物。

（2）生态性。一是表明浙江农林大学将致力于生态文明、生态科技、生态产品领域的人才培养与科学研究，并以此服务社会、引领社会的办学使命与学科专业属性；二是指生态化理念、生态化教育、生态化管理与生态化校园的办学特色；三是指开放的、竞争的、和谐的、兼容并包的校园文化。

（3）创业型。其内涵表现在学校办学精神上，强调传承"坚韧不拔，不断超越"的学校精神，注重经世致用的创新与创业文化的培育。在学校组织的外部上，强调组织对外部关系的反应性、适应性，注重办学经费来源的多元化；在学校内部管理上，强调知识生产的效率，注重办学资源配置的效益。在人才培养上，强调生态化教育理念，构建以社会需要为导向、学生发展为目标的多样化人才培养体系，注重培养学生的"生态文明意识，创新精神与创业能力"。在科学研究上，强调科学研究的现实问题导向，注重科技成果的转化与应用。在社会服务上，强调面向"三农"，服务浙江，注重为经济社会发展和生态文明建设做出贡献。

3. 设定 4 个角度的战略绩效目标，开发平衡计分卡

平衡计分卡中的目标和评估指标来源于组织战略，它把组织的使命和战略转化为有形的目标和衡量指标。

（四）特色战略绩效指标

1. 特色战略财务绩效指标

稳定的财务和高效的资金利用是实施特色战略的重要保障。特色优势领域需要资金投入，尤其是对于政府拨款有限的地方高校，如何筹集非政府资金尤为重要。此外，教师薪酬的投入对实施特色人力资源聘任政策也具有重要作用（见表 9-5）。

表 9-5　特色战略绩效财务指标

财务	目标	绩效指标	行动方案
为实现特色办学战略，财务上的目标是什么	资金来源多样化	非政府拨款比例	1. 多渠道筹措办学经费，积极争取国家与地方政府的财政投入和优惠政策，特别是在学科专业建设、实验室建设和人才引进等方面的专项资金扶持； 2. 通过加强政产学研用合作和共建，促进科技成果有效转化，借助市场手段筹集办学经费，在互惠互利中服务社会和发展学校。不断深化和拓展继续教育和科技培训，扩大校办产业经营性收入，努力增加经费来源； 3. 通过建立广泛联系、有机互动、共同发展的新机制，积极吸引海内外校友和社会有识之士捐助，获取更多的发展资源
	资源配置合理	收支比； 生均支出； 教职工薪酬支出比例	1. 加强学校调控和配置资源的能力，坚持勤俭办学，强化绩效管理，充分挖掘现有教育资源的潜力，努力提高资源的使用效率； 2. 深化全面预算管理

2. 特色战略绩效客户与声誉指标

在平衡记分卡的客户层面，管理者确立了其业务单位将竞争的客户和市场，以及业务单位在这些目标客户和市场中的衡量指标。客户层面指标通常包

括客户满意度、客户保持率、客户获得率、客户盈利率以及在目标市场中所占的份额。高校常用的指标包括：毕业生满意度、毕业生跟踪服务满意度、客户投诉率、定单式培养学生数、社会对高校的认同度等。

就高校特色办学战略而言，指向客户（学生与社会）与品牌（声誉）的指标，可以如表9-6构建。

表9-6 特色办学战略客户与声誉绩效指标

战略重点		绩效指标	行动方案
招生	吸引学生报考	第一志愿报考率；录取学生平均分	加强对特色的宣传；优化招生模式
就业	实现学生充分就业；就业质量	就业率；用人单位满意度	加强与企业行业的联系；就业创业方面的培训
服务	高水平的社会服务能力；为决策咨询服务	企业与大学合作项目数；政府与大学合作机构数	鼓励产学研合作和创业；整合资源，建立交叉学科平台
声誉	特色所形成的声誉及综合影响力	学生满意度；教职工满意度；各种排名上升	内部质量保障体系；建立教师参与决策和管理的途径；建立与维护公共关系

3. 特色战略绩效内部运行指标

内部运营绩效考核应以对客户满意度和实现财务目标影响最大的业务流程为核心。内部运营指标既包括短期的现有业务的改善，又涉及长远的产品和服务的革新。内部运营面指标涉及企业的改良/创新过程、经营过程和售后服务过程。高校战略评估常用的内部运行指标包括：生师比、专任教师数、专业数、实验（实训）开出率、多媒体教室数、教师高级职称比例、全校课时数、国家级精品课程数、省级精品课程数、主编教材数、获技术专利项目数、科研课题数、科研经费、规章制度建设（修订、新订）数等。本书所构建的特色办学战略的内部运行指标如表9-7。

表9-7 特色办学战略的内部运行绩效指标

战略重点		绩效指标	行动方案
教学	提升教学质量	特色专业布局； 产学研联合培养学生专业数； 考取职业证书学生比例； 交叉学科培养学生数； 自由选专业学生比例	建设国家和地方特色专业； 加大与企业合作培养人才； 改革专业培养模式，促进交叉学科人才培养； 创造条件，支持学生自由学习
科研	高质量的科研	科研总经费及其占大学总经费的百分比； 科研活动的开放性（合作课题、校内外合作项目）； 人均论文数、人均经费； 科研成果转化率	加大科研投入； 产学研结合； 建立多元化科研体系； 校企合作
管理	高效率的管理	行政机构数； 交叉学科中心数； 教师与职员比例	提高行政运行效能； 创新学科组织结构

4. 特色战略绩效学习与成长指标

该角度反映了一切战略的基础建设方面，主要包括师资队伍建设、校园信息化、组织文化建设等。师资力量是保证教学质量和人才培养质量一个最为重要的方面，因此绩效评价指标应该考虑师资结构及其变化情况。大学是学术组织，其工作方式是学者在学科领域从事教学、科研与社会服务活动。因此，教师队伍结构、重点人才以及教师专业发展等因素对大学组织意义重大。特色办学战略从制定到实施需要凝聚共识，需要把特色办学有关的信息传递给组织成员，领导层需要根据信息进行院校研究与决策，而这些工作需要强大的信息化系统的支持（见表9-8）。

表 9-8 高校特色战略学习与成长绩效指标

	战略重点	绩效指标	行动方案
信息化	为学校提供高效信息平台和应用系统	系统使用满意度； 系统应用普及率	完善改进信息化系统； 有效推行信息化应用； 推动基于信息化系统的院校研究
人力资源	提供人力保障	师资队伍结构（年龄、职称、学历）； 关键人才引进量及流失率； 培训计划及效果	建立人力资源规划； 搭建人力资源战略管理平台； 完善人力资源管理体系； 实施绩效管理
组织文化	塑造组织文化品牌与声望	组织文化传递到达率； 组织文化理解率； 制度有效率； 教职工满意度； 教职工建立起符合特色办学战略要求的行为规范	大力实施组织战略使命宣传，凝聚共识； 丰富文化内涵； 持续实施组织文化评估及管理

因此，可以用以上平衡计分卡来衡量特色战略，并使用战略地图来描述战略。战略地图明晰了平衡计分卡 4 个维度之间的因果关系和逐层递进关系。它利用因果关系链将组织希望达到的战略目标与相关影响因素建立起联系，形成高校特色战略地图（如图 9-4）。从纵向联系的维度看，使命和战略作为高校发展的出发点，其他几个维度都是围绕这个目标展开的。在高校战略地图的 4 个维度中，客户和财务维度更加关注高校的现状，而内部业务流程和学习与成长维度则更加关注高校的持续发展。客户满意度体现了高校作为人才培养机构的本质属性，培养创新型人才是推动社会生产力发展的根本途径，而内部运行指标则以提高客户满意度为根本宗旨；学习和成长指标则是组织特色发展的动力来源；财务指标则是实现特色办学、培养创新人才的物质保障。而从横向联系的角度看，战略地图不仅体现了各维度之间的纵向关联关系，在同一层面之间也可能存在相互影响的因果关系。例如，在内部业务流程层面，创新流程、运行流程和服务流程 3 个方面之间不仅各自可以独立，也存在一定的相互联系。办学条件的改善为教学和科研活动提供了物质保障；优良的师资队伍也有助于提升教学和科研实力。在学习与成长层面，信息交流平台的建设有助于增

强教职员工对特色战略的理解，凝聚战略共识，并创造支持特色战略实施的组织文化。因此，高校战略地图的各个维度、各个层次之间是相互促进、密不可分的。

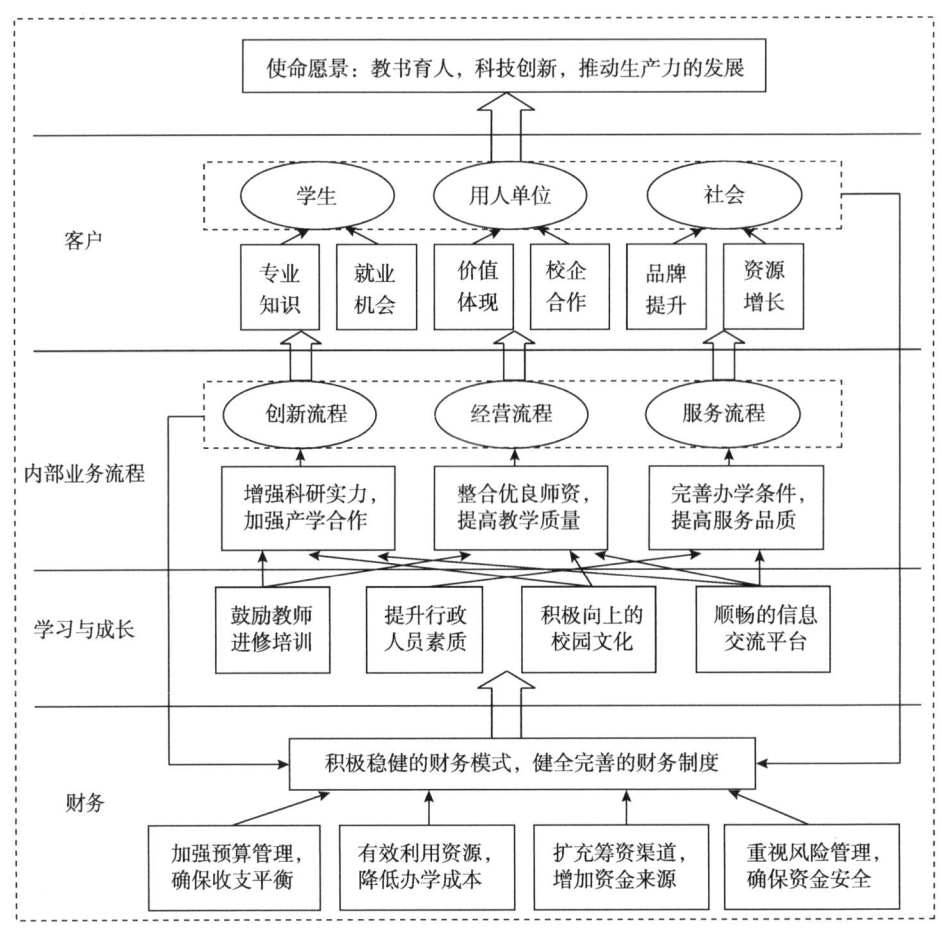

图9-4　高校特色办学战略地图

第三节　特色办学战略与组织绩效关系模型

虽然管理学界很早就开始了战略规划与绩效之间关系的研究，但二者关系仍是目前战略过程研究中的重点问题。近年来这一领域的研究表明：战略规划与绩效之间成正相关，灵活性是战略与组织绩效之间的重要中介变量。

一、战略规划的实施灵活性

（一）灵活性的概念

灵活性指的是在战略过程中允许考虑新决定的程度，以便使组织能适应环境的变化。为了使这个概念更加清晰可测量，研究者一般把灵活性操作为运行灵活性、财政灵活性、结构灵活性。灵活性是战略与组织绩效之间的重要中介变量。

（二）特色战略的灵活性

战略规划并不是一次性的，它在实施过程中需要根据环境变化进行调整，以真正能够起到引领未来组织发展的目的。大学战略规划一般有 3～5 年或者更长的时间跨度。通过战略规划，学校在组织未来发展方向上明晰了目标、任务、举措和步骤等内容。但战略规划要真正引领长期发展是很困难的，如果制定了规划就束之高阁，不对它进行动态的监控，那么战略规划很可能变成毫无意义的活动。从国外大学战略规划的现状看，战略规划的显著特点是在实际运作过程中的再规划，及时根据组织环境变化做出相应的调整。国外很多高校在制定战略规划时都会设计相应的绩效指标，每年进行评估，以考察战略规划的执行情况。例如在麦克利大学，结合年度工作和战略规划的执行情况，校长每年都要对学校的战略进行总结和展望，必要时进行适当的调整。从这个角度上讲，战略规划的灵活性是非常重要的。考察国内高校的战略规划，基本上很少强调灵活性这个战略规划概念。在高校战略管理过程中，灵活性对战略实施而言非常重要。

（1）高校战略所处的环境和组织都处于不断的变动之中。决策者要不断关注环境和组织的变化，通过战略评估，审视战略目标，决定是否持续、调整、重组或终止战略。以下举两例加以说明。

加拿大不列颠哥伦比亚大学（UBC）根据未来内外环境的变化，适时进行了战略调整。为了适应 21 世纪社会的发展，UBC 于 1998 年制定了第一份面向 21 世纪的发展战略——TREK 2000，把自己的目标明确为成为加拿大的最佳学府。2004 年 3 月，UBC 制定了 TREK 2010 以适应校内外环境的变化，其目标是：致力于成为世界上最好的大学之一，将学生培养成为杰出的地球公民，提升文明和可持续社会的价值，追求科学研究创新的卓越性，为不列颠哥伦比亚、加拿大乃至全世界造福。其任务是：努力为学生、教职工提供尽可能好的学习、研究资源和条件，创造一种优越、平等和相互尊重的工作环境，同政府、工商企业、其他教育机构、大众社区合作，创造新的知识，帮助学生为未来的职业做准备，使其通过研究提高生活质量。UBC 的目标是使其每一个毕业生都具有强大的逻辑分析能力、解决问题的能力和进行批判性思维的能力，拥有卓越的研究和沟通技能；成为知识丰富、头脑灵活和锐意革新的年轻人，成为有社会责任感的成员，认同多样性，参与社会和社区的工作，做积极变革的推动者；履行地球公民的义务，为所有的人都能平等和可持续发展的未来而努力工作。

20 世纪 50 年代，斯坦福大学给自己的定位是"为加州富裕家庭服务的相当不错的私立大学"。20 世纪 80 年代，根据内外环境的变化，斯坦福大学将其定位转变为"为国内甚至国际上最优秀的学生服务的美国六七所最好的大学之一"，同时提出了 3 项主要战略措施：①在几年中引进 150 位美国最优秀的学者；②有序地重点发展；③大规模地筹资，以改善办学设施。

（2）高校是学术组织，是学者的共同社区，其治理模式是共同治理，而非威权管理。对于战略制定与实施工作，涉及的往往是大学学科发展等基础性问题，而对这些问题只有学者才有发言权。因此，在战略规划和实施中，要充分尊重和吸收学者的意见；学校战略规划要有灵活性，给院系和学科发展留下比较大的空间；在战略实施中要善于授权，把权力交给院系负责人和学科带头人，充分发挥他们的主观能动性和创造性。

二、理论模型

构建特色办学战略、灵活性与绩效的变量关系模型，在文献研究与访谈基础上，确定特色战略与灵活性变量测量指标。编制里克特量表对高校发展规划处（或类似职能部门）负责人进行问卷调查，并在结构方程模型中运用潜在路径分析和多元分析方法验证理论模型中的研究假设（见图 9-5）。

第九章 特色办学战略评价模型的建立

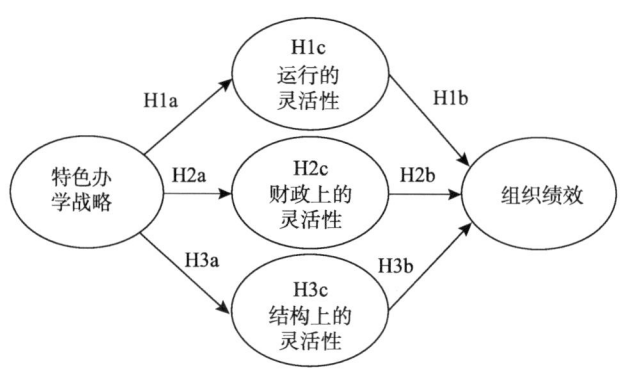

图9-5 特色战略、组织灵活性与绩效关系模型

运行灵活性指的是组织可以根据需求进行快速调整供给、产出和服务的能力，组织可以在市场竞争中比对手更快进行调整的能力。高校面临产业结构调整，新的行业技术发展这些因素出现时，随即调整专业结构并设置新兴特色专业，即体现了其运行的灵活性（见表9-9）。具体的研究假设如下。

表9-9 灵活性：运行、结构和财政上的灵活性

类型	指标	Item α	Type Cronbach α
运行灵活性	根据市场需求灵活调整专业	0.77	0.84
	根据就业情况灵活调整招生	0.77	
财政灵活性	随战略变化灵活调配资源	0.78	0.89
	积极获取外部资源	0.78	
	重点投入特色战略所需资源	0.78	
结构灵活性	跨系科之间的合作交流	0.79	0.81
	降低科层行政化程度	0.78	
	组织结构设计与调整灵活	0.77	

H1a：特色战略对运行灵活性有直接影响，二者正相关。

H1b：运行灵活性对组织绩效有直接影响，二者正相关。

H1c：运行灵活性是特色战略与组织绩效之间的中介变量。

财政上的灵活性指的是组织获取和有效使用资源的能力。已有研究发现，组织规划好资源投入和为快速变革准备好资源，对绩效会有积极的影响。❶ 组织对财政灵活性的规划可以使组织避免低效的资源配置，组织战略规划对财政灵活性有直接的影响，反过来会对组织绩效产生影响。

H2a：组织特色战略对财政灵活性有直接影响，二者正相关。

H2b：财政灵活性对组织绩效有直接影响，二者正相关。

H2c：财政灵活性是特色战略与组织绩效的中介变量。

结构灵活性是组织快速进行结构变革的能力。当代大学已发展为"巨型大学"，规模越来越大，环境越来越复杂，组织结构的作用越来越突出。一个组织生命力的强弱往往与它的组织结构有直接的关系。研究显示，组织能快速根据环境压力进行组织设计，会有利于其竞争表现。对于大学这种组织，实行扁平化组织设计，使中间层级较少，能够让信息顺畅地从董事会传递到底层教职工，从而有更好的执行力，将决策转化为行动，以较高的效率实现。这符合大学去行政化改革的初衷。战略规划使组织可以预测变化，并采取策略应对变化。组织结构灵活性对提高经济绩效有重要影响。研究显示，组织结构灵活性提高对改善组织人员聘任等非经济绩效也会产生影响。

H3a：特色战略对组织结构有直接影响，二者正相关。

H3b：结构灵活性对组织绩效有直接影响，二者正相关。

H3c：结构灵活性是组织特色战略与组织绩效的中介变量。

三、研究设计与方法

变量测量：需要测量的变量包括特色战略规划、灵活性和组织战略绩效。特色战略规划和灵活性变量采取主观评价测量法，自编里克特5维度量表让填答者填写。组织绩效评价得分来自武汉大学科学评价中心2014年度大学竞争力排名。变量测量如表9-10所示。

本研究共向浙江、北京、江苏、陕西等省份和地区的75所高校的规划处（或高教所）发放问卷，回收56份，其中有效问卷51份。

---

❶ G E GREENLEY, M OKTEMGIL. A comparison of slack resources in high and low performing British companies [J]. Jounral of Management Studies, 1998, 35 (3): 377-396.

表 9–10 特色战略规划变量

内　　容	Item α	Scale Cronbach α
特色使命陈述清晰	0.84	
对实施特色战略的竞争方向趋势有准确的把握	0.80	
对特色办学的学科专业发展趋势进行分析把握	0.76	
对特色办学所面临的行业和市场进行分析把握	0.72	
对组织内部进行系统分析把握	0.62	
制定长期整体性的宏观战略	0.67	0.81
制定中观层次的战略步骤	0.70	
制定与特色战略有关的年度计划	0.50	
对战略执行障碍的理解和把握	0.61	
对特色战略实施的不确定性的分析	0.69	
对特色战略实施进行评估和监控	0.73	

四、研究结果

（一）变量测量

变量测量包括3个部分，分别是变量测量结果、模型检验和中介变量影响测量。研究检验了信度、聚合效度和区分效度。信度采用克隆巴赫系数检验法和组合信度检验法。测量结果分布在0.50~0.60。聚合信度采取平均方差取值法，如果其值大于0.50证明有聚合效度，测量结果超过了0.50。区分效度的萃取值应大于平方相关系数值。具体见表9–11。

表 9–11 变量测量结果

序号	变量	CR	CA	AVE	1	2	3	4	5	6
1	战略规划	0.80	0.81	0.86	1.00					
2	运行灵活性	0.85	0.84	0.78	0.34*	1.00				
3	财政灵活性	0.89	0.89	0.78	0.07	0.30*	1.00			
4	结构灵活性	0.81	0.81	0.66	0.96	0.27*	0.21**	1.00		
6	组织绩效	0.86	0.85	0.73	0.18*	0.35*	0.23*	0.33*	0.34*	1.00

注：*$p<0.01$；CR = 构成信度（Composite reliability）；CA = Cronbach Alpha；AVE = 平均方差萃取值（Average variance extracted）.

（二）模型检验

研究使用了 LISREL 8.50 的结构方程模型中的潜在路径分析对研究假设和模型进行了检验。这种方法是一种综合性的多变量分析法。整体适配性（x^2 = 483.02；df = 112），适应拟合值（GFI = 0.90），增值拟合优指数（IFI = 0.92），自由度比值（PGFI = 0.63），符合理论接受范围。结果表明：理论模型对所收集数据具有解释力度。此外，所有的路径分析具有较强的值。标准路径值和 t 值在表 9-12 呈现。

表 9-12 结构模型：标准路径系数和 t 值

假设	路径 （Path specified）	标准路径系数 （Standardized path coefficients）	t 值
假设 1 支持	战略规划→运行灵活性	0.16	2.66*
	运行灵活性→组织绩效	0.31	5.12*
假设 2 支持	战略规划→财政灵活性	0.12	1.94**
	财政灵活性→组织绩效	0.26	4.59*
假设 3 支持	战略规划→结构灵活性	0.15	2.57*
	结构灵活性→组织绩效	0.16	2.98*

注：* $p<0.01$；** $p<0.05$.

为了进一步检验模型的效度和可靠性，本研究还对竞争模型进行了检验。竞争模型提出，组织绩效会推动特色战略规划，并反过来对组织灵活性起作用。组织分配资源用于战略规划，因此通过有效的资源战略规划来促使组织提高灵活性。竞争模型的提出可以和假设模型进行对比，可以选择的方法是 ECVI 指数（the Expected Cross Validation Index）和 AIC（the Aikake's Information Criteria）以及根据样本调整过的 CAIC，它们都是测量模式适配度的统计方法。

表 9-13 理论模型与竞争模型的比较

模型	适配性统计			模型对比标准		
	GFI	IFI	PGFI	ECVI	AIC	CAIC
理论模型	0.90	0.92	0.63	1.55	565.02	766.03
竞争模型	0.83	0.90	0.61	1.98	724.22	920.32

通过比较可以发现，理论模型比竞争模型在解释样本数据上具有更大的适配度。因此，研究假设都得到了支持。

（三）中介变量影响检验

当前，结构方程已经广泛用于数据统计。结构方程模型可以评价多维的和相互关联的关系，能够发现这些关系中没有察觉到的概念关系，而且能够在评价的过程中解释测量误差。本研究分3个步骤对中间变量影响进行检验：①检验自变量对中介变量的影响；②检验自变量对因变量的影响；③检验中介变量和自变量对因变量的影响。检验结果如表9-14。

表9-14 中介变量检验结果

灵活性类型	自变量对中介变量		自变量对因变量		自变量对因变量		中介变量对因变量	
	Pathco-efficient	t-value	Pathco-efficient	t-value	Pathco-efficient	t-value	Pathco-efficient	t-value
运行的	0.10	1.90**	0.20	3.35*	0.17	2.97*	0.35	5.87*
财政的	0.13	2.14*	0.20	3.46*	0.19	3.17*	0.14	2.57*
结构的	0.18	2.82*	0.23	4.56*	0.18	3.13*	0.47	8.31*

注：* $p<0.01$；** $p<0.05$。

组织运行、结构上和财政上的灵活性的中介变量的影响都满足既定条件。3个阶段的变量作用关系都是显著的，本研究提出的3个假设都得到了支持。以上研究说明，高校特色办学战略对组织绩效有显著影响，这种作用通过中介变量即组织灵活性实现。这表明，高校在制定和执行特色战略时，要在政策形成、政策执行、资源配置、激励和制度建设等维度予以落实，并且要提高组织运行、财政和结构上的灵活性，以真正有利于提高战略绩效。这对大学领导层和高层领导团队提出了新的挑战，要善于在不断变化的高等教育发展环境中捕捉机会，同时具有围绕特色战略进行变革的能力，增强组织运行、财政和结构上的灵活性。

总　　结

一、在三维模型中进行战略定位

在上述研究基础上，制定符合高校发展需要的三维动态对策体系，即分别以时间（为处于不同发展阶段的高校提供不同的支持措施）、空间（促进高校在区域内确定特色战略）和类型（根据不同类型的具体特征采取差别化的特色发展政策）为维度，构造包含"时间＋空间"（分发展阶段制定区域特色战略对策）、"时间＋类型"（同时考虑高校的不同发展阶段和类型来制定对策）、"空间＋类型"（对不同地区的不同类型高校采用不同的对策）这3个支持平面在内的对策体系。高校应根据办学历史、类型与所在位置3个维度进行战略位置定位，进而在差异化、市场化和集中化3种特色战略中做出选择。

（1）差异化战略。对于具有悠久办学历史的、处于战略一区的综合型大学要注重办学优势，突出学科专业优势与特色。通过对第一至第三批的特色专业进行的统计分析，可以看出这一战略位置大学的特色优势所在。从设置时间来看，设置优势特色专业年限超过30年的专业有884个，占前三批特色专业遴选总量的48.62%；设置年限超过20年的专业有1 186个，占遴选总量的65.24%。比如，北京大学遴选的12个一类特色专业建设点中，设置年限超过50年的有9个，分别是哲学、化学、生物科学、汉语言文学、世界历史、考古学、信息与计算科学、药学和预防医学。这些专业基本都是学校多年重点建设的专业，能够充分体现学校办学定位，在培养目标、师资队伍、课程体系、教学条件和培养质量等方面，与国内同类型专业或本校其他专业相比，具有较高的办学水平和鲜明的办学特色，是获得社会认同并有较高社会声誉的专业。

（2）集中化战略。对于处于战略二区的行业类大学，应根据国家和区域构建创新体系的要求，面向科技发展前沿和国家与地方战略需求，凝练创新平台建设的目标。面向行业和产业发展需求，凝练学科发展方向和研究开发方向，围绕产业链的基础研究和技术攻关目标，开展重大技术、关键技术和集成技术研究。重点建设以基础性科学研究和战略高技术研究为目标的创新研发平台，以行业共性技术、产品开发和技术转移为目标的技术创新与成果转化平台，以公共服务和科技资源共享为目标的公共服务平台。应充分发挥先导性作用，形成以企业为主体、市场为导向、产学研紧密结合的适应市场竞争和科技发展需要的，有利于基础研究、应用研究、成果转化和工程化的行业技术创新一条龙机制。

（3）市场化战略。处于战略四区的学校学科实力弱，应重点提升专业适应市场需求能力。要加大应用型专业建设，面向地方区域经济发展，并服务企业的需求。通过基于校企合作的职业技术教育来实现战略目标，重视与校外工业、商业及其他机构的合作及结盟，拓宽学校职业教育培训领域，重视同其他应用型学院和各类工商业企业合作伙伴关系的建立，明确同校外力量合作的重要性。要鼓励校内各部门积极地参与到市场、招聘、课程发展及设计、资源配置等一系列项目之中，不断开拓新的职业培训领域。

二、构建三维特色战略体系

组织创新、制度创新和文化传递3个因素对高校特色战略实施具有举足轻重的作用。高校构建特色战略体系需要考虑这3个维度。基于本研究，我们提出图2中的三维对策体系。

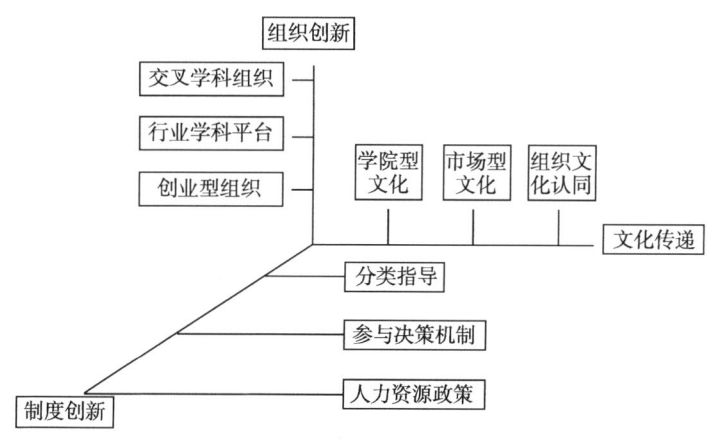

图2　组织特色办学战略三维度

(1) 组织创新战略。高校要在保持院系结构稳定性的同时，注重采取学习型组织设计，强调横向的沟通与协调。针对高校组织，主要是打破传统的学科壁垒，采取交叉融合型学科组织设计，行政部门采取大部制方式设计，趋向扁平化。新兴知识产生的领域往往来自跨学科研究，而传统的学科建制化常会使学科组织之间的界线成为学科之间的界线，并在一定程度上成为不同学科实现相互交叉和融合的障碍。因此，需要对传统的学系进行适当的变革，强调以跨学科为导向进行组织设计。针对高校所实施的差异化特色战略、市场化特色战略和集中化特色战略，可以构建交叉学科组织机构、建立创业型组织、建设学科集群和行业学科平台。

(2) 制度创新战略。我国高校在自主办学中追求特色办学的历史并不长。在此背景下，政府首先要对院校进行分类指导，促使高校在不同类型和层次中正确定位。正如在1993年《中国教育改革与发展纲要》及其实施意见所提出的，高等教育的发展要坚持走内涵为主的道路，努力提高办学效益。要区别不同的地区、科类和学校，确定发展目标和重点。制定高等学校分类标准和相应的政策措施，使各种类型的学校合理分工，在各自的层次上办出特色。《国家中长期教育改革和发展规划纲要（2010—2020年）》要求克服高校实际存在的同质化倾向，提出要促进高校办出特色。政府一方面要给院校真正的办学自主权，鼓励院校在同层次内竞争。政府权力的运用要以法律为基础并处于法律的约束之下，通过一些实体性制度和程序性制度来保障高校自主发展的权利。另一方面，政府需要弥补"市场失灵"的缺陷，发挥协调和规划的功能。如高等学校设置评议会和专业设置委员会的机构要承担起规划全国或省市高等院校分类发展和布局的职责，通过与院校的协商沟通，明确各类型和层次院校的定位，而不是只承担审批院校升格、改名和专业设置的单一职责。对于高校而言，制度创新重要的是设计符合特色战略需要的人力资源政策，并依据大学章程建立教师参与决策机制。

(3) 文化传递战略。高校实施特色办学战略受组织文化的影响，有效的大学战略管理过程在一定程度上应适应于大学的组织文化。大学文化通过组织的使命和愿景来引导大学战略的方向。大学战略的选择和战略目标的确定则需要发挥大学文化的凝聚和协调功能，使战略过程能够有效处理民主与效率的关系，把各方面的意见集中起来，经过协商、组合、调整、筛选，使大学战略具有前瞻性、竞争性和可行性。大学组织成员对战略的认同度关系着战略能否实现，而且战略的实施要求大学具有支持战略的组织文化。因此，大学实施特色战略，需要对不同的组织文化进行区分，应注重战略领导力建设，要提升组织凝聚和成员对战略的认同度。要通过各种公开战略制定过程、战略重点，提供充分参与战略讨论与制定的机会，塑造成员对特色战略的共同价值观。

参考文献

[1] 别敦荣. 论高等学校发展战略及其制定 [J]. 清华大学教育研究, 2008 (2).

[2] 伯顿·R. 克拉克. 高等教育系统——学术组织跨国研究 [M]. 王承绪, 等, 译. 杭州: 杭州大学出版社, 1994.

[3] 伯顿·克拉克. 建立创业型大学: 组织上转型的途径 [M]. 王承绪, 译. 北京: 人民教育出版社, 2003.

[4] 蔡国春. 院校研究与现代大学管理 [M]. 北京: 教育科学出版社, 2006.

[5] 蔡克勇. 战略规划: 高等学校发展的关键 [J]. 交通高教研究, 2003 (4).

[6] 克拉克·科尔. 高等教育不能回避历史——21世纪的问题 [M]. 杭州: 浙江教育出版社, 2001.

[7] 陈廷柱. 战略规划之于我国高等学校发展的作用——基于校长与战略规划二者关系的思考 [J]. 高等教育研究, 2011 (12).

[8] 丹尼尔·若雷, 赫伯特·谢尔曼. 从战略到变革: 高校战略规划实施 [M]. 桂林: 广西师范大学出版社, 2006.

[9] 戴维·沃森. 高等院校战略管理 [M]. 南京: 江苏教育出版社, 2010.

[10] 胡建波. 平衡计分卡在高校战略管理中的应用 [J]. 高等工程教育研究, 2008 (5).

[11] 霍华德·戴维斯. 制定21世纪大学的发展战略 [G] //中外大学校长文集 (二). 北京: 中国人民大学出版社, 2004.

[12] 林杰. 美国高校组织理论中的学院模型 [J]. 高等教育研究, 2006 (7): 94.

[13] 刘智运. 高等学校办学特色研究 [J]. 大学教育科学, 2003 (1).

[14] 刘承功. 国外大学战略规划的几个特点 [J]. 中外大学规划: 比较与借鉴, 2007.

[15] 刘念才. 英国高校战略规划指南 [M] //中外大学规划: 比较与借鉴. 上海: 上海交通大学出版社, 2007.

[16] 刘献君. 高等学校战略管理 [M]. 北京: 人民出版社, 2008.

[17] 刘凡丰. 研究型大学跨学科研究组织模式初探 [J]. 中国软科学, 2008 (3).

[18] 刘凡丰, 项伟央, 谢盛艳. 美国威斯康星大学麦迪逊分校集群聘任模式剖析 [J]. 清华大学教育研究, 2001.

[19] 马文·彼得森. 大学和学院组织模型：历史演化的视角 [J]. 阎凤桥, 译. 北京大学教育评论, 2007 (1).

[20] 马克斯·H. 布瓦索. 信息空间：认识组织、制度和文化的一种框架 [M]. 王寅通, 译. 上海：上海译文出版社, 2000.

[21] 毛亚庆. 论市场竞争下的大学发展战略 [J]. 北京师范大学学报：社会科学版, 2004 (2).

[22] 乔治·凯勒. 大学战略与规划：美国高等教育管理革命 [M]. 别敦荣, 译. 青岛：中国海洋大学出版社, 2005.

[23] 王宗敏. 对办学特色几个基本问题的思考 [J]. 中国教育学刊, 1995 (1).

[24] 汪银梅. 地方院校办学定位与特色发展战略研究——以徐州工程学院为例 [J]. 中国电力教育, 2012 (34).

[25] 王占军. 高等院校组织趋同机制研究 [M]. 北京：北京师范大学出版社, 2012.

[26] 魏海苓. 适应与协调：大学战略管理与大学文化的关系探讨 [J]. 辽宁教育研究, 2008 (2).

[27] 邬大光. 高等教育大众化理论的内涵与价值——与马丁·特罗教授的对话 [J]. 高等教育研究, 2003 (6).

[28] 徐小洲, 黄艳霞. 美国高校战略规划过程模式评析 [J]. 高等教育研究, 2009 (1).

[29] 武亚军. 面向一流大学的跨越式发展：战略规划的作用 [J]. 北京大学教育评论, 2006 (1).

[30] 杨延东. 大学校长在高校战略管理中的角色定位和角色转换 [J]. 高等教育研究, 2007 (6).

[31] 余新丽, 赵文华. 大学战略管理研究的理论基础和研究热点的知识图谱分析 [J]. 中国高教研究, 2010 (12).

[32] 湛毅青, 彭省临. 美国高校战略规划的编制与实施研究——以艾奥瓦州立大学为例 [J]. 现代大学教育, 2007 (4).

[33] 郑金洲. "办学特色"之文化阐释 [J]. 中国教育学刊, 1995 (5).

[34] 周巧玲. 大学战略管理研究 [M]. 北京：科学出版社, 2009.

[35] 周巧玲, 赵文华. 大学战略规划在英国高等教育管理中的作用 [J]. 高等教育研究, 2006 (6).

[36] 赵曙明. 美国高等教育管理研究 [M]. 武汉：湖北教育出版社, 1992.

[37] AHMADI S A A, SALAMZADEH Y, DARAEI M, AKBARI J. Relationship between organizational culture and strategy implementation: Typologies and dimensions [J]. Global Busi-

ness and Management Research: An International Journal, 2012, 4 (3/4): 286-299.

[38] ALOI S L. Best practices in linking assessment and planning [J]. Assessment Update, 2005, 77 (3): 4.

[39] BIRNBAUM R. Management fads in higher education: Where they come from, what they do, why they fail [M]. San Francisco: Jossey-Bass, 2001: 221.

[40] C C MORPHEW. Mission statements: A thematic analysis of rhetoric across institutional type [J]. The Journal of Higher Education, 2006, 77 (3): 456-471.

[41] COPE, ROBERT G. Opportunity from strength: Strategic planning clarified with case examples [R]. ASHE-ERIC Higher Education Report No. 8, 1987 (7).

[42] COPE, ROBERT G. Strategic planning, management and decision making [R]. AAHE-ERIC/Higher Education Research Report No. 9, 1981 (8).

[43] CHAFFEE E E. Three models of strategy [J]. Academy of Management Review, 1985, 10 (1): 93.

[44] CRESO M SÁ. Strategic faculty hiring in two public research universities: Pursuing interdisciplinary connections [J]. Tertiary Education and Management, 2008, 14 (4): 285-301.

[45] DOORIS M J, KELLEY J M, TRAINER J F. Strategic planning in higher education [J]. New Directions for Institutional Research, 2004 (123): 5.

[46] DOORIS M J. Two decades of strategic planning [J]. Planning for Higher Education, 2003, 31 (2): 31.

[47] ENSLEY M D, PEARSON A W, AMASON A C. Understanding the dynamics of new venture top management teams: Cohesion conflict, and new venture performance [J]. Journal of Business Venturing, 2002, 17 (4): 365-386.

[48] FOREMAN P, WHETTEN DA. Member's identification with multiple-identity organizations [J]. Organization Science, 2002, 13 (6): 618-635.

[49] GAMAGE D T, UEYAMA T. Strategic leadership and planning for universities in the global economy [J]. Education, Society, 2006, 24 (2): 49.

[50] GURALNIK D. Webster's new world dictionary [M]. Cleveland: Prentice Hall Press, 1986.

[51] HUISMAN J, MEEK L, WOOD F. Institutional diversity in higher education: A cross-national and longitudinal analysis [J]. Higher Education Quarterly, 2007, 61 (4): 564.

[52] JASINSKI J. Strategic planning via Baldrige: Lessons learned [J]. New Directions for Institutional Research, 2004 (123): 27-31.

[53] MEHTA S, KRISHNAN V R. Impact of organizational culture and influence tactics on transformational leadership [J]. Journal of Management and Labor Studies, 2004, 29 (4): 281-290.

[54] MINTZBERG H. The rise and fall of strategic planning [M]. New York: The Free Press, 1994.

[55] NORRIS, DONALD M, POULTON, NICK L. A Guide for New Planners [J]. An Arbor: Society for College and University Planning, 1991 (10).

[56] PETERSON, MARVIN W. Analyzing alternative approaches to planning [G] //ASHE Reader on Planning and Institutional Research. Boston: Pearson Custom Publishing, 1999: 11-12.

[57] ROBERT COPE. Strategic policy planning: A guide for college and university administrators [M]. Littleton: The Ireland Education Corporation, 1978.

[58] ROWLEY D, LUJAN H, DOLENCE M. Strategic change in colleges and universities: Planning to survive and prosper [M]. San Francisco: Jossey-Bass, 1977.

[59] ROWLEY, D J SHERMAN, HERBERT. From strategy to change: Implementing the plan in higher education [M]. San Francisco, CA: Jossey-Bass Press, 2001: 31-32.

附　录

一、大学组织文化测量问卷

您好，为了了解大学组织文化及其对战略实施的作用，特编制此问卷。请您按照自己所在大学的实际情况对这4个选项分别打分（4个选项总分为100分）。感谢您的支持！

高校特色办学战略绩效评价课题组

1. 您所在的组织内占主导地位的特征是_____
   A. 像一个学术社区，学者们愿意分享自己的研究成果。
   B. 非常有活力，大家都很有创新精神，愿意承担责任、敢于冒险。
   C. 以就业市场为导向，大家主要关心工作是否完成，有很强的竞争意识，注重业绩。
   D. 非常正式、文牍主义，处理事情存在严重的官僚主义。

2. 您所在组织的领导者具有以下特征_____
   A. 他们像导师一样，对大学师生利益关注较多。
   B. 他们是战略家、创新者、改革者。
   C. 他们通常是强有力的政策推动者，善于做出决策。
   D. 他们通常是合作者、组织者或者高效率的领导。

3. 您所在组织对教职员工的管理具有以下特征_____
   A. 具有团队特征、注重教职员参与性。

B. 具有个人主义、创新、灵活性和独特性。

C. 强有力的推动竞争性、目标导向、个人表现导向。

D. 对教职员工表现有较系统严密的监控，注重职位的资历，具有可预见性。

4. 您所在的组织具有凝聚力的原因是_____

   A. 忠诚和相互信任、对大学组织的义务感。

   B. 创新和发展导向、大学之间竞争的危机感。

   C. 学校各种竞争性目标的完成情况、来自就业市场和生源竞争的威胁。

   D. 正式的规则和政策维持组织的平稳运转。

5. 您所在组织的战略重点具有以下特征_____

   A. 注重人文发展，有很高的信任度、开放度和参与度。

   B. 强调获取新的资源和抓住新的机会。

   C. 注重尝试新鲜事物和展望新的前景，强调竞争行为和业绩，注重衡量目标和任务。

   D. 强调持久性和稳定性。有效、平稳的运作十分重要。

6. 您所在组织成功的标准具有以下特征_____

   A. 以人才资源的发展、团队工作为基础，注重人的因素。

   B. 以优势特色学科专业为基础，是学科专业的领导者和创新者。

   C. 在科研成果、科研经费、专利和学术专业排行等方面处于专业领先地位。

   D. 以效率为基础，平稳的日常运转、低成本至关重要。

二、特色办学战略执行评价量表

评 价	非常同意	同意	中立	不同意	非常不同意
学校领导层对特色战略思考清晰					
学校领导层对特色办学有长远的规划					
学校推动特色办学的改革富有成效					
学校特色战略与教师个人发展密切相关					
对实施特色战略的竞争方向趋势有准确的把握					
学校相关部门能将特色办学信息传递到我所在的部门					
学校对特色战略实施的不确定性分析到位					
我认为学校的管理工具(教代会、邮箱和网站等)有助于传递特色信息					
我有机会向主管领导表达我对特色办学的看法					
学校各部门对特色战略的理解有共识					
我对特色战略执行中的问题可以向有关部门表达意见					
我认为学校为实施特色战略对环境做出了相应变革					
我认为学校为实施特色战略对组织结构进行了适切的变革					
我认为学校在实施特色战略中考虑了教师的作用					
我认为学校对未来特色发展的挑战有能力应对					
我认为学校围绕特色战略配置资源					
我认为学校的激励对特色战略实施有积极作用					
我认为学校围绕特色战略建立了系统制度					
我认为学校对战略执行障碍的理解和把握到位					

后　　记

本书是我主持的国家社科基金教育学青年课题"高校特色办学战略绩效评价研究"的最终成果，同时得到了浙江省高校人文社科教育学一级学科重点研究基地的资助，对此深表感谢。

课题选题是我读博士时所研究问题的延续，读博期间我被组织社会学的理论所吸引，那时就决定今后从事高等教育组织研究。于是，我从博士论文《高等院校组织趋同机制研究》中对趋同问题的研究扩展到大学组织特色发展战略以及绩效评价问题。在研究过程中，我发现：对战略绩效评价的研究并不仅是制定指标体系以及设置权重，更重要的是要确立一个综合性的理论框架，把特色战略及其绩效评价纳入其中，并进行理论与实证两个方面的探究，才可能对战略绩效有更为系统深入的理解和把握。但由于学养所限，本书也存在许多不足，比如缺乏深入的案例研究，评价指标缺乏定量化等问题。今后，我将在后续研究中进一步解决这些问题。

衷心感谢浙江师范大学田家炳教育科学研究院的领导与同事的关心和帮助，院长眭依凡教授对书稿选题和课题开题给予了多方面指导，并为我开展课题研究工作创造了必要的保障条件。感谢在课题开题时，《教育研究》主编高宝立研究员、杭州电子科技大学周光迅教授、浙江师范大学非洲研究院院长刘鸿武教授等提出的宝贵建议。

衷心感谢知识产权出版社编辑江宜玲女士，本书能够出版依靠她和团队的辛劳。

王占军
2015 年 3 月